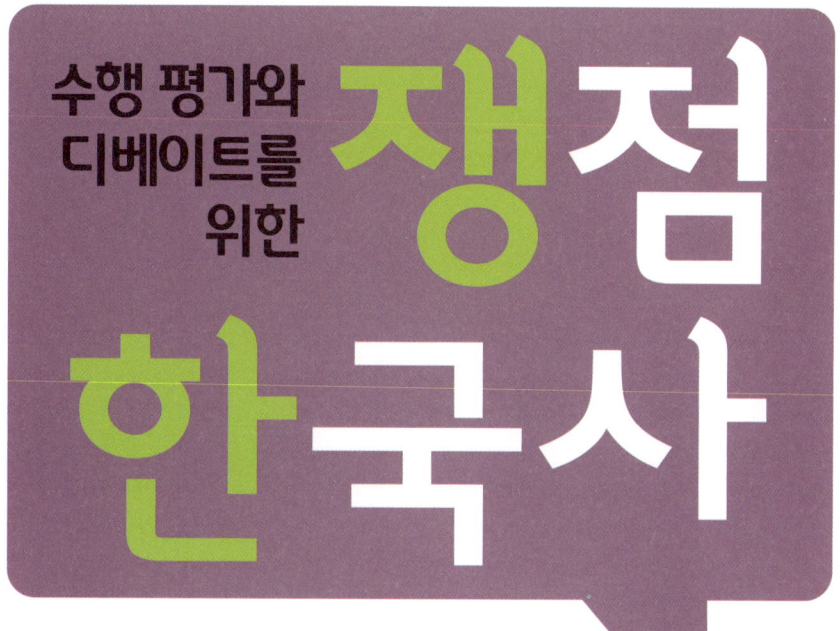

수행 평가와 디베이트를 위한 쟁점 한국사 Ⅰ

엮은이 · 행복한 논술 편집부

(주)이태중 NIE 논술연구소

수행 평가와 디베이트를 위한
쟁점 한국사 Ⅰ

발행일 2024년 12월 1일
발행처 ㈜이태종NIE논술연구소
발행인 이태종
엮은이 행복한 논술 편집부
집필위원 이상춘 강미현
기획관리 류경영 임은숙
아트 이현정
주소 서울시 강남구 역삼로 531 청우빌딩 3층 ㈜이태종NIE논술연구소 (우)06184
대표전화 1577-3537
팩스 02-734-9974
홈페이지 www.niefather.com
ISBN 978-89-97524-73-0

※ 이 책을 무단 전재하거나 복제하면 법에 따라 처벌받습니다.
　무단 전재물이나 복제물을 이태종NIE논술연구소에 신고하시면 포상금을 드립니다.

Contents

01 신라의 삼국 통일 어떻게 평가해야 할까 ⋯⋯⋯ 7
02 연개소문은 영웅인가 독재자인가 ⋯⋯⋯ 15
03 통일 신라의 민족 통합 정책은 성공했나 ⋯⋯⋯ 23
04 고려의 강화 천도는 항전 전략인가 도피인가 ⋯⋯⋯ 31
05 삼별초의 대몽 항쟁은 반란인가 ⋯⋯⋯ 39
06 사대 정책은 굴욕 외교인가 ⋯⋯⋯ 47
07 조선 왕조 건국은 혁명이었나 ⋯⋯⋯ 55
08 계유정난 어떻게 평가해야 할까 ⋯⋯⋯ 63
09 조광조의 개혁 정책은 왜 실패했을까 ⋯⋯⋯ 71
10 임진왜란은 승리한 전쟁인가 ⋯⋯⋯ 79
11 청나라에 항복할 건가 싸울 건가 ⋯⋯⋯ 87
12 붕당 정치는 당파 싸움인가 선진 정치인가 ⋯⋯⋯ 95

Contents

- **13** 대원군의 쇄국 정책은 근대화의 걸림돌이었나 …… 103
- **14** 갑신정변은 근대화 추구였나 정변이었나 …… 111
- **15** 을사조약은 유효인가 무효인가 …… 119
- **16** 간도는 우리 땅인가 …… 127
- **17** 대한민국 임시 정부 어떻게 평가할까 …… 135
- **18** 신탁 통치 반대는 올바른 결정이었나 …… 143
- **19** 1948년 8월 15일은 건국일인가 정부 수립일인가 …… 151
- **20** 이승만을 '건국의 아버지'로 봐야 하나 …… 159
- **21** 베트남 전쟁 참전 긍정적으로 봐야 할까 …… 167
- **22** 한일 협정 체결 서둘러야 했나 …… 175
- **23** 유신 체제 도입은 올바른 선택이었나 …… 183
- **24** 박정희는 위대한 지도자인가 독재자인가 …… 191
- **25** 햇볕 정책은 남북 적대 관계를 완화시켰나 …… 199

Debate

수행 평가와 디베이트를 위한 쟁점 한국사를 내면서

역사를 바라보는 시각은 다양할 수 있습니다. 동일한 사건도 시대적 맥락과 상황에 따라 평가가 달라지게 마련입니다. 옳고 그름을 판단하기도 쉬운 일이 아닙니다. 그래서 각 주제와 논쟁을 공부하면서 다양한 관점을 배우고, 이를 바탕으로 자신만의 해답을 찾을 수 있도록 돕는 것이 이 책의 목적입니다. 탐구 과정에서 비판적 사고력과 분석 능력을 키울 수 있습니다. 이는 미래에 닥칠 다양한 문제 상황에서도 자신만의 해답을 찾는 데 도움이 될 것입니다. 역사의 여러 얼굴을 마주하면서 학생들은 과거와 현재를 연결하는 흥미로운 발견을 하게 될 것입니다. 또 단순한 지식 전달을 넘어 역사를 공부하면서 삶의 가치와 철학을 탐구하도록 격려합니다. 이는 개인의 성장뿐 아니라 현재보다 더 나은 사회를 만드는 데도 기여할 것입니다.

1권은 한국사의 정치, 군사, 외교 등의 분야에서 꼭 돌아봐야 할 주제를 다뤘습니다. 신라의 삼국 통일을 어떻게 평가할 것인가, 연개소문은 영웅인가 독재자인가, 삼별초의 대몽 항쟁은 반란인가 등의 질문을 제시하여 당시의 복잡한 정치적 상황을 이해하고, 지금의 시각에서 재평가할 수 있도록 했습니다. 병자호란 당시 청나라에 대한 항복 여부 등 국가의 위기 상황에서 내린 결정이 오늘날 어떤 의미를 지니는지 성찰할 수 있는 기회도 제공합니다.

2권에서는 한국사의 사회, 경제, 문화적인 면을 중점적으로 다뤘습니다. 고조선의 중심지는 어디였는가, 신라의 불교는 전제 왕권을 뒷받침했는가, 판소리는 서민만의 예술이었는가 등의 질문은, 우리의 문화적 정체성과 자부심을 탐구하는 계기를 만들어 줄 것입니다. 일제 강점기에 관련된 역사적 논쟁, 예컨대 3·1 운동의 비폭력주의를 어떻게 평가할까, 친일파의 청산은 계속되어야 하는가 등의 질문에서는 근현대사의 아픔과 교훈을 되새길 수 있습니다.

이 책에서 다루는 50개의 주제는 단순히 답을 찾기 위한 질문이 아닙니다. 각 주제는 역사를 깊이 탐구하고 스스로 사고하는 힘을 기르도록 돕는 생각의 씨앗이 될 것입니다. 역사는 과거를 돌이켜보면서 현재를 이해하고 미래를 계획하는 데 필수 자양분이 됩니다. 이 책이 역사를 올바르게 이해하고 자신의 삶에 적용할 수 있는 눈을 뜨게 하는 데 도움이 되기를 기대합니다.

지식의 확장은 더 나은 사회를 만드는 지름길입니다. 역사를 배움으로써 과거의 실수를 되풀이하지 않고, 미래의 발전을 도모할 수 있습니다. 이제 역사를 단순한 시험 과목으로 보지 말고, 사회와 국가, 세계를 이해하는 중요한 창으로 볼 수 있기를 기대합니다. 또 이 책이 여러분의 역사 탐구 여정에 작은 등불이 되고, 즐거움의 광맥이 되기를 희망합니다.

행복한 논술 편집부

수행 평가와 디베이트를 위한
쟁점 한국사

01. 신라의 삼국 통일
어떻게 평가해야 할까

● 2014년 발굴 조사를 마친 대전리산성의 일부. (사진 : 국가 유산청)

경기도 연천의 대전리산성은, 신라군 3만 명이 675년 당나라의 20만 대군을 물리친 매소성(또는 매초성)의 전투 현장이었음이 밝혀졌다. 이 산성은 2014년 발굴 조사가 완료되었다. 신라는 백제와 고구려를 차례로 무너뜨린 뒤 삼국 통일을 이뤘다. 하지만 당나라의 힘을 빌린 삼국 통일을 놓고, 긍정적인 평가와 부정적인 평가가 맞서 있다. 신라가 백제와 고구려를 멸망시키고 한반도에서 당나라의 세력을 몰아낸 과정을 살펴보고, 신라의 삼국 통일 어떻게 봐야 할지 탐구한다.

교과서 이곳을 보세요

〈동아출판사 교과서를 기준으로 했습니다.〉
고등학교 한국사 1단원 전근대 한국사의 이해 • 1. 고대 국가의 지배 체제
중학교 역사2 2단원 남북국 시대의 전개 • 1. 신라의 삼국 통일과 발해의 건국

백제를 멸망시키다

● 황산벌 전투 당시의 기록화. (사진 : 국가 유산청)

신라는 642년 백제의 공격을 받아 수세에 몰렸다. 김춘추(604~61)는 고구려에 군사 지원을 요청하기 위해 평양성을 방문했지만, 뜻을 이루지 못했다.

김춘추는 고구려 대신 당나라를 동맹의 대상으로 삼았다. 648년에 당 태종(재위 626~49)과 비밀 협약을 맺었다. 이 협약은 "당나라의 고구려 정벌을 신라가 돕는 대신 신라에 대동강 이남의 영유권을 준다"라는 내용이었다.

김춘추는 외교력뿐 아니라 정치력도 뛰어났다. 647년 비담의 난을 진압하고, 진덕 여왕(재위 647~54)을 왕으로 추대했다. 막강한 군사력을 가진 김유신(595~673)의 지지가 큰 힘이 되었다. 김춘추는 권력을 잡은 뒤 귀족 세력을 억누르고 왕권 강화에 앞장섰다. 그는 654년 왕위에 올랐는데, 바로 태종 무열왕(재위 654~61)이다. 태종 무열왕이 즉위한 뒤 과거에 당 태종과 맺은 협약이 가동되었다. 이 협약에 따라 당 고종(재위 649~83)은 660년에 신라와 연합해 백제를 공격할 군대를 파견했다.

백제는 당시 지배층이 향락에 젖어 나라가 흔들리고 있었다. 의자왕(재위 641~60)은 신라군을 탄현(지금 대전 동쪽에 있는 고개)에서 막아야 한다는 신하들의 충고를 무시했다. 김유신이 지휘하는 5만 명의 신라군은 아무런 저항도 받지 않고 탄현을 넘어 황산벌로 들어왔다. 그리고 이곳에서 계백이 이끄는 결사대 5000명을 물리치고 백제의 수도인 사비성(지금의 부여)으로 진격했다. 당나라의 장수 소정방(592~667)은 13만 명의 군사를 거느리고 황해를 건너 금강 하구로 들어왔다. 당나라 군사들은 신라군과 합류해 사비성을 함락시켰다. 백제는 결국 660년에 멸망했다.

낱말 즐겨 찾기

영유권 일정한 영토를 지배할 수 있는 권리.
비담의 난 647년 상대등(오늘날의 국무총리)이던 비담이 선덕 여왕(재위 632~47)이 정치를 잘못한다는 명분을 내걸고 일으킨 반란.
황산벌 충남 논산시 연산면 일대에 펼쳐진 넓은 들.

당 세력 몰아내고 삼국 통일을 완성하다

당 태종은 645년 대군을 이끌고 고구려를 침략했다. 고구려의 실권자인 연개소문(?~666)이 자국과 맞서고 신라를 공격하는 행위를 응징하겠다는 명분을 내걸었다. 고구려는 국경의 여러 성이 함락되는 어려움을 겪기도 했지만, 안시성에서 백성들이 전투에 가세하면서 당나라 군대를 물리쳤다.

그러나 고구려는 당나라를 물리치느라 국력이 약해졌다. 666년 연개소문이 죽자 자식들 사이에 권력 다툼이 일어났다.

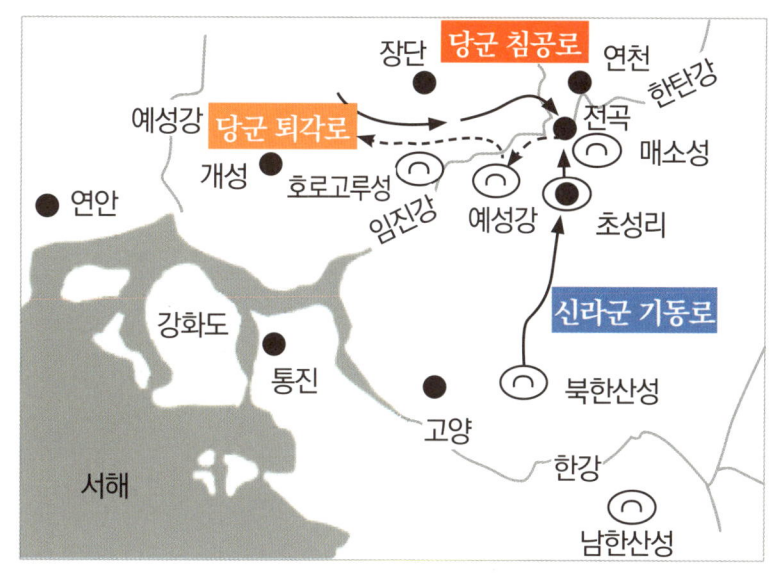

● 신라는 매소성 전투와 기벌포 해전에서 당나라 군대를 격파하고 삼국 통일을 완성했다.

신라와 당나라 연합군은 이 틈을 놓치지 않고 668년 고구려를 공격해 평양성을 함락시켰다.

당나라는 백제와 고구려를 멸망시킨 뒤, 신라와 맺은 협약을 지키지 않고 한반도 전체를 차지하려는 욕심을 드러냈다. 그래서 옛 백제에는 웅진 도독부를, 옛 고구려에는 안동 도호부를 각각 설치하고 군대를 주둔시켰다.

신라는 이에 맞서 당군을 몰아내기 위해 전쟁에 나섰다. 신라는 고구려의 부흥 운동을 지원했다. 고구려의 유민을 이용해 당군을 견제하려는 전략이었다. 또 당군이 주둔하던 사비성을 함락해 웅진 도독부를 없애고, 백제의 옛 땅을 완전히 차지했다.

그 뒤에도 신라의 당나라에 대한 항전은 이어졌다. 나당은 675년 결국 매소성에서 결전을 벌였다. 신라군 3만 명은 이 싸움에서 당나라의 20만 대군을 물리치고, 한반도에서 당나라의 세력을 완전히 몰아냈다. 싸움에서 진 당나라는 안동 도호부를 평양에서 요동으로 옮겼다.

신라는 676년 마침내 기벌포(지금의 금강 하구)에서 당나라의 수군을 격파한 뒤, 대동강부터 원산만에 이르는 한반도 땅을 차지해 삼국 통일을 완성했다.

낱말 즐겨 찾기

안시성 고구려와 당나라의 경계에 있던 산성. 소재지를 놓고 의견이 갈리지만, 지금의 랴오닝성 하이청 남동쪽에 있는 잉청쯔로 보는 견해가 유력하다.

웅진 도독부·안동 도호부 웅진 도독부는 당이 660년 백제를 멸망시킨 뒤 공주에 설치한 통치 기관이며, 안동 도호부는 668년 고구려를 멸망시킨 뒤 평양에 설치한 통치 기관이다.

요동 중국 요하(랴오허강)의 동쪽 지방. 지금의 랴오닝성 동남부 일대를 가리킨다.

"최초의 민족 통일" vs "외세 끌어들여 자주성 상실"

● 신라의 삼국 통일은 우리 민족의 활동 무대를 대륙에서 한반도로 축소시켰다는 비판을 받는다.

신라의 삼국 통일이 가능했던 이유는 김춘추와 김유신 등 지배층의 뛰어난 지도력 덕분이었다. 귀족의 자제들로 이뤄진 화랑도의 희생도 컸다. 화랑은 전쟁의 선봉에 서서 죽음을 무릅쓰고 적진으로 돌격해 신라군의 사기를 높였다. 더 중요한 요인은 국제 정세의 변화에 효과적으로 대응한 전략이었다. 신라는 당나라가 고구려와 토번 등과 대결하는 상황을 이용해 통일을 이룰 수 있었다.

신라의 삼국 통일을 놓고 역사학자들의 평가는 엇갈린다.

긍정적으로 보는 입장에서는 우리 민족이 이룬 최초의 통일이라는 데 의의를 둔다. 이를 계기로 하나의 민족 공동체가 형성되어 민족 국가의 기반을 마련하게 되었기 때문이다. 또 신라의 언어와 문화 등이 큰 줄기를 이루긴 했지만, 삼국의 문물이 융합해 새로운 민족 문화를 만들어 낸 계기가 되었다. 이 견해는 또 당에 의존한 일보다는 자주성을 부각한다. 신라의 삼국 통일은 백제·고구려의 유민과 힘을 합쳐 당을 물리쳤기 때문에 비로소 가능했다는 것이다.

부정적 입장에서는 우선 당과 연합한 한계점을 비판한다. 외세를 끌어들여 동족 국가인 백제와 고구려를 멸망시켰기 때문이다. 고구려 땅의 대부분을 잃었다는 점도 지적한다. 이러한 견해에는 신라 중심으로 통일되어 민족의 활동 무대가 대동강 이남으로 축소되었다는 아쉬움이 담겨 있다. 게다가 고구려의 옛 땅에서는 발해(698~926)가 일어나 신라와 맞섰다. 따라서 이 시기를 통일 신라 시대가 아니라 남북국 시대로 봐야 한다고 주장한다.

> **낱말 즐겨 찾기**
> 토번 7세기 초부터 9세기 중엽까지 지금의 티베트에서 번성했던 왕국.
> 남북국 시대 신라와 발해가 맞섰던 7세기 말부터 10세기 초반의 시기.

01 김춘추가 왕위에 오를 수 있었던 이유를 세 가지만 들어 보세요.

● 태종 무열왕(김춘추)의 영정.

02 김춘추는 648년 당 태종과 "당나라의 고구려 정벌을 신라가 돕는 대신 신라에 대동강 이남의 영유권을 준다"라는 비밀 협약을 맺었는데, 보기를 참고해 김춘추의 입장에서 이 협약을 평가해 보세요.

> **보기**
>
> 『삼국사기』에 따르면, 당 태종은 김춘추에게 "지금 고구려를 정벌하려는 것은 너희 나라가 고구려와 백제 사이에 끼여 있어 매번 침략을 당해 편안할 때가 없음을 불쌍히 여기기 때문이다. 산천과 토지는 내가 탐내는 것이 아니다. 두 나라를 평정하면 평양 이남의 땅은 모두 너희 나라에 주어 영원히 평안하게 하겠다"라고 약속했다.

03 경기도 연천군에 있는 대전리산성의 사적지 안내판에 넣을 안내 문구를 생각해 보세요.

매소성 전투

당나라는 668년 고구려를 멸망시킨 뒤 한반도 전체를 지배하려는 야욕을 드러냈다. 결국 670년부터 나당 전쟁이 시작되었다.

신라군과 당군은 임진강을 경계로 삼아 대치했다. 675년 이근행(?~?)이 이끄는 당군은 기병 7만 명 등 20만 대군에 이르렀는데, 임진강을 건너 매소성 부근에 주둔하고 있었다. 비슷한 시기에 설인귀(614~83)가 이끄는 당의 수군이 한강 어귀에 상륙했다. 설인귀는 한강 하류 일대를 장악하려고 했다.

하지만 신라군이 설인귀의 수군을 공격해 크게 이겼다. 이 바람에 임진강을 통해 보급품을 조달하던 이근행의 당군은 보급선이 끊겼다.

이러한 상황에서 3만 명의 신라군이 매소성을 공격했다. 『삼국사기』는 이때의 상황을 "이근행이 20만 대군을 이끌고 매소성에 주둔했는데, 우리 군사가 공격해 쫓아내고, 말 3만 380필을 얻었다"라고 기록했다.

매소성 전투는 나당 전쟁의 분수령이 되었다. 당나라는 다음 해 옛 고구려 땅 지배의 거점이던 안동 도호부를 평양에서 요동으로 옮겼다. 매소성 전투에서 치명타를 맞고 한반도에서 물러난 것이다.

04 신라의 삼국 통일이 지닌 의의와 한계점을 각각 세 가지씩 말해 보세요.

의의	한계점
민족 공동체가 형성되어 민족 국가의 기반을 마련하였다.	

05 보기를 참고해 우리 역사에서 화랑도처럼 조국을 위해 헌신하는 '노블레스 오블리주'의 실천 사례를 두 가지만 제시해 보세요.

보기

● 임진왜란 때 의병을 조직해 싸운 곽재우(1552~1617) 장군의 동상.

'노블레스 오블리주'란 사회적으로 지위가 높은 사람들이 평범한 사람들보다 더 높은 도덕적 의무를 져야 한다는 뜻이다. 고대 로마 귀족들이 국가를 위해 자신을 희생한 정신에서 비롯했다. 로마에선 귀족들이 공공 봉사와 기부에 앞장서는 전통이 강했다. 또 전쟁에 참여해 목숨을 바치는 것을 명예로운 일로 여겼다.

 정보클릭

통일에 대한 신라인의 견해

신라의 삼국 통일을 놓고 긍정론과 부정론이 대립하고 있다.

당시 신라인들의 평가는 『삼국사기』에 신라의 신문왕(재위 681~92)이 당나라 중종(재위 684~710)에게 올린 글을 보면 알 수 있다. 이 글엔 "김춘추는 어진 덕이 있었고, 훌륭한 신하 김유신을 얻어 한마음으로 나라를 다스렸으며, 삼한을 통일했으니 공로가 매우 크다"라고 기록되어 있다.

신라인은 '삼국'이 아니라 '삼한'을 통일했다고 생각했다. 삼한은 삼국 시대 이전에 한반도 남부에 자리 잡았던 마한(백제)과 진한(신라), 변한(가야)을 말한다.

삼국은 신라와 고구려, 백제를 가리키지만, 신라는 고구려의 대부분을 손에 넣지 못했다. 신라가 지배한 지역은 과거의 삼한 땅이었다. 이에 『삼국사기』에서는 삼한을 통일했다고 한 것이다.

오늘날에는 민족주의에 입각해 신라의 삼국 통일이 외세에 빌붙은 행위였으며, 김춘추는 사대주의자였다고 비난하기 쉽다. 하지만 신라는 백제의 공격에 맞서 나라를 지켜야 할 상황에 놓여 있었다. 그리고 백제·고구려와 같은 민족이라는 확고한 의식이 있었던 것도 아니다.

신라인들은 본래 삼국을 통일해야 한다는 목표가 없었고, 자국의 이익을 극대화하는 데 충실했을 뿐이다. 그 결과가 신문왕 때 삼한을 통일했다는 의식으로 나타났다.

한국사 논술

김춘추는 648년에 당 태종과 당나라의 고구려 정벌을 신라가 돕는 대신 대동강 이남의 영유권을 신라가 갖는다는 비밀 협약을 맺었다. 신라는 660년 당나라와 연합해 백제를 무너뜨리고, 668년엔 고구려를 멸망시켰다. 하지만 당은 신라와 맺은 협약을 깨고 한반도 전체를 차지하려고 들었다. 이에 신라군은 675년 매소성에서 당나라의 대군을 물리치고, 이듬해 대동강부터 원산만에 이르는 땅을 차지하며 삼국 통일을 완성했다. 신라의 삼국 통일을 긍정적으로 보는 사람들은 삼국 통일로 민족 국가의 기반을 마련했고, 새로운 민족 문화를 이루는 중요한 계기가 되었다고 주장한다. 또 당의 압력에 굴복하지 않고 맞서 싸운 자주성을 부각한다. 이에 비해 부정적으로 보는 사람들은 통일을 이루기 위해 당나라라는 외세를 끌어들이고, 민족의 활동 무대를 대동강 이남으로 축소시켰다고 비판한다.

신라가 백제와 고구려를 멸망시킨 뒤 당나라를 물리친 과정을 설명하고, 신라의 삼국 통일을 어떻게 평가할지 자신의 입장을 논술하세요(500~600자).

수행 평가와 디베이트를 위한
쟁점 한국사

02. 연개소문은 영웅인가 독재자인가

● 연개소문을 상상한 그림. 연개소문만큼 평가가 상반되는 정치 지도자도 드물다.

고구려의 연개소문(?~666)은 뛰어난 군사 전략을 펴서 당나라(618~907)의 침략을 물리친 전쟁 영웅으로 평가를 받는다. 그는 안시성 전투 등에서 승리를 거두며 고구려의 국방을 강화했다. 하지만 내부적으로는 정치 운영을 독재적으로 하는 바람에 귀족의 반발을 불러일으켜 국론을 분열시켰다. 이로 인해 고구려의 국력을 약화시키고, 멸망의 원인을 제공한 인물로 비판 받기도 한다. 연개소문이 이끄는 고구려가 당나라의 침략에 맞서 싸운 과정을 살펴보고, 연개소문에 관련된 상반된 평가를 탐구한다.

교과서 이곳을 보세요

고등학교 한국사 1단원 전근대 한국사의 이해 • 1. 고대 국가의 지배 체제
중학교 역사2 2단원 남북국 시대의 전개 • 1. 신라의 삼국 통일과 발해의 건국

당나라와 맞서려고 정변 일으켜 권력 잡다

● 연개소문이 보장왕을 왕위에 올리려고 영류왕을 끌어내리는 모습을 상상한 그림.

고구려 후기에는 왕권이 약해져 귀족들이 협의를 통해 국정을 운영하는 귀족 연립 정권 체제가 유지되었다. 유력한 귀족 가문을 대표하는 여러 명의 막리지가 귀족 회의를 통해 국가의 중요한 정책을 결정했다. 3년 임기의 대대로가 귀족 회의의 의장을 맡았다.

연개소문은 할아버지가 막리지를 지내고 아버지는 대대로인 귀족 가문에서 태어났다. 그는 아버지가 죽은 뒤 영류왕(재위 618~42)과 다른 귀족들의 견제 때문에 정치적으로 어려움을 겪었다. 연개소문의 가문이 귀족 연립 정권을 위협할 만큼 큰 세력으로 성장한 데다, 외교 정책을 둘러싸고 의견이 충돌했기 때문이다.

영류왕과 다수의 귀족은 당나라와 평화롭게 지내기를 원했다. 영류왕은 왕자 시절에 수나라(581~618)와 벌인 전쟁에서 큰 공을 세웠다. 하지만 고구려는 수나라와 여러 번 전쟁을 치르는 바람에 민심이 나빠지고 국토가 황폐해졌다. 그래서 영류왕은 당나라가 수나라를 이어 중국을 차지하자, 왕세자와 외교 사절을 보내 조공을 바쳤다. 또 고구려에 붙잡힌 1만 명의 포로를 당나라로 돌려보내고, 수나라와의 전승을 기념해 세운 경관도 허물었다.

하지만 연개소문은 당나라와 맞서 싸우자는 강경론을 주도했다. 영류왕은 642년 연개소문을 천리장성의 건축 책임자로 보내서 정치적인 영향력을 축소시키려고 했다. 연개소문은 위기감을 느끼고 굴욕적인 사대 외교에 반대한다는 명분을 내세워 정변을 일으켰다. 영류왕과 100여 명의 반대파 귀족을 제거한 뒤, 영류왕의 조카인 보장왕(재위 642~68)을 왕위에 올렸다. 그리고 스스로 군사권과 인사권을 틀어쥔 채 최고 권력자가 되었다.

낱말 즐겨 찾기

막리지 고구려에서 두 번째로 높은 관직. 귀족 회의에 참여해 중요한 정책을 결정했다.
대대로 고구려의 가장 높은 관직. 임기는 3년인데, 귀족 회의 의장을 맡아 국정을 지휘하는 역할을 했다.
조공 종속국이 종주국에 때를 맞춰 예물을 바치던 일.
경관 전승 기념으로 세운 시설. 적군의 시체를 쌓아 올리고 흙으로 덮은 큰 무덤이다.
천리장성 고구려와 당나라의 국경선에 길게 쌓은 성.

뛰어난 리더십으로 당나라를 물리치다

당나라의 태종(재위 626~49)은 돌궐을 굴복시킨 뒤 고구려 정복에 나섰다. 태종은 연개소문이 정변을 일으켜 영류왕을 살해한 사건을 구실로, 645년 2월에 고구려를 공격했다.

고구려는 요동성을 함락 당했지만, 신성과 건안성 등을 지켜 내 당나라 군대의 발목을 잡았다. 이에 태종은 보급로가 끊길 것을 우려해 수도인 평양으로 진격하지 못하고, 자신이 직접 지휘하는 30만 대군으로 안시성을 포위했다. 고구려는 15만 명의 병력을 파견해 안시성을 구원하려고 했지만, 넓은 평야에서 적군과 겨루다 참패했다.

● 안시성 전투 당시 고구려의 요동 방어선(천리장성).

고구려는 작전을 바꿔서 들을 비우고 성을 지키는 청야 전술을 폈다. 조그만 산성에 불과한 안시성이 거세게 저항하면서 장기전으로 접어들자, 전세가 점점 고구려에 유리해졌다. 고구려군이 기습 공격으로 적군을 혼란에 빠뜨리고, 보급로를 차단했기 때문이다. 시간이 지날수록 당나라 군대는 식량 부족이 심해졌고, 겨울도 다가왔다. 결국 태종은 645년 9월, 5개월 동안의 안시성 포위 공격을 푼 뒤 후퇴하고 말았다.

고구려는 연개소문의 뛰어난 지도 아래 효과적인 방어 전략을 펴서 당나라의 침략을 물리쳤다. 연개소문의 권력은 더욱 강해졌고, 임기의 제약이 없는 태대대로라는 관직까지 만들어 독재자로 군림했다. 하지만 귀족의 불만을 부르고 민심을 분열시킨 탓에 국력을 약화시켰다. 666년에 연개소문이 죽자 아들들 사이에 내분이 생겼고, 668년 당나라에 멸망하는 결과로 이어졌다.

낱말 즐겨 찾기

돌궐 6세기 중반부터 약 200년 동안 몽골 고원을 중심으로 활약한 유목 민족.
요동성 랴오닝성 랴오양에 있던 고구려의 성.
안시성 고구려와 당나라의 경계에 있던 산성. 소재지를 놓고 의견이 갈리지만, 지금의 랴오닝성 하이청 남동쪽에 있는 잉청쯔로 보는 견해가 유력하다.
태대대로 대대로 위에 특별히 더한, 가장 높은 관직.

"나라 지킨 영웅" vs "오만한 독재자"

● 칼을 든 연개소문과 활을 쏘는 당나라 장군 설인귀가 맞서는 장면. 이 모습을 말을 탄 당나라 태종이 위에서 지켜보고 있. 1967년 중국 상하이 부근에서 발굴된 명나라 시대의 무덤에서 나온 고서 그림이다.

연개소문은 정변을 일으켜 권력을 잡은 독재자이기도 했지만, 당나라의 침략에 맞서 나라를 지킨 지도자이기도 했다. 따라서 그의 업적을 놓고 긍정적인 평가와 부정적인 평가가 엇갈린다.

연개소문을 긍정적으로 평가하는 사람들은 뛰어난 지도력을 발휘해 당나라의 침략을 방어한 전쟁 영웅이라고 본다. 고구려가 들을 비우고 성을 지키는 청야 전술을 써서 당나라의 대군을 물리친 것은 연개소문의 뛰어난 지도력을 보여 준다. 또 우리 민족의 자존심과 주체성을 지킨 점도 높이 평가한다. 연개소문이 정변을 일으킨 까닭은 굴욕적인 사대 외교를 용납할 수 없었기 때문이다. 그래서 드높은 민족적 긍지를 바탕으로 당나라의 압력에 굴복하지 않았다는 주장이다. 안일함에 젖은 귀족 세력을 숙청하고 진취적인 사회 분위기를 조성한 점에도 주목한다.

연개소문을 부정적으로 보는 사람들은 그를 오만하고 잔인한 독재자였다고 주장한다. 연개소문은 관리들을 땅에 엎드리게 한 채 그 등을 밟고 말을 탈 만큼 권력을 휘둘렀다고 한다. 그가 행차하면 백성들이 두려워하며 구렁으로 뛰어들어 피했다는 점에서도 독재자의 면모를 알 수 있다. 영류왕을 살해하고 불법으로 권력을 잡은 점도 문제다. 이는 귀족 연립 정권을 바탕으로 안정적으로 운영되던 정치 체제를 파괴하고, 최고 지도자의 독단적인 뜻에 의해 국정이 좌우되는 결과를 낳았다. 연개소문의 독재 정치가 귀족의 반발과 민심의 분열을 부른 점에도 주목한다. 이 때문에 국력이 약화되어 그가 죽은 직후 나라가 망하는 원인으로 작용했다는 것이다.

생각 로그인

01 연개소문이 일으킨 정변은 고구려의 정치 체제를 어떻게 바꿨나요?

02 영류왕과 연개소문의 외교 정책에서 다른 점을 설명해 보세요.

영류왕	
연개소문	

03 당나라 군대의 공격에 맞선 고구려의 전술을 설명하고, 이러한 전술의 장단점을 지적해 보세요.

● 안시성의 고구려군은 청야 전술을 펴서 당나라 군대가 굶주리게 만들었다

고구려의 전술

고구려는 당나라 군대의 공격에 대응해 들을 비우고 성을 지키는 청야 전술을 폈다.

고구려는 적군에 정면으로 맞서면 이길 확률이 없다고 보았다. 그래서 군대와 백성이 모두 성으로 들어가 이를 지키는 데 힘을 쏟았다. 이때 중요한 점은 적이 사용할 만한 식량과 가축, 우물, 주거 시설 등을 모두 없애는 것이다. 그리고 성을 굳게 지키면서 기습 공격으로 타격을 주고 보급로를 차단했다.

이러한 전술은 우세한 적군을 지치고 굶주리게 하는 장점이 있다. 그리고 시간이 흐를수록 고구려군에게 유리하게 형세가 바뀌는 효과를 가져왔다.

하지만 백성의 생활 기반을 스스로 파괴한 것은 단점이다. 전쟁에서 이겨도 백성에게 큰 손해를 끼치고 많은 고통을 줄 수밖에 없는 것이다.

04 연개소문을 긍정적으로 평가하는 의견과 부정적으로 평가하는 의견을 뒷받침하는 근거를 세 가지씩 제시해 보세요.

긍정적 평가의 근거	부정적 평가의 근거

05 연개소문이 영류왕을 살해한 뒤 불법으로 권력을 잡은 점을 문제로 삼는 의견을 비판해 보세요.

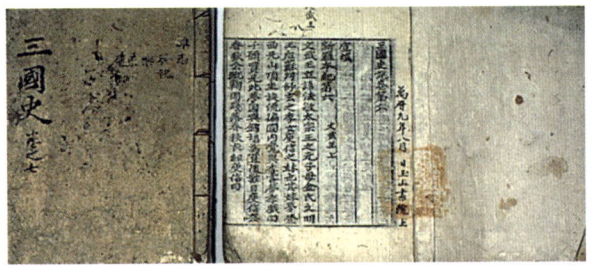

● 『삼국사기』에는 연개소문이 왕을 살해하고 최고 권력자의 자리에 오른 반역자로 서술되어 있다.

연개소문은 반역자였나

연개소문은 정변을 일으켜 영류왕을 살해하고 불법으로 권력을 잡았다. 연개소문을 반역자로 보는 사람들은 신하로서 왕을 살해한 점을 문제로 삼는다. 신하는 왕에게 충성을 바쳐야 한다는 유교 윤리에 근거를 두는 주장이다.

유교 윤리에는 신하가 왕에게 충성을 바쳐야 할 의무가 있으며, 이러한 의무를 지키지 않으면 나라가 혼란에 빠진다고 본다. 하지만 전통 사회에서 정변을 일으킨 신하가 왕을 쫓아내고 권력을 잡은 일은 드물지 않다. 중요한 기준은 불법으로 권력을 잡았느냐가 아니라, 권력을 잡은 뒤에 나라를 잘 다스렸느냐이다.

최고 권력자인 연개소문의 업적을 어떻게 평가하느냐에 따라 불법으로 권력을 잡은 점을 문제로 삼을 수도 있고, 그렇지 않을 수도 있다. 나라를 잘 다스렸다고 보면 불법으로 권력을 잡은 점을 심각하게 볼 필요가 없다. 당나라의 침략을 방어하고 민족적 주체성을 지켰다고 보면, 불법으로 권력을 잡은 문제를 부정적으로 볼 까닭이 없다.

연개소문은 정변을 일으켜 권력을 잡은 뒤 독재를 일삼았다. 그는 고구려가 사대 외교를 통해 당나라와 평화 관계를 맺으려 하자, 친당나라 세력을 제거하고 당나라의 침략에 맞서 싸워 나라를 지켰다. 하지만 연개소문에 대한 평가는 엇갈린다. 긍정적으로 생각하는 사람들은 뛰어난 지도력을 발휘해 당나라의 침략을 방어한 전쟁 영웅이었다고 본다. 우리 민족의 자존심과 주체성을 지킨 점도 높이 평가한다. 부정적으로 평가하는 사람들은 오만하고 잔인한 독재자였다고 맞선다. 정변을 일으켜 영류왕을 살해하고 불법으로 권력을 잡은 점도 문제라고 비판한다.

연개소문이 이끄는 고구려가 당나라의 침략에 맞서 싸운 과정을 설명하고, 연개소문을 긍정적으로 볼지 아니면 부정적으로 볼지 자신의 의견을 논술하세요(500~600자).

수행 평가와 디베이트를 위한
쟁점 한국사

03 통일 신라의 민족 통합 정책은 성공했나

● 문무왕의 화장한 뼈를 묻었다는 전설이 전해지는 대왕암.

신라의 문무왕(재위 661~81)은 죽어서도 용이 되어 나라를 지키겠다는 유언을 남겼다. 신라는 이러한 뜻을 받들어 화장한 문무왕의 뼈를 대왕암에 묻었다고 한다. 문무왕은 고구려를 멸망시키고 당나라의 군대를 몰아내 삼국 통일을 완성하는 업적을 남겼다. 신라는 통일한 뒤 백제와 고구려 유민을 신라의 백성으로 통합하는 정책을 폈다. 신라가 삼국을 통일하고 민족 통합 정책을 실시한 과정을 살펴보고, 이 정책을 어떻게 평가할지 탐구한다.

교과서 이곳을 보세요

고등학교 한국사 1단원 전근대 한국사의 이해 • 1. 고대 국가의 지배 체제
중학교 역사2 2단원 남북국 시대의 전개 • 2. 남북국의 발전과 변화

당나라 도움을 받아 삼국을 통일하다

● 신라군이 기벌포에서 당나라의 수군을 격파하는 모습을 그린 기록화.

신라와 고구려, 백제는 3~5세기에 중앙 집권 체제를 갖추고 영토 확장을 꾀했다. 신라는 진흥왕(재위 540~76) 때 정복 전쟁에 나서서 당시 고구려 땅이던 한강 유역을 차지했다.

신라는 7세기에 백제, 고구려와 팽팽한 긴장 관계를 유지했다. 위기를 느낀 김춘추가 648년 당나라에 가서 비밀 협약을 맺었다. 신라가 당나라의 고구려 정벌을 돕는 대신, 대동강 이남은 신라가 갖는다는 내용이었다.

김춘추가 왕위에 올라 태종 무열왕(재위 654~61)이 되자, 당나라는 협약을 이행했다. 그때 백제는 지배층이 향락에 빠져 민심이 흔들렸다. 이에 김유신(595~673)이 지휘하는 신라군은 660년 황산벌로 진격해 계백(?~660)이 이끄는 백제군을 물리쳤다. 비슷한 시기에 당나라의 군대는 서해를 건너 금강 하구로 들어왔다. 나당 연합군은 힘을 합쳐 백제의 수도인 사비성을 무너뜨리고 백제를 멸망시켰다.

고구려는 수나라는 물론 당나라와도 전쟁을 벌이다 국력이 약해졌다. 더구나 666년 연개소문(?~666)이 죽자 자식들끼리 권력 다툼이 일어났다. 나당 연합군은 이 틈을 타서 668년 평양성을 함락시켰다.

당나라는 백제와 고구려를 멸망시킨 뒤 신라와 맺은 협약을 어기고, 한반도 전체를 지배하려는 야욕을 드러냈다. 신라는 이에 맞서 당나라 군대와 전쟁을 벌였고, 675년에는 매소성 결전에서 신라군 3만 명이 당나라의 20만 대군을 물리쳤다. 676년에는 기벌포에서 당나라의 수군을 격파한 뒤, 대동강부터 원산만에 이르는 한반도를 차지해 삼국 통일을 완성했다.

낱말 즐겨 찾기

황산벌 충남 논산시 연산면 일대의 벌판.
사비성 충남 부여에 있던 백제의 수도.
기벌포 금강 하구에 있던 포구.

유민 정책 펴서 민족 통합 꾀하다

신라는 삼국 통일을 이룬 뒤 민족 통합 정책을 폈다. 죽음을 앞둔 김유신은 문무왕에게 "삼한이 한 집안이 되었으며, 백성은 두 마음을 갖지 않게 되었다"라는 유언을 남겼다.

신라는 백제와 고구려의 지배층에게 신라의 관직을 주었다. 무열왕은 백제의 지배층에게 관직을 내릴 때 재능을 기준으로 삼았다. 문무왕도 백제 때 가졌던 원래의 관직에 해당하는 신라의 관직을 주었다. 신문왕(재위 681~92)은 고구려의 지배층에게도 관직을 배분했다. 백제와 고구려의 지배층을 신라의 지배층으로 받아들여 민족 통합을 이루기 위함이었다.

신라는 지배층뿐 아니라 일반 백성까지 자국의 국민으로 통합시키려고 노력했다. 이를 위해 늘어난 영토와 인구를 다스릴 지방 행정 구역을 개편했다. 신라는 전국을 9주로 나누어, 옛 신라 땅에 3주, 옛 백제 땅에 3주, 옛 고구려 땅에 3주를 각각 설치했다. 옛 삼국에 동등한 지분을 부여해 민족 통합을 이루려는 의지의 표현이었다. 또 수도인 경주가 동남쪽으로 치우쳐 있는 약점을 보완하기 위해 옛 백제와 고구려 땅 등에 5소경을 뒀다. 이곳에는 정복을 당한 나라들의 귀족을 옮겨 살도록 했다. 이 지역을 행정과 문화의 중심지로 삼아, 지방을 균형 있게 발전시키려는 의도였다.

군사 조직도 개편해 중앙군으로 9서당을 설치했다. 9서당은 왕의 직속 부대인데, 왕권을 뒷받침하는 군사 조직이었다. 9서당에도 신라인뿐 아니라 백제와 고구려의 유민까지 받아들여 민족 통합을 꾀했다.

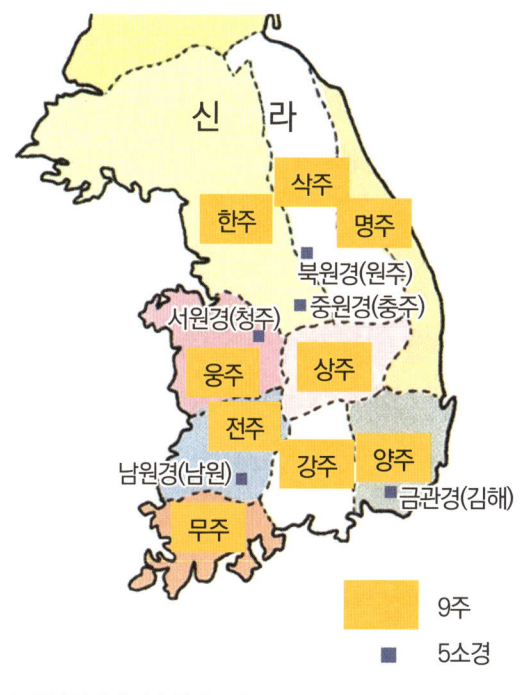

● 통일 신라의 지방 행정 구역.

낱말 즐겨 찾기

삼한 한반도 남부에 있던 마한, 진한, 변한을 가리킴.

"문화적 동질성 찾아 성공" vs "유민 차별로 후삼국 등장"

● 신문왕이 682년에 바다의 용에게서 얻었다는 신기한 대나무 피리인 만파식적을 상상한 그림. 나라의 모든 근심을 해결한다는 전설 속 피리인데, 삼국 통일을 이룬 뒤 평화의 시대를 맞았음을 상징한다.

신라가 삼국을 통일하자 한반도에 평화가 정착되고, 백성은 생활이 안정되었다. 고구려와 백제의 유민을 통합해 민족의 문화적 동질성도 강화되었다.

그런데 신라의 민족 통합 정책을 놓고 성공했다는 의견과 실패했다는 의견이 맞서 있다.

성공했다고 보는 사람들은 백제와 고구려의 지배층에게 신라의 관직을 준 점을 근거로 든다. 백제와 고구려의 유민에게 영향력이 큰 지배층을 신라의 지배층으로 받아들여 민족 통합의 발판을 마련했다는 것이다. 9주와 9서당을 설치한 점도 같은 맥락에서다. 9주는 옛 삼국에 동등한 지분을 부여했고, 9서당에는 백제와 고구려 유민까지 받아들였다. 이러한 정책은 실제로 백제와 고구려 백성을 신라의 백성으로 통합하는 효과가 있었다는 것이다. 세금을 줄여 백제와 고구려 유민의 경제생활을 안정시켰다는 점도 신라의 통합 정책이 성공했다는 의견을 뒷받침한다.

실패했다고 보는 사람들은 백제와 고구려 유민을 차별했다는 점을 근거로 든다. 백제와 고구려의 지배층에게 관직을 주기는 했지만 하급 관직에 머물렀고, 고위 관직에 오르기는 불가능했다. 또 백제와 고구려 유민들이 9서당에 복무했다지만, 신라인과 섞이지 않게 별도로 편성된 부대에 복무시켰다. 통일 신라 말기에 견훤(재위 892~935)과 궁예(재위 901~18)가 각각 백제와 고구려의 후계자임을 내세워 봉기한 점도 신라의 통합 정책이 실패했음을 뒷받침한다고 본다. 차별 정책이 심한 탓에 백제와 고구려 유민의 반발 의식이 강해 후백제와 후고구려의 등장을 낳았다는 것이다.

01 백제와 고구려가 멸망한 내부 요인을 각각 제시해 보세요.

02 신라가 삼국을 통일한 뒤 백제와 고구려의 지배층과 백성을 통합하기 위해 펼친 정책을 말해 보세요.

지배층	
백성	

03 김유신의 유언에 보이는 '삼한은 한 집안'이라는 생각에는 어떤 한계점이 있는지 지적해 보세요.

● 경북 경주시 황성공원에 있는 김유신 동상.

'삼한은 한 집안'이라는 생각

신라의 통일 정책과 민족 통합 정책은 '삼한은 한 집안'이라는 생각에 바탕을 두고 추진되었다.

이러한 생각은 삼국의 동질성에 뿌리를 둔다. 삼국의 혈통과 언어, 풍습이 비슷했기 때문이다. 특히 언어의 유사성은 삼국이 동족 의식을 가질 수 있는 바탕을 이뤘을 것으로 보인다.

그런데 '삼한은 한 집안'이라는 생각은 엄격한 신분 차별을 극복하지 못한 점에서 한계가 있다. 신라는 백제와 고구려의 지배층을 신라의 지배층과 동등하게 대우하지 않았다. 백제와 고구려의 지배층을 포섭하기 위해 신라의 관직을 주긴 했지만, 능력이 뛰어나도 고위직에는 등용하지 않았다.

신라는 통일 이전에도 경상도 지역의 영토 확장 과정에서 경주 사람과 지방 사람을 구분해 관직을 차등적으로 주었다. 경주의 지배층에게는 '경위'라고 해서 중앙 관직을 주었지만, 지방 사람들에게는 '외위'라 해서 별도의 관직을 배분했다.

신라는 경주 사람 중심의 나라였고, 경주 사람은 지방 사람을 외부인으로 여긴 것이다.

통일 신라는 백제와 고구려의 지배층을 놓고도 같은 태도를 보였다. 백제와 고구려의 지배층을 신라의 지배층과는 구별되는 하급 신분으로 대우했다.

04 신라의 민족 통합 정책이 성공했다고 보는 의견과 실패했다고 보는 의견을 뒷받침하는 근거를 세 가지씩 들어 보세요.

성공	실패

05 우리나라가 남북통일을 이룰 때 성공적인 민족 통합을 이루려면 북한 주민을 어떻게 대우해야 할지 생각해 보세요.

● 통합을 이루려면 남북한 주민들의 경제적 격차가 없어야 한다.

남북통일과 민족 통합

남북한의 통일은 언젠가 이뤄야 할 민족의 과제다. 통일이 되면 남북한에 큰 이익이 될 것이다. 한반도의 평화 정착과 이에 따른 군비 감축, 인구 8000만 명이 넘는 내수 시장 확보, 북한의 풍부한 지하자원 활용 등이 그 예다.

그런데 남북한 통일을 이룬 뒤 정치와 경제 제도의 차이를 없앤다고 곧바로 같은 민족으로 통합되지는 않는다. 민족 통합을 위해서는 같은 민족이라는 공동체 의식부터 가져야 한다. 그런데 현재 남북한 주민들 사이의 이질감이 크다. 따라서 정치적으로 통일되더라도 오랫동안 공동체 의식을 갖기는 어려울 것으로 추정된다.

우리 민족을 하나로 통합하려면 남북한 주민들이 정서적인 일체감도 가져야 한다. 이러한 정서적 일체감을 형성하려면 북한 주민을 남한 주민과 평등하게 대해야 한다. 남한 주민들 중에는 북한 주민을 천시하는 사람이 적지 않다. 이러한 차별 의식을 극복하고 북한 주민을 우리와 똑같은 한국인으로 대우할 때 민족 통합이 가능해진다.

남북한 주민을 평등하게 만들려면 경제적 격차를 최대한 좁혀야 한다. 남북한 주민의 소득 격차가 크게 벌어진 상황을 극복하지 못하면 남한 주민의 우월감과 북한 주민의 열등의식이 갈등을 키울 것이다.

신라는 삼국 통일을 완성한 뒤 민족 통합 정책을 폈다. 통합 정책을 놓고 성공했다는 평가와 실패했다는 평가가 대립한다. 성공했다는 사람들은 백제와 고구려의 지배층에게 신라의 관직을 주고 9주와 9서당을 설치했으며, 세금을 감면해 백제와 고구려 유민의 경제생활을 안정시켰다는 점을 근거로 든다. 실패했다는 사람들은 백제와 고구려 유민을 차별 대우해 실제로 신라인과 섞이지 못하게 별도의 부대에 배치했고, 통일 신라 말기에 견훤과 궁예가 각각 백제와 고구려의 후계자임을 내세워 봉기했음을 근거로 든다.

신라가 삼국을 통일한 뒤 민족 통합 정책을 실시한 과정을 설명하고, 이 정책이 성공했다고 보는지 아니면 실패했다고 보는지 자신의 의견을 논술하세요(500~600자).

수행 평가와 디베이트를 위한
쟁점 한국사

04. 고려의 강화 천도는 항전 전략인가 도피인가

● 강화도 강화읍에 있는 고려 고종(재위 1213~59)의 무덤인 홍릉.

강화도에는 4기의 고려 왕릉이 있다. 고려가 몽골의 침략에 맞서 항전하던 시기인 1232년부터 39년간 서울을 강화도로 옮겼기 때문이다. 고려의 강화 천도를 놓고 흔히 효과적인 항전 전략이었다고 평가하지만, 백성은 고통을 당하게 둔 채 귀족만을 위한 도피책이었다는 비판도 존재한다. 고려가 몽골의 침략에 맞서 싸운 과정을 살펴보고, 강화 천도를 바라보는 상반된 의견을 탐구한다.

교과서 이곳을 보세요

고등학교 한국사 1단원 전근대 한국사의 이해 • 3. 고려의 통치 체제와 국제 질서의 변동
중학교 역사2 3단원 고려의 성립과 변천 • 2. 고려의 대외 관계

몽골에 대항하기 위해 강화로 천도

몽골은 중국 북쪽의 초원 지대에서 부족 단위로 흩어져 살던 유목 민족이었다. 그런데 13세기 초에 테무진이라는 지도자가 나타나며 갑자기 세력이 커졌다. 테무진이 몽골 지역을 통일하자 '바다처럼 강대한 임금'이라는 뜻을 가진 칭기즈 칸(재위 1206~27)으로 추대되었다. 그 뒤 칭기즈칸은 중앙아시아를 점령하고 영토를 크게 넓혔다.

고려와 몽골의 교섭은 우호적 관계로 시작되었다. 1216년 거란족이 압록강을 건너 고려로 침입하자, 고려와 몽골이 협력해 거란족을 무찔렀다. 그런데 몽골은 고려에 사신을 보내 조공을 바치라고 요구했다. 고려가 몽골에 대항하는 정책을 채택하자, 두 나라의 관계가 나빠졌다. 1231년에 몽골은 고려를 방문한 사신이 귀국길에 피살된 사건을 구실로 삼아 대군을 보내 고려를 침략했다.

고려에서는 당시 최씨 무신 정권이 군사력을 기반으로 권력을 잡고 있었다. 최충헌(1149~1219)은 왕의 위임을 받아 나라를 통치하는 형식을 취했는데, 왕은 허수아비에 지나지 않았다. 최충헌이 죽자 그의 아들 최우(?~1249)가 최고 권력자 지위를 물려받았다.

● 고려군이 지키는 성을 공격하는 몽골군을 상상한 그림.

● 고려 시대 강화도 천도 당시의 지도.

최우는 몽골군의 압박을 견디지 못해 일단 항복한 뒤, 몽골을 상국으로 섬기겠다고 약속했다. 하지만 최우는 약속을 지킬 생각이 없었다. 1232년 몽골에 대항하기 위해 강화도로 수도를 옮겼다. 학자들은 최우가 다른 길을 택하기 어려웠을 것으로 본다. 고려가 몽골의 지배를 받으면 왕실이 권력을 되찾고 최우는 권력을 잃을 가능성이 컸기 때문이다. 몽골은 권력을 잡은 신하가 왕의 권위를 깎아내리는 행위를 용납하지 않았다.

낱말 즐겨 찾기

거란족 퉁구스족과 몽골족의 혼혈로 형성된 유목 민족.
조공 종속국이 종주국에게 예물을 바치던 일.
최씨 무신 정권 군사력을 기반으로 최충헌과 최우, 최항, 최의가 4대에 걸쳐 62년(1196~1258) 동안 독재 정치를 했던 정권.

39년간 싸운 끝에 몽골에 항복

최우는 강화도로 천도한 뒤 백성에게 섬이나 산성으로 피란하라는 지시를 내렸다. 하지만 피란하지 못한 백성도 많았는데, 몽골군에게 죽거나 붙잡혀 갔다. 몽골군이 논밭에 불을 질렀으므로, 살아남은 백성도 굶주릴 수밖에 없었다.

몽골군은 1258년 제9차 침입 때까지 고려를 되풀이해 공격했다. 몽골군의 침

● 원종(오른쪽)은 태자 시절이던 1259년, 남송을 공격하던 쿠빌라이를 찾아가 항복의 뜻을 표시했다. 쿠빌라이는 다음 해 몽골 황제에 즉위했다. (사진 : KBS 1TV '역사저널 그날')

략을 받으면 고려는 왕이나 태자가 몽골에 입조하거나 왕자를 인질로 보내고, 서울을 다시 개경으로 옮긴다는 조건을 내걸으며 항복했다. 하지만 고려는 약속을 지키지 않았다. 그럼 몽골이 다시 군대를 보내 공격했다.

가장 피해가 컸던 때는 1254년의 제6차 침입이었다. 몽골군은 살육과 방화를 일삼으며 고려를 초토화시켰다. 그리고 20만 명이 넘는 민간인을 포로로 잡아갔다.

백성은 지치고 원망도 커졌다. 몽골군과의 싸움이 힘에 부치자, 고려는 몽골과 계속 싸우려는 의지를 꺾였다. 원종(재위 1259~74)은 태자 시절이던 1259년 몽골에 가서 항복의 뜻을 표시했다.

몽골에 항복했지만 39년 동안 맞서 싸운 성과도 있었다. 몽골의 황제 쿠빌라이(재위 1260~94)에게서 몽골을 섬기는 대가로 몇 가지 약속을 받아 냈다. 왕실을 보전하고, 고려의 주권을 유지하며, 세금을 거둬 가지 않는다는 조건이었다. 이는 몽골의 정복 전쟁에서 비슷한 사례를 찾기 어려울 만큼 너그러운 항복 조건이었다. 전문가들은 황제 자리를 놓고 동생과 내전을 벌이던 쿠빌라이가 자신을 지지한 고려에 고마움을 느낀 점도 있지만, 오랫동안 항전을 이어 간 저력을 인정했기 때문으로 풀이한다.

> **낱말 즐겨 찾기**
> 입조 외국 사신이 조정에 들어와 왕이나 황제를 뵙는 행위.

"효과적인 항전 전략" vs "백성 포기한 도피책"

● 삼별초는 1270년 5월부터 3년 동안 몽골 항전을 이어 갔다. (사진 : 기록화)

● 『고려사』에 실린 유승단 관련 기록 부분.

고려는 강화도로 수도를 옮긴 뒤 몽골군의 거듭된 침략에 항전을 계속했다. 강화도 천도를 놓고, 효과적인 항전 전략이었다는 의견과 백성의 고통을 외면한 도피책이었다는 의견이 맞서 있다.

항전 전략이라는 사람들은 역사상 최대 제국을 이룬 몽골군의 침략을 받은 사실에 주목한다. 몽골군의 막강한 공격력에 정면으로 맞설 경우 승산이 없었으므로, 방어가 유리한 곳에 거점을 마련하고 장기전을 펼 수밖에 없었다는 것이다. 또 강화도의 지형이 외부 세력의 침입을 방어하기에 유리하다는 점을 강조한다. 바다를 본 적이 없는 몽골군은 해전에 약한 데다, 강화도는 밀물과 썰물의 차이가 크고 물살이 빨라 방어에 편리한 지형이었다는 것이다. 거국적이고 장기적인 항전을 이끌어 냈다는 점도 근거로 든다. 천민까지 가세해 몽골군에 맞서 싸운 것은, 강화도 천도로 최고 지휘부를 안전하게 지킨 덕이라는 주장이다.

도피책이었다는 사람들은 군사력을 강화도 방위에만 집중한 점을 비판한다. 당시 고려군 가운데 전투력이 가장 강한 삼별초를 강화도에 배치했기 때문에, 본토에는 몽골군의 공격을 방어할 만한 군대가 없었다. 이는 백성들이 몽골군의 공격을 받아 극심한 고통을 당하게 만들었다. 문신 유승단(1168~1232)은 당시 백성을 고통에 빠뜨리고 섬에 숨어 구차하게 사는 것은 나라를 위해 좋은 전략이 아니라며 천도를 반대했다. 그의 말대로 많은 백성이 죽거나 포로로 잡혀갔고, 굶주림에 시달려야 했다. 하지만 최우 등 지배층은 천도한 뒤 화려한 저택에 살면서 기름진 음식을 즐기고 사치스러운 생활을 했다.

> **낱말 즐겨 찾기**
> 삼별초 최씨 무신 정권이 권력을 지키기 위해 만든 군대. 좌별초와 우별초, 신의군으로 구성되었다.

생각 로그인

01 최우는 왜 강화도로 천도했나요?

02 고려가 몽골을 섬기는 대가로 몽골의 황제 쿠빌라이에게서 받은 약속 내용과, 이러한 약속을 받아 낼 수 있었던 까닭을 말해 보세요.

03 고려는 몽골군의 침략을 받아 여러 차례 항복했는데, 항복하며 내건 조건은 무엇이며, 고려가 그 약속을 지키지 않은 결과가 어떠했나요?

고려의 약속 불이행

몽골군이 9차례에 걸쳐 고려를 침입하는 바람에 백성의 피해가 컸다. 원래 혹독한 환경에서 사는 유목 민족의 기질이 사나운 탓도 있지만, 고려가 약속을 거듭 어기면서 피해를 키웠다.

고려는 몽골이 쳐들어오면 왕이나 태자가 몽골에 입조하거나 수도를 다시 개경으로 옮긴다는 조건을 내걸고 항복했다. 하지만 고려는 그때마다 여러 핑계를 대면서 약속을 지키지 않았다.

몽골은 이미 넓은 지역을 정복하고 많은 속국을 거느린 상황이었다. 정복자의 입장에서는 어떤 속국이 명령을 지키지 않고도 살아남는다면, 다른 속국을 통제하기 어렵다고 판단할 수밖에 없다. 따라서 약속을 지키지 않은 고려를 철저하게 응징해 본보기로 삼으려 한 것이다.

● 몽골군은 막강한 전투력을 자랑하며 세계를 정복했다.

생각 로그인

04 고려의 강화도 천도를 놓고 효과적인 항전 전략이었다는 의견을 뒷받침하는 근거를 세 가지만 제시해 보세요.

05 보기를 참고해 외적의 침략에 맞서 나라를 지키려면 지도자가 어떠한 태도를 가져야 하는지 이야기해 보세요.

보기

● 일제 강점기에 이여성(1901~?)이 그린 격구도.

고려가 몽골군의 침략을 받는 동안에도 최고 권력자인 최우는 강화도에서 사치스러운 생활을 즐겼다. 최우의 저택은 개경의 집보다 더 컸으며, 연등회나 팔관회를 열 때 물건을 쓰는 정도도 개경에 있을 때와 다름이 없었다. 그는 격구를 즐겼는데, 자기 집 근처에 격구장을 만들려고 이웃집을 100채 넘게 헐어 버렸다.

지도자의 태도

외부 세력의 침략을 받아 위기에 빠진 국가를 구하려면 국민이 단합해야 한다. 그런데 지도자가 어떠한 태도를 보이느냐에 따라 국민을 단합시킬 수도 있고 분열시킬 수도 있다.

훌륭한 장군은 부하 장병과 고락을 함께하는 법이다. 그래야 부하 장병이 지휘자의 명령에 따라 목숨을 바쳐 싸울 수 있다. 과거 역사에서 장군이 부하 장병과 어울려 밥을 먹고 술을 마시며, 전쟁터에서 고생하는 부하들을 위로한 사례는 많다. 중국의 전국 시대 위나라의 장군 오기(기원전 440~기원전 381)는 종기가 난 부하의 고름을 입으로 빨아내 주기까지 했다.

나라를 이끄는 지도자도 국민과 더불어 즐거움과 고통을 함께 나누는 태도를 보여야 한다. 외적의 침략을 받은 위급한 상황에 지도자가 안전한 곳에서 편안하게 지내면, 국민을 단합시키기 어렵다.

고려는 몽골군의 침략에 대항하기 위해 강화도로 천도했다. 이를 바탕으로 장기 항전을 계속했지만, 이 과정에서 백성은 큰 고통을 겪어야 했다. 이를 두고 강화 천도가 효과적인 항전 전략이었다고 보는 사람들은, 막강한 몽골군의 침략을 받은 사실에 주목한다. 그리고 강화도가 외부 세력의 침입을 방어하기에 유리한 지형이었던 점을 강조한다. 거국적이고 장기적인 항전을 이끌어 냈다는 점도 근거로 든다. 이에 비해 백성을 포기한 도피책이었다고 보는 사람들은, 군사력을 강화도 방위에만 집중한 점을 비판한다. 백성들은 몽골군의 공격을 받아 극심한 고통을 겪어야 했지만, 최우 등 지배층은 강화도에서 사치스러운 생활을 즐겼다는 점도 부각한다.

고려가 몽골의 침략에 맞서 싸운 과정을 설명하고, 강화 천도를 어떻게 평가하는지 자신의 의견을 논술하세요 (500~600자).

수행 평가와 디베이트를 위한
쟁점 한국사

05. 삼별초의 대몽 항쟁은 반란인가

● 삼별초가 1273년 제주도 주민을 동원해 항파두리성을 완성하는 모습. 삼별초는 이곳을 몽골군과 맞서 싸우기 위한 최후의 근거지로 삼았다.

제주도 애월읍의 항파두리성(외성 둘레 3.8㎞)은 고려 때 삼별초가 몽골에 대항해 싸운 유적지다. 삼별초는 고려 말 몽골의 침략에 맞서 제주 항파두리성을 거점으로 마지막 항쟁을 벌였다. 삼별초의 대몽 항쟁을 두고서는 흔히 고려의 자주 의식을 드높였다는 평가가 따른다. 이에 비해 최씨 무신 정권의 수족 역할을 했다고 보는 시각도 있다. 삼별초가 대몽 항쟁을 어떻게 했는지 살펴보고, 이를 바라보는 상반된 입장을 알아본다.

교과서 이곳을 보세요

고등학교 한국사 1단원 전근대 한국사의 이해 • 3. 고려의 통치 체제와 국제 질서의 변동
중학교 역사2 3단원 고려의 성립과 변천 • 2. 고려의 대외 관계

몽골군의 말발굽에 짓밟히다

● 처인성 전투를 묘사한 민족 기록화. 몽골의 2차 침입 때 이곳 전투에서 승병장 김윤후가 적장 사르타이(?~1232)를 사살하고 크게 승리했다. (사진 : 전쟁기념관)

몽골족은 부족 단위로 오랫동안 유목 생활을 하다가 13세기 초에 통일된 국가를 만들었다. 그 뒤 몽골은 외부로 눈을 돌려 순식간에 중앙아시아를 휩쓸고 북중국까지 점령했다.

몽골은 고려에도 눈을 돌렸다. 1225년 고려에 보낸 몽골의 사신이 귀국길에서 피살되었다. 몽골은 이 사건을 구실로 1231년에 대군을 보내 고려를 침략했다. 고려는 몽골군의 말발굽에 짓밟히며 역사에서 드문 고난을 겪어야 했다.

그때 권력을 쥐고 있던 최씨 무신 정권은 몽골군과 싸우기 위해 1232년 수도를 개경에서 강화도로 옮겼다. 바다를 본 적이 없는 몽골군이 해전에 약할 것으로 판단했기 때문이었다. 강화도는 또 밀물과 썰물의 차가 큰 데다 물살이 빨라 방어하기에 유리했다.

고려는 백성을 산성과 섬으로 피란시킨 뒤 몽골군에 맞섰다. 이때 승려인 김윤후(?~?)가 이끄는 의병들이 **처인성**에서 몽골군을 물리치는 등 백성의 항쟁이 이어졌다. 특히 사회적으로 천대를 받던 노비와 **부곡** 주민까지도 대몽 항쟁에 가세했다.

하지만 역사상 세계 최대의 제국을 건설한 몽골군은 막강했다. 수많은 백성이 죽임을 당하거나 포로로 잡혀갔고, 국토는 잿더미가 되었다. 백성은 지쳤고 원망도 커졌다. 이에 따라 몽골과 계속 싸우려던 고려의 의지도 꺾였다. 결국 원종(재위 1259~74)이 태자 시절이던 1259년에 몽골로 가서 항복하고 말았다.

몽골에 지기는 했지만 성과도 있었다. 고려의 영토를 몽골에 편입시키지 않고 국가 체제를 유지한다는 약속을 받아 냈기 때문이다. 고려의 풍습도 유지되었다. 몽골의 정복 전쟁에서 유례가 없을 만큼 너그러운 항복 조건이었다.

낱말 즐겨 찾기

처인성 경기도 용인시 남사면에 있는 고려 토성. 성의 남은 길이는 약 250m이다.
부곡 신라부터 조선 초까지 유지되던 특수 행정 구역. 이곳 주민은 천민과 비슷한 대접을 받았다.

삼별초가 몽골에 반기를 들다

원종은 1270년 5월 수도를 다시 개경으로 옮기기로 결정했다. 40여 년 동안의 대몽 항쟁을 끝내기 위한 조치였다. 하지만 배중손(?~1271)이 이끄는 삼별초는 개경 환도에 반대했다. 그리고 왕족이던 왕온(승화후)을 왕으로 추대한 뒤 반란을 일으켰다.

삼별초는 1000여 척의 배에 군사와 그 가족 2만여 명을 태우고 진도로 이동했다. 뭍에 가까운 강화도보다 방어에 더 유리했기 때문이었다. 또 개경과 경상도를 연결하는 바닷길 중간에 있어 물자 조달이 편리했다.

● 삼별초의 마지막 항파두리성 전투. (사진 : 전쟁기념관)

삼별초는 남해는 물론 전라도와 경상도 연해를 지배했다. 그러나 1271년 5월 고려와 몽골 연합군의 공격을 받아 진도를 빼앗겼다. 이때 왕온과 배중손이 죽으며 세력이 약해졌다. 삼별초 장군 김통정(?~1273)은 나머지 병력을 이끌고 제주도로 건너갔다. 그런 뒤 경상도에서 개경으로 향하는 조운선을 붙잡아 곡식을 빼앗고, 몽골군의 일본 원정을 위한 전초 기지였던 합포(마산)와 김주(김해)를 공격

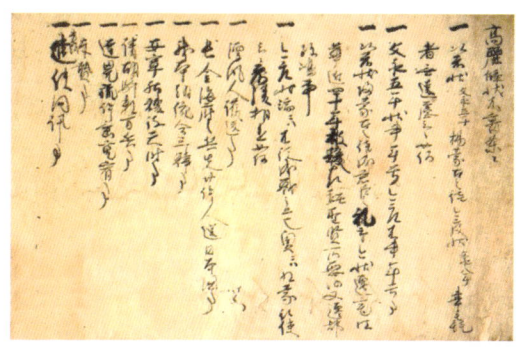
● 몽골에 맞서 힘을 합쳐 싸우자고 삼별초가 1271년 일본에 제안한 문서. (사진 : 국립 제주 박물관)

해 군선들을 불태웠다. 일본에 힘을 합쳐 몽골군과 싸우자는 문서를 보내기도 했다.

1273년 4월, 고려와 몽골 연합군 1만 2000여 명이 제주도에 상륙해 삼별초를 공격했다. 삼별초는 기습 작전에 말려 무너지고 말았다. 몽골은 제주도에 탐라총관부를 설치한 뒤 100여 년 동안 지배했다.

낱말 즐겨 찾기

승화후 고려 시대 왕족인 왕온에게 내린 작위. 고려가 몽골과 전쟁을 끝내고 개경으로 환도할 때, 이를 반대하던 삼별초의 배중손 등에 의해 왕으로 추대되었다.
진도 전라남도 서남쪽에 있는 섬.
조운선 나라에 세금으로 바치는 곡식이나 포목을 운반하던 배.
탐라총관부 고려 시대 몽골(원나라)이 제주도를 직접 관할하기 위해 1273년 설치한 관청.

"호국 위한 대몽 항쟁" vs "무신 정권 생존 위한 반란"

항파두리성은 제주도에 있는 삼별초의 마지막 항전지다. 고려가 몽골과 강화 조약을 맺은 이후에도 끝까지 저항한 흔적이 남아 있다. 성곽은 자연 지형을 최대한 활용해 방어력을 높여서, 몽골군의 공격을 오랫동안 버틸 수 있었다. 건축 방식도 강화도의 고려 궁성이나 진도의 용장산성에 쓰인 기술과 비슷하다.

항파두리성에는 현재 항몽 유적 전시관과 기념비가 있다. 이곳 안내문에는 삼별초가 자주 호국의 기치를 내걸고 몽골군과 싸웠다고 적혀 있다.

삼별초의 대몽 항쟁을 긍정적으로 보는 역사학자들은 고려의 자주 정신을 강조한다. 삼별초의 항쟁은 몽골의 속국이 되기를 거부하는 정신을 보여 준다는 것이다. 이들은 삼별초가 3년 동안 항쟁할 수 있던 힘도 백성의 지지에서 나왔다고 본다. 예컨대 경남 밀양과 경북 청도의 백성들은 삼별초에 호응해 관청을 습격했다. 개경의 관노들은 관리들을 죽이고 진도로 탈출하려는 계획을 세웠다가 발각되기도 했다. 삼별초의 대몽 항쟁에는 이러한 저항 의지가 담겨 있다고 말한다.

하지만 삼별초의 항쟁을 부정적으로 보는 역사학자들도 있다. 이들은 삼별초가 무신 정권의 군사적 기반이라는 데 주목한다. 삼별초는 권력자를 호위하고 반대 세력을 제거하는 역할을 하는 대가로 좋은 대우를 받았다. 수도를 강화도로 옮긴 뒤에도 몽골군을 무찌르고 백성을 구하기보다는 강화도 지키기에만 주력했다. 그런데 개경 환도는 무신 정권이 몰락하고 권력이 왕에게 넘어가는 정세 변화를 의미했다. 결국 삼별초가 개경 환도에 그대로 따르면 숙청을 당할 가능성이 컸다. 그래서 생존을 위해서는 대몽 항쟁이 어쩔 수 없는 선택이었다는 주장이다.

● 삼별초의 대몽 항쟁 마지막 보루인 항파두리성의 터.

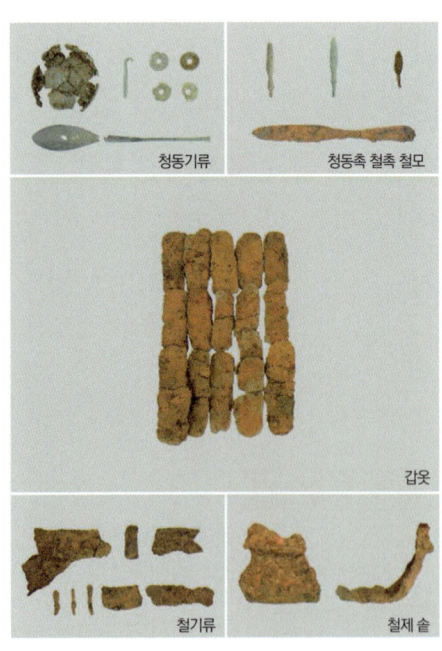
● 항파두리성에서 나온 철제 찰갑과 화살촉 등의 고려 시대 유물.

01 고려가 수도를 강화도로 옮긴 이유와 삼별초가 진도를 근거지로 삼은 이유를 두 가지씩 들어 보세요.

수도를 강화도로 옮긴 이유	진도를 근거지로 삼은 이유

02 몽골에 항복해야 한다는 주장을 삼별초의 입장에서 비판해 보세요.

03 보기를 참고해, 몽골군에 맞서 고려를 지킬 수 있는 효과적인 아이디어를 내 보세요.

보기

● 최우의 집을 상상한 그림.

(1) 몽골군이 고려를 침략하는 동안에도 최씨 무신 정권은 강화도에서 호사스러운 생활을 했다. 최우의 저택은 개경의 집보다 더 컸고, 연등회나 팔관회를 열 때 물건을 쓰는 정도도 개경에 있을 때와 다름이 없었다.

(2) 1251년 몽골군이 충주성을 공격하자 관리와 양반들은 모두 도망하고, 관노 등 신분이 천한 사람들이 충주성을 방어했다. 몽골군이 물러난 뒤, 관리와 양반들이 돌아와 몽골군이 빼앗아 간 은그릇에 대한 책임을 물어 관노의 우두머리를 죽이려 했다. 이에 관노들이 반란을 일으켰다.

정보 클릭

항쟁과 항복

최씨 무신 정권이 강화도에서 안락한 생활을 하는 동안 백성들은 몽골군의 살육과 약탈 탓에 고통을 겪었다.

『고려사』에 따르면, 1245년 한 해 동안 몽골군에게 포로로 잡혀간 백성이 20만 6800여 명이나 되고, 죽임을 당한 사람은 헤아릴 수 없다. 또 몽골군이 거쳐 간 고을은 잿더미가 되었다. 무신 정권 말기에 이르면 전쟁에 지친 백성들이 지방 관리나 장수들을 죽이고 몽골군에 투항하는 일이 줄을 이었다. 항복하는 장수도 적지 않았다.

몽골군은 강화도를 완전히 고립시켰다. 또 점령 지역에 관리를 파견하고 곡식을 깡그리 거둬 갔다.

고려 조정의 여론은 둘로 갈렸다. 무신 정권과 삼별초는 몽골과 끝까지 항쟁하기를 원했다. 하지만 국왕과 문신들은 개경으로 환도해 몽골과 강화하기를 원했다.

몽골은 강화의 조건으로 고려의 왕이 직접 몽골로 와서 항복하고, 개경으로 수도를 옮기라고 요구했다.

생각 로그인

04 삼별초의 대몽 항쟁을 긍정적으로 보는 이유를 설명해 보세요.

05 삼별초의 대몽 항쟁을 부정적으로 보는 시각에서 보기 의 주장을 비판해 보세요.

> **보기**
> 삼별초의 대몽 항쟁은 백성의 폭넓은 지지를 받았다. 삼별초는 강한 민족 자주 의식을 갖고 있었으므로, 몽골의 속국이 되기를 거부했다. 따라서 고려의 백성들은 몽골에 항복한 고려 조정에 반대하고 삼별초의 항쟁을 지지했다.

06 보기 를 참고해 박정희 정권이 과거 무신 정권과 삼별초의 대몽 항쟁을 기리는 사업을 펼친 목적을 생각해 보세요.

> **보기**
>
>
>
> ● 항파두리 항몽 기념비.
>
> 항파두리성엔 항몽 기념비가 있다. 이 비에는 '항몽순의비'(몽골에 맞서 의로움을 위해 목숨을 바친 넋을 기리는 비)라는 문구가 새겨져 있는데, 박정희 전 대통령(재임 1963~79)이 직접 썼다. 박 전 대통령은 항파두리성을 항몽 유적지로 지정하라고 지시했다. 이에 따라 1977년부터 1980년까지 성곽 일부를 복원하고, 항몽 기념비를 세웠다.

정보 클릭

최씨 무신 정권에 대한 평가

과거 고려의 무신 정권에 대한 역사적 평가는 부정적이었다.

조선 시대엔 유교 사관에 입각해 무신 정권을 국왕의 주권을 억압한 반역으로 규정했다. 근대 이후에도 정상적인 통치 질서를 무너뜨려 혼란을 일으켰다거나, 농민과 천민을 탄압한 지배 체제로 보았다. 권력 유지에만 집착하고 나라의 발전이나 백성의 안정을 위한 노력이 소홀했다고 평가를 받은 것이다.

그런데 1970년대 박정희(재임 1963~79) 정권 때는 긍정적인 시각으로 바뀌었다. 박정희 정권은 군부가 쿠데타를 일으켜 권력을 잡았으므로 정당성이 약했다. 따라서 자기네의 집권을 합리화하기 위해 무신 정권을 재평가한 것이다. 무신 정권은 두드러진 치적이 없어 선전하기 어려웠고, 대신 삼별초의 대몽 항쟁을 민족 자주 정신을 보여 줬다고 평가했다.

학계에선 현재 대몽 항쟁의 주체를 무신 정권과 삼별초로 보느냐 일반 백성으로 보느냐를 놓고 의견이 엇갈린다. 백성의 대몽 항쟁을 강조하는 입장에선 무신 정권과 삼별초는 권력 유지에만 급급했을 뿐이며, 실제로 대몽 항쟁의 주역은 일반 백성이었다고 본다.

몽골군이 1231년 고려를 침략하자 최씨 무신 정권은 수도를 강화도로 옮기고 저항했다. 하지만 원종은 몽골과의 싸움이 힘에 부치자 항복한 뒤 1270년 5월 개경 환도를 선언했다. 이에 반대해 삼별초는 반란을 일으켰다. 삼별초는 진도에 이어 제주도로 근거지를 옮기며 대몽 항쟁에 나섰다. 그러나 1273년 4월 삼별초는 제주도에서 고려와 몽골 연합군의 기습 작전에 패해 무너졌다. 삼별초의 항쟁을 긍정적으로 보는 역사학자들은 몽골의 속국이 되기를 거부한 고려의 자주 정신을 드높였다고 평가한다. 이에 대한 근거로 삼별초가 3년간 항쟁을 이어 갈 수 있었던 것은 백성의 지지를 받았기 때문이라고 주장한다. 대몽 항쟁을 부정적으로 보는 사람들은, 삼별초가 무신 정권의 군사적 기반이었으며, 항복은 숙청을 의미했으므로 생존을 위해서는 어쩔 수 없는 선택이었다고 말한다.

삼별초의 대몽 항쟁이 펼쳐진 과정을 설명한 뒤, 삼별초의 대몽 항쟁에 관한 긍정적 입장과 부정적 입장 가운데 한 쪽을 선택해 자신의 의견을 논술하세요(500~600자).

수행 평가와 디베이트를 위한
쟁점 한국사

06. 사대 정책은 굴욕 외교인가

● 조천도. 그림의 명칭은 명에 파견하는 조선의 사신을 명나라 황제인 천자를 배알하는 '조천사'라고 부른 데서 기원한다.

조선 시대에는 명나라를 큰 나라로 섬기는 사대 정책을 폈다. 이는 조선이 명나라의 앞선 문화와 제도를 받아들이고, 경제적·군사적 지원을 받기 위한 실리적인 선택이었다. 그러나 한편으로는 자주성을 잃은 굴욕적인 외교라는 비판도 있다. 사대 정책은 당시의 국제 정세와 국내 상황을 고려한 선택이었지만, 이를 평가하는 시각은 다양하다. 자주성과 독립성을 중시하는 입장에서는 사대 정책을 굴욕적인 외교로 평가할 수 있지만, 실리와 현실적인 상황을 고려하는 입장에서는 국익을 추구하는 실리 외교로 평가할 수 있다. 고려와 조선의 사대 정책을 살펴보고, 이 정책을 어떻게 평가할지 탐구한다.

교과서 이곳을 보세요

고등학교 한국사 1단원 전근대 한국사의 이해 • 5. 조선의 정치 운영과 세계관의 변화
중학교 역사2 4단원 조선의 성립과 발전 • 1. 통치 체제 정비와 대외 관계

고려에선 사대 대상 놓고 친원파와 친명파 대립

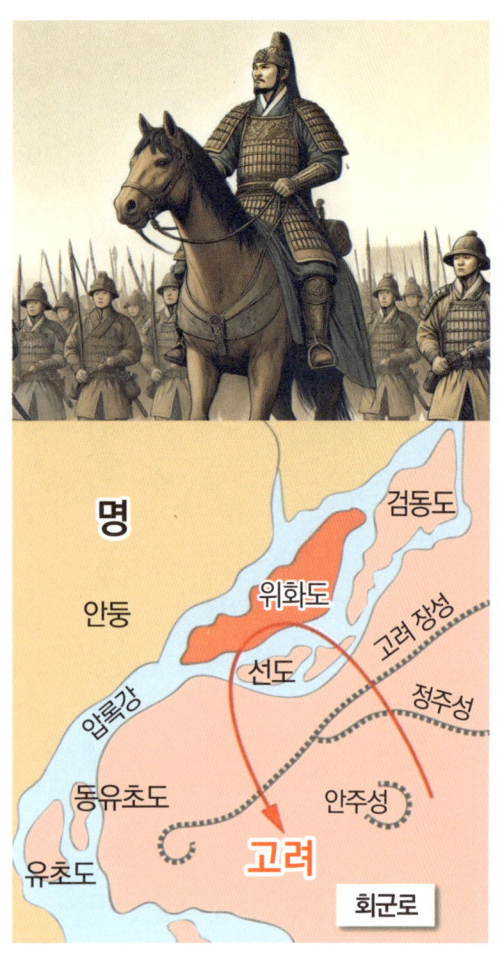

● 이성계는 작은 나라가 큰 나라를 거스를 수 없다며, 위화도에서 회군했다.

고구려와 백제, 신라 삼국은 중국을 큰 나라로 섬기며 조공을 바쳤다. 하지만 이는 자국의 이익을 얻기 위한 전략이었다. 관계를 맺었다가도 중국이 분열되면 자국에 더 유리한 상대를 찾아 관계를 바꾸기도 했다.

고려 전기에 조공 대상국을 송나라에서 요나라, 금나라로 바꾼 이유도 이해득실에 따른 결과였다. 1259년 원나라에 처음 조공을 보낼 때도 그런 입장이었다. 그러나 그 뒤 고려 왕실이 원나라의 공주를 왕비로 맞으며, 고려는 독립성을 잃고 원나라에 종속되고 말았다.

14세기 중반 원나라가 각지에서 반란이 일어나자 혼란에 빠졌다. 공민왕(재위 1351~74)은 이러한 상황을 틈타 원나라의 간섭에서 벗어나려 했다. 고려의 내정에 간섭하던 정동행성을 없애고, 쌍성총관부를 공격해 철령(지금의 강원도 고산군과 회양군 경계에 있는 고개) 이북의 땅을 되찾았다. 1368년에는 명나라가 원나라를 북쪽으로 내쫓고 중국을 차지하자, 공민왕은 친명 정책을 폈다.

하지만 공민왕이 죽은 뒤 고려와 명나라 사이에는 긴장 관계가 조성되었다. 친원파가 권력을 잡고 명나라의 사신을 살해하는 사건이 일어났기 때문이다. 고려 조정에서는 친원파와 친명파가 대립했다. 친원파는 원나라에 종속되었을 당시 형성된 기득권을 지키기 위해 명나라와 대결하자는 입장이었다. 친명파는 군사적 긴장을 완화하기 위해 명나라와 우호 관계를 맺자고 맞섰다.

명나라는 고려에 철령 이북의 땅을 내놓으라고 요구하며 압박했다. 고려는 1388년 명나라에 맞서기 위해 요동 정벌에 나섰다. 하지만 이 군대를 지휘하던 이성계(재위 1392~8)가 압록강 하류의 위화도에서 군대를 돌려 정권을 잡았다. 정변 뒤 친명파는 친원파를 제거하고 명나라와 우호 관계를 맺었다.

낱말 즐겨 찾기

송나라 중국의 옛 통일 왕조(960~1279). 960년 조광윤이 세우고, 개봉(카이펑)을 도읍지로 삼았다.
요나라 거란족이 세운 나라(916~1125). 만주와 몽골, 북중국을 지배했다.
금나라 여진족이 세운 나라(1115~1234). 만주와 북중국을 지배했다.
정동행성 1280년에 원나라가 일본을 치기 위해 개경에 설치했고, 원정에 실패한 뒤에는 고려의 내정에 간섭하는 역할을 한 관청.
쌍성총관부 원나라가 철령 이북을 직접 통치하기 위해 설치한 관청.

조선에서는 명나라를 큰 나라로 섬겨

조선은 1392년 건국한 뒤 사대 정책을 외교의 기본 원칙으로 삼았다. 사대는 조선의 왕이 명나라 황제의 제후임을 나타내며, 새로운 왕이 즉위할 때마다 명나라의 승인을 받고 조공을 바치는 외교 관계를 말한다. 그러나 명나라의 내정 간섭을 받지 않았다는 점에서 고려가 원나라에 종속되었을 때와는 구분된다.

태종(재위 1400~18)은 사대 정책의 원칙을 굳혔다. 그는 "한편으로는 명나라를 지성으로 섬기며, 다른 한편으로는 성을 튼튼히 하고 군량을 저축해야 한다"라고 했다. 이 말에서 보듯 강대국의 침략에서 나라를 지키려면 사대 정책은 불가피한 전략이었다.

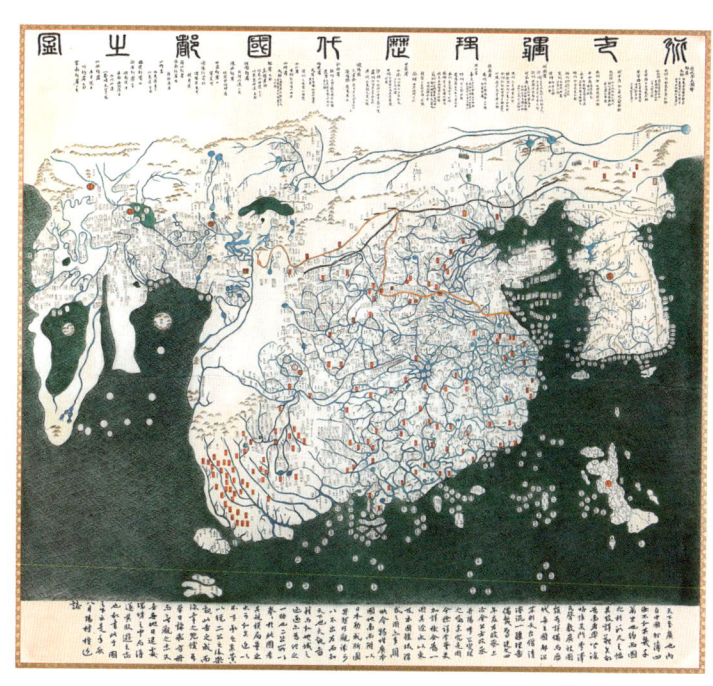

● 1402년에 만든 '혼일강리역대국도지도'. 중국을 중심으로 한 세계 질서를 보여 준다. (사진 : 서울대 규장각한국학연구원)

조공의 경우도 형식적으로는 조선이 중국에 바치는 것이었지만, 실제로는 조선이 더 많은 이익을 얻었다. 조선이 말과 베 등을 보내는 대신 명나라는 그보다 더 많은 물건을 답례로 주었기 때문이다. 명나라는 3년에 한 차례씩 조공을 바치라고 했는데, 조선은 1년에 세 차례씩 조공을 바치겠다고 주장한 것만 봐도 양국의 입장 차이를 알 수 있다.

세종(재위 1418~50)은 사대 정책의 대상인 명나라를 모델로 삼아 국가 체제를 정비했다. 하지만 명나라의 문물과 제도를 맹목적으로 모방하지는 않았다. 역법과 음악, 의약 등에서 명나라의 문물과 제도를 표준으로 삼되, 우리의 풍토와 문화에 맞게 바꿨다.

임진왜란(1592~8) 때 명나라는 조선에 구원병을 보냈다. 이는 작은 나라를 보살피는 것을 큰 나라의 의무로 여겨서였다. 하지만 그 뒤 조선에선 명나라를 부모의 나라로 여기는 현상이 나타났는데, 명나라가 망한 뒤에도 여전했다. 이러한 태도는 정신적으로 주체성을 잃었다는 점에서 비판을 받았다.

낱말 즐겨 찾기

사대 정책 작은 나라가 큰 나라를 종주국으로 섬기는 외교 정책.
제후 봉건 시대에 일정한 영토를 가지고, 그곳의 백성을 다스리도록 황제의 인정을 받은 사람.
역법 천체의 주기적 운행을 시간 단위로 구분하는 계산법.

"굴욕 외교" vs "실리 외교"

● 독립 협회는 중국의 사신을 맞기 위해 세운 영은문(돌기둥 두 개)을 헐고, 1896년 그 앞쪽에 독립문을 세웠다(오른쪽).

조선이 명나라를 섬기던 사대 정책은 뒷날 굴욕 외교였다는 비판을 받았다. 사대주의에 빠져 민족 자주 의식을 잃었다는 것이다. 이러한 비판은 20세기 초에 외세의 침략에 맞서 민족주의가 형성된 흐름과 관련이 있다.

민족주의 사학자 신채호(1880~1936)는 역사를 우리 민족과 외세의 투쟁이라는 관점에서 보았다. 일본의 침략에 맞서 국권을 지키려면 민족 자주 의식을 드높여야 한다고 믿었기 때문이다. 이러한 역사관에 입각해 조선의 사대 정책은 독립국의 지위는 물론 민족적 자존감까지 잃는 결과를 초래했다고 봤다. 특히 중국의 문화를 떠받들고 우리 문화는 스스로 얕잡아 보는 태도를 문제로 삼았다.

하지만 사대 정책을 놓고 실리 외교를 통해 국익을 얻었다고 평가하는 학자도 적지 않다. 조선은 사대 정책에 의해 국가 안보를 보장 받을 수 있었고, 경제적으로도 조공을 통해 이익을 얻었다. 또 명나라의 문물과 제도를 빠르게 받아들여 국가 체제를 정비할 수 있었다는 것이다. 사대 정책을 실리 외교였다고 평가하는 학자들도 조선 후기에 명나라를 떠받들던 태도까지 긍정적으로 보지는 않는다. 이에 대해선 정신적 종속 상태에 빠져 민족의 자존감을 상실했다는 주장에 동의한다. 하지만 조선 전기의 사대 정책은 이와 구분해 국익에 도움이 되었다는 점을 평가해 주어야 한다고 말한다.

이러한 맥락에서 보면 사대 정책과 민족 자주 의식이 모순을 이루는 것은 아니다. 조선 전기에는 명나라를 큰 나라로 섬기면서도 내부적으로는 국가의 주체성과 자존 의식을 강조하는 사례가 많았다. 중국의 세계관에서는 황제만이 하늘의 뜻을 전달 받고 하늘에 제사를 지낼 수 있었다. 그런데 조선은 하늘의 뜻에 따라 나라를 세웠다고 찬양했으며, 왕이 하늘에 제사를 지냈다.

01 신라와 당나라, 고려와 원나라의 관계에서 공통점과 차이점을 정리해 보세요.

	신라와 당나라	고려와 원나라
공통점		
차이점		

02 요동 지방을 정벌하러 간 이성계가 위화도에서 회군할 때 "작은 나라가 큰 나라를 거스르는 일은 옳지 않다"라는 이유를 댔습니다. 이성계의 입장에 찬반 의견을 밝혀 보세요.

> **사불가론**
> 첫째, 작은 나라가 큰 나라를 거스르는 일은 옳지 않다.
> 둘째, 여름에 군사를 동원하는 일은 적절하지 않다.
> 셋째, 요동을 공격하는 틈을 타서 남쪽에서 왜구가 침범할 염려가 있다.
> 넷째, 무덥고 비가 많이 오는 때라 활의 아교가 녹아 무기로 쓸 수 없고, 병사들이 감염병에 걸릴 염려가 있다.

03 명나라가 경제적으로 손해가 나는데도 조선에 조공을 바치도록 한 까닭을 설명해 보세요.

명나라의 패권 전략

명나라가 조공 무역을 유지한 이유는 패권 유지와 국가 안보를 위해서였다.

제2차 세계 대전(1939~45) 이후 한동안 미국은 자국의 패권을 유지하기 위해 한국 등에 경제 원조를 했다. 명나라도 이와 비슷한 방식으로 경제적 도움을 줘서 주변 국가들의 복종을 유도했다.

조공 무역은 명나라의 국가 안보에도 도움을 주었다. 주변 국가들이 경제적 도움을 얻으려면 명나라와 평화적인 관계를 맺어야 했다. 명나라가 베푸는 외교 전략을 펼치지 않았다면 사방의 적들을 감당하기 어려웠을 것이다. 결국 명나라는 군사력이 아니라 경제력으로 자국을 보호한 셈이다.

● 조공 무역은 명나라의 국가 안보에도 도움이 되었다.

생각 로그인

04 조선의 사대 정책을 놓고 굴욕 외교라는 평가와 실리 외교라는 평가가 맞서는데, 각 평가의 근거를 제시해 보세요.

굴욕 외교	실리 외교

05 보기를 참고해, 모든 국가가 주권을 가지고 대등하게 저마다 국익을 추구하자는 '만국 공법'의 국제 질서를 지지하는 입장에서 사대 정책의 문제점을 지적해 보세요.

보기

● 단재 신채호

단재 신채호(1880~1936)의 민족주의 역사학은 '만국 공법'의 국제 질서에 입각했다. 『만국 공법』은 1864년 청나라에서 간행되어 조선 말기에 우리나라에 들어온 국제법 서적이다. 미국의 법학자인 헨리 휘튼(1785~1848)의 저서인 『국제법 원리』를 미국인 선교사 윌리엄 마틴(1862~1931)이 번역해 출판했다. 만국 공법의 국제 질서는 모든 국가들이 주권을 가진 대등한 입장에서 저마다 국익을 추구하는 것을 가리킨다. 이러한 입장에서 보면 조선이 중국을 큰 나라로 섬기는 행위는 스스로 주권 국가임을 부인하는 것이다.

정보 클릭

중국 중심의 세계 질서

과거 중국 중심의 세계 질서는 약소국에 강대국의 패권을 강요한다는 점에서 불평등했다. 하지만 평화적이고 호혜적인 국제 질서를 형성하려 했다는 점에서는 긍정적인 면이 있다.

중국 중심의 세계 질서 때문에 주변 국가들은 중국을 큰 나라로 섬겼다. 이는 '사대'와 '자소'의 원리에 따랐다. 사대는 약소국이 강대국을 패권 국가로 받드는 것이고, 자소는 강대국이 약소국을 보호하는 개념이다.

중국 중심의 세계 질서는 강대국과 약소국의 존재를 인정한 바탕 위에서 그들 사이에 평화적이고 호혜적인 관계를 확보하려고 했다.

약소국에 강대국의 권위를 인정시켜 복종 의무를 지우는 대신, 강대국은 약소국의 존립을 보장하고 경제적 이익을 베풀어야 할 책임을 졌다.

삼국 시대와 고려 전기에는 중국을 큰 나라로 섬겼지만, 사대 정책이 이해득실에 따라 선택적으로 실시되었다. 확고한 종속 상태에 있지도 않았다. 하지만 고려 왕실은 원나라 황실과 혼인 관계를 맺으며 독립성을 잃어버렸다. 조선의 사대 정책은 새로운 왕이 즉위하면 명나라의 승인을 받아야 했지만, 내정 간섭을 받지 않았다는 점에서 일방적 종속으로 보기는 어렵다. 민족 자주 의식을 중시하는 학자들은 사대 정책이 독립국의 지위와 민족적 자존감을 잃게 했다는 이유 때문에 굴욕 외교로 평가한다. 이에 비해 사대 정책을 실리 외교로 평가하는 학자도 적지 않다. 이 정책 덕분에 국가 안보를 지킬 수 있었고, 경제적으로도 이익을 얻었다는 것이다.

고려와 조선이 사대 정책을 펼친 과정을 설명하고, 이 정책을 굴욕 외교로 보는 입장과 실리 외교로 보는 입장 가운데 한 가지를 선택해 논술하세요(500~600자).

수행 평가와 디베이트를 위한
쟁점 한국사

07 조선 왕조 건국은 혁명이었나

● 급진파 신진 사대부는 민본 정치를 내세워 고려를 무너뜨리고 새로운 왕조를 열었다.

정도전 등 급진파 신진 사대부는 이성계와 함께 조선 왕조의 건국과 민본 정치 구현에 성공한 혁명가로 평가를 받는다. 고려 왕조 말기에는 정치적 부패와 경제적 불평등, 토지 제도 등 여러 모순이 존재했다. 특히 권문세족이 대규모 토지를 사유화하여 소작농의 삶을 어렵게 했고, 국가 재정은 약화되었다. 이성계가 조선을 건국하고 국가 체제를 정비한 역사를 살펴본 뒤, 조선의 건국을 혁명으로 볼 수 있는지 탐구한다.

교과서 이곳을 보세요
고등학교 한국사 1단원 전근대 한국사의 이해 • 5. 조선의 정치 운영과 세계관의 변화
중학교 역사2 4단원 조선의 성립과 발전 • 1. 통치 체제 정비와 대외 관계

신진 사대부가 조선 왕조를 세우다

● 정도전(왼쪽)과 정몽주는 개혁을 놓고 입장 차이가 있었다.

고려 왕조는 14세기에 권문세족이 득세하며 국가 재정이 악화되었다. 권문세족은 원나라와 연결된 중앙 귀족의 후손인데, 음서에 의해 벼슬을 얻었다. 경제적으로는 산과 강을 경계로 삼을 만큼 넓은 농장을 소유한 대지주였다. 이들은 백성을 노비로 만들어 자기 농장에서 농사를 짓게 했다. 노비는 군대에 가지 않고 세금도 내지 않았다. 그래서 나라의 군사력이 약화되고 재정 수입도 감소할 수밖에 없었다.

신진 사대부는 지방 향리의 자손으로 과거에 합격해 관직에 올랐는데, 경제적으로는 대개 중소 지주였다. 이들은 중요 관직을 독차지한 권문세족 때문에 승진하기 어려워 불만이 컸다. 신진 사대부를 대표하는 인물은 이색(1328~96)과 정몽주(1337~92), 정도전(1342~98), 조준(1346~1405) 등이었다.

정도전과 정몽주는 이성계(재위 1392~8) 등의 신흥 무인 세력과 손을 잡았다. 1388년에 일어난 위화도 회군은 권문세족을 몰아낼 수 있는 기회가 되었다. 위화도 회군은 명나라를 공격하는 군대를 지휘하는 이성계가 군사를 돌려 우왕(재위 1374~88)을 왕위에서 몰아내고 정권을 잡은 사건이다.

신진 사대부는 권력을 잡은 뒤 개혁을 추진했다. 그러나 이색과 정몽주 등의 온건파와 정도전과 조준 등의 급진파는 개혁의 방법을 놓고 의견이 달랐다. 온건파는 토지 제도의 개혁에 미지근한 태도를 보였으며, 고려 왕조를 유지하려 했다. 급진파는 권문세족의 토지를 몰수한 뒤에 농민에게 나누어 주자고 했고, 새로운 왕조를 세우려 했다. 급진파가 정치 투쟁에서 승리했고, 1391년 과전법을 실시했다. 이듬해 이성계를 왕으로 추대해 조선 왕조를 세웠다.

낱말 즐겨 찾기

음서 아버지나 할아버지가 높은 벼슬을 지냈을 경우 과거를 거치지 않고 그 자손을 특별히 등용하는 제도.
향리 고려와 조선 왕조에서 지방 관청의 행정 실무를 담당하던 하급 관리.
위화도 우리나라와 중국의 경계선인 압록강 하구에 있는 섬.
과전법 경기도 일대 토지의 조세를 거두는 수조권을 관리와 관청에게 나누어 주는 제도.

조선의 국가 체제를 정비하다

조선 왕조의 건국을 이끈 신진 사대부는 유교의 민본 정치를 구현하려고 했다. 민본 정치는 백성을 정치의 근본으로 삼는 이념이었다.

그런데 통치 체제에 대한 입장 차이 때문에 권력 내부에서 대립이 일어났다. 정도전은 재상 중심 체제를 지향하고, 의정부 서사제를 실시했다. 이 제도는 왕권 견제에 목적을 두고, 의정부에서 정승들이 중요한 문제를 결정해 왕에게 보고하는 제도였다.

이성계의 아들인 이방원(1367~1422)은 국왕 중심 체제를 만들려고 했다. 이방원은 1398년 왕자의 난을 일으켜 정도전을 제거했다. 그는 왕위에 올라 태종(재위 1400~18)이 된 뒤 육조 직계제를 실시했다.

● 세종의 한글 창제는 민본 정치를 구현하려는 마음가짐 덕에 가능했다.

이는 각 부서의 장관이 왕에게 직접 업무를 보고하고 명령을 받는 제도다.

태종은 양전 사업과 호패법 등의 개혁 정책을 실시했다. 양전 사업은 토지의 면적과 주인 등을 파악해 등록하는 사업이다. 호패법은 양인 신분의 농민이 천민 신분으로 떨어지지 못하게 하려고 도입했다. 이를 통해 세금을 거둘 토지와 군대에 나갈 장정을 더 많이 확보할 수 있었다.

태종의 개혁 정책은 세종(재위 1418~50)이 이상적인 유교 정치를 구현하는 밑바탕이 되었다. 세종의 업적은 학술 기관인 집현전 설치와 인재 등용, 한글 창제, 측우기·자격루(물시계)·앙부일구(해시계) 개발, 아악 정리 등 수없이 많다. 여기에 공법 실시도 빼놓을 수 없다. 공법은 풍년과 흉년의 정도, 토지의 기름진 정도를 따져 세금을 공평하게 거둔 제도였다. 이는 농민이 내야 할 세금을 줄여 백성의 생활을 안정시키는 데 기여했다.

낱말 즐겨 찾기

의정부 조선 시대에 정부 부처와 관리를 통솔하며 왕을 보좌하던 국가 최고의 행정 기관.
육조 조선 시대 국정을 분담해 집행하던 6개의 중앙 행정 기관. 이조와 호조, 예조, 병조, 형조, 공조를 통틀어 일컬음.
양전 사업 토지의 면적, 소유 현황, 경작 상태 등을 파악하여 공정한 조세 부과를 목적으로 시행된 토지 조사 제도. 농민이 세금 부담을 피하거나 토지를 불법 점유하는 일을 방지할 목적도 있었다.
호패법 16세 이상의 남자에게 이름과 나이, 신분 등 인적 사항을 적은 패를 착용하게 한 제도.
양인 조선 시대에 천민 신분이 아닌 사람을 통틀어 이르는 말.

"혁명인가" vs "궁중 반란인가"

역사가들은 조선 왕조의 건국을 놓고 여러 관점에서 해석한다. 식민 사학을 추종하는 역사학자들은 조선 왕조의 건국을 단순한 궁중 반란으로 보았다. 지배층 내부의 권력 다툼에 지나지 않았으며, 사회적으로도 중요한 변화가 없었다는 것이다. 하지만 이러한 시각은 식민 사학자들이 한국사를 정체와 분열의 역사로 보았기 때문이다. 우리 역사는 변화 없이 낮은 발전 단계에 머물렀고, 우리 민족은 서로 헐뜯으며 단결할 줄 모른다는 시각이다.

1960년대 이후 우리 역사학계는 식민 사학 극복을 목표로 삼았다. 이들은 조선 왕조의 건국을 신진 사대부가 일으킨 혁명으로 보았다. 신진 사대부는 권문세족과 계층적·이념적 기반이

● 대표적인 식민 사학자인 쓰다 소우키치(1873~1961). 식민 사학자들은 일제의 통치를 옹호하려고 했다.

다른 데다, 토지 제도와 신분제를 개혁해 백성의 생활을 안정시켰다는 점이 그 근거다.

중국의 맹자(기원전 372?~기원전 289)는 기존의 왕조가 민심을 잃었을 때 정당성을 가진 새로운 왕조가 등장하는 변화를 혁명이라고 했다. 오늘날에는 폭력적인 수단에 의해 사회 체제를 급격하게 바꾸는 것을 혁명이라 부른다. 조선 왕조의 건국을 혁명으로 보는 까닭은, 집권 세력의 교체와 사회 체제의 변화를 가져와 역사를 발전시켰다는 점을 강조하기 위함이다.

몇몇 역사학자는 민중의 입장에서 볼 때 조선 왕조의 건국을 혁명으로 평가할 수 없다고 주장한다. 그 근거는 조선 전기의 중요한 가문들이 고려의 권문세족과 연결되어 있었고, 신진 사대부도 권문세족처럼 노비와 소작농이 경작하는 넓은 농장을 경영했다는 점을 든다. 이들은 농민 생활이 과거보다 조금 편해지기는 했지만, 노비제와 지주제를 없애는 근본적인 개선이 이뤄지지 않았다는 점을 강조한다.

낱말 즐겨 찾기

식민 사학 일제의 식민 지배를 정당화한 역사학.

생각 로그인

01 권문세족과 신진 사대부의 차이점을 구분해 보세요.

권문세족	구분	신진 사대부
	출신 신분	
	관직 진출	
	경제 기반	

02 국왕 중심 체제와 재상 중심 체제는 각각 어떤 장단점이 있는지 들어 보세요.

국왕 중심 체제	장단점	재상 중심 체제
	장점	
	단점	

03 자신이 고려 말기의 신진 사대부라고 할 때, 온건파와 급진파 중 어느 쪽을 지지할지 생각해 보세요.

● 급진파가 승리를 거두어 조선이 건국되었다.

 정보 클릭

국왕 중심 체제와 재상 중심 체제

조선처럼 왕정 국가에서 통치의 주체는 왕과 신하다. 신하들 가운데서도 관리를 통솔하며 왕을 보좌하는 재상의 역할이 중요했다. 왕은 최고 통치자였지만, 왕 혼자서 정치를 할 수는 없었다. 따라서 왕과 재상의 역할이 적절하게 조화를 이루는 것이 중요했다.

하지만 실제로는 국왕 중심이냐 재상 중심이냐를 놓고 갈등을 빚었다. 왕권 중심 체제는 왕의 성품과 능력이 중요하다. 능력이 뛰어난 사람이 왕이 되면, 빠른 의사 결정을 통해 과감한 개혁을 이룰 수 있었다. 태종이 조선 왕조의 기틀을 다진 것이 좋은 사례다. 하지만 왕의 자질이 좋지 않으면, 신하의 견제를 받지 않기 때문에 연산군(재위 1495~1506)처럼 나쁜 정치를 할 수밖에 없었다. 재상 중심 체제는 안정된 정치가 가능하다는 장점이 있다. 정승들의 협의에 의해 국정이 운영되고, 왕권을 견제하기 때문에 최악의 사태를 막을 수 있었다. 하지만 재상들은 기득권을 지키는 방향으로 국정을 운영했다. 따라서 기득권 세력의 횡포가 심할 때 이를 과감하게 견제하기 어려웠다.

생각 로그인

04 신진 사대부와 권문세족의 정치 이념이 어떻게 다른지 이야기해 보세요.

05 식민 사학자들이 조선의 건국을 단순한 궁중 반란으로 보는 근거를 설명하고, 우리 역사학자의 입장에서 그 시각을 비판해 보세요.

● 일제 강점기에 식민 사학자들이 편찬한 역사책.

정보 클릭

신진 사대부의 정치 이념

고려 말기의 권문세족에게는 이렇다 할 정치 이념이 없었다. 그들은 어려운 백성의 삶에는 무관심한 채 자기네 곳간만 채우고 있었다.

이에 변화와 개혁을 꿈꾸는 사람들이 나타나기 시작했다. 신진 사대부가 바로 그들이다. 이들은 성리학의 민본 사상을 정치 이념으로 삼았다. 성리학은 남송의 주자(1130~1200)가 체계화한 유학의 한 갈래다.

성리학은 인간의 본성을 탐구해 인격을 수양하고, 왕을 도와 어진 정치를 펴기를 중시했다. 성리학은 원나라 간섭기에 고려에 들어왔다. 특히 이제현(1287~1367)과 이색(1328~96) 등이 성리학의 수용에 중요한 역할을 했다. 정몽주와 정도전은 이색에게 성리학을 배웠다.

고려 후기에 불교는 권문세족과 결탁해 귀족 사회를 지탱하는 기둥 노릇을 하고 있었다. 정도전은 불교를 배척하고, 성리학이 새로운 국가를 뒷받침하는 이념이 되어야 한다고 믿었다. 그래서 "백성의 마음을 얻으면 복종하고, 백성의 마음을 얻지 못하면 배반한다"라고 여겼다. 따라서 민심을 얻기 위해 민생을 안정시키는 정책을 펼치려고 했다. 이것이 민본 사상의 핵심이다.

정도전은 과전법 실시를 주도했다. 처음엔 모든 농민에게 토지를 나눠 주려 했지만, 뜻을 이루지 못했다. 권문세족이 가진 토지 문서를 빼앗아 불사르고, 국가에서 모든 토지에 세금을 거두었으며, 농민을 자영농으로 만든 것이 과전법의 성과다.

고려 왕조는 14세기에 권문세족의 농장 확대로 많은 농민이 땅을 잃었다. 이성계의 위화도 회군 이후 정권을 잡은 신진 사대부는 권문세족의 토지를 몰수한 뒤 과전법을 실시했다. 1392년에는 고려를 무너뜨리고 조선 왕조를 세웠다. 신진 사대부의 대표 격인 정도전은 재상 중심의 정치 체제를 지향했다. 하지만 이방원(태종)은 정도전을 제거하고 왕위에 올라 국왕 중심의 정치 체제를 세웠다. 태종은 양전 사업과 호패법을 실시해 나라의 기반을 다졌다. 조선 왕조의 건국을 놓고 우리 역사학계는 역사를 발전시켰다는 점을 강조하기 위해 신진 사대부가 일으킨 혁명으로 평가했다. 하지만 백성의 입장에서 역사를 보려는 역사학자들은 혁명이라는 주장에 반대한다.

조선을 건국하고 국가 체제를 정비한 과정을 설명하고, 조선의 건국을 혁명으로 볼 수 있는지 자신의 생각을 논술하세요(500~600자).

수행 평가와 디베이트를 위한
쟁점 한국사

08. 계유정난 어떻게 평가해야 할까

● 계유정난을 일으켜 왕위에 오른 세조.

세조(재위 1455~68)가 되는 수양대군은 1453년에 정권을 잡기 위해 계유정난을 일으켰다. 이 사건은 왕권과 신권의 관계 설정을 놓고 지배층 내부에서 일어난 정변이었다. 수양대군은 유명무실해진 왕권을 회복시킨다는 명분을 내세워 실권을 쥔 대신들을 제거했다. 이를 긍정적으로 보는 사람들은 왕권을 강화해 국가의 안정과 통일성을 회복했다는 점을 강조한다. 부정적으로 보는 사람들은 신권의 약화로 권력 집중이 심화되고, 정권 탈취를 위한 폭력적 수단이 정당화되었고 비판한다. 계유정난이 일어난 과정을 살펴보고, 이를 긍정적으로 보는 의견과 부정적으로 보는 의견을 탐구한다.

교과서 이곳을 보세요

고등학교 한국사 1단원 전근대 한국사의 이해 • 5. 조선의 정치 운영과 세계관의 변화
중학교 역사2 4단원 조선의 성립과 발전 • 1. 통치 체제 정비와 대외 관계

왕권을 회복하기 위해 정변 일으켜

세종(재위 1418~50)은 통치 체제를 육조 직계제에서 의정부 서사제로 바꿔 왕권과 신권(신하의 권한)의 조화를 꾀했다. 육조 직계제는 육조의 장관이 직접 왕에게 보고한 뒤 승인을 받아 정책을 집행하는 제도였다. 의정부 서사제는 육조의 장관이 정승들에게 보고하면 정승들이 합의해 정책을 결정하는 제도였다. 최종 결정은 왕의 권한이었지만, 대개 정승들의 합의를 존중했다.

● 수양대군이 김종서(앞줄 가운데)가 반역을 꾀하려 했다는 구실을 내세워 정변을 일으킨 모습을 상상한 그림.

의정부 서사제는 왕권과 신권의 조화를 통해 국정을 효율적으로 운영하던 제도였다. 그런데 문종(재위 1450~2)이 재위 2년 만에 죽고 단종(재위 1452~5)이 13세의 어린 나이로 즉위하면서 정승들에게 권력이 쏠렸다. 문종은 죽을 때 황보인(1387~1453)과 김종서(1383~1453)에게 단종을 보살펴 달라고 부탁했다. 따라서 두 사람이 중요한 정책과 인사를 결정했고, 단종은 이 결정을 승인하는 역할만 했다. 김종서는 좌의정이었지만 군대를 지휘하는 권한을 쥐고 있어 실제로는 최고 권력자의 위치에 있었다.

수양대군은 왕권이 신권에 눌려 힘을 쓰지 못하는 상황을 받아들이지 못했다. 그는 세종의 둘째 아들이자 단종의 삼촌이었는데, 상황을 바꾸기 위해 정변을 일으켰다. 기회를 엿보다 극소수의 부하만 데리고 김종서의 집을 찾아가 그를 살해했다. 그런 뒤 궁궐을 장악하고 왕명을 빌려 신하들을 불렀다. 반대파 신하들을 죽이거나 귀양을 보냄으로써 권력을 잡는 데 성공했다. 이 정변을 계유정난이라고 한다. 수양대군은 군대 지휘권과 인사권을 장악해 최고 권력자가 되었다. 정변을 일으킨 지 20개월 뒤에는 단종에게서 왕위를 넘겨받았다.

> **낱말 즐겨 찾기**
>
> 육조 조선 시대 국정을 분담해 집행하던 6개의 중앙 행정 기관. 이조와 호조, 예조, 병조, 형조, 공조를 통틀어 일컬음.
> 의정부 조선 시대에 정부 부처와 관리를 통솔하며 왕을 보좌하던 국가 최고의 행정 기관.
> 좌의정 영의정, 우의정과 함께 의정부 3정승의 하나. 영의정보다 낮고 우의정보다 높다.

왕위 빼앗자 패륜이라는 비판 거세져

세조는 왕위에 오르자마자 왕권 강화 정책을 폈다. 우선 의정부 서사제를 없애고 육조 직계제를 부활했다. 이를 통해 정승의 권한을 약화시키고, 자신이 직접 국정을 주관하려고 했다. 집현전도 없애고, 경연도 정지했다. 집현전은 궁궐에 설치한 학문 연구 기관인데, 경연을 주관했다. 경연은 학자들이 왕에게 유교 경전을 강의하던 제도로, 왕권을 견제하는 역할을 했다.

● 거주지의 통과 호까지 적힌 서울과 경기 지역 양반들의 호패. (사진 : 국립 중앙 박물관)

왕권을 강화하기 위해 호패법도 실시했다. 호패법 실시로 전국의 남성 인구를 파악해 요역과 군역을 부담할 인력을 늘릴 수 있었다. 요역은 백성의 노동력을 징발하던 제도이고, 군역은 일정한 기간 군대에 복무하게 하던 제도였다.

세조는 권력욕 때문에 인륜에 어긋난 짓을 했다는 비판을 피할 수 없었다. 세조가 즉위한 이듬해 성삼문(1418~56)과 박팽년(1417~56) 등 집현전 출신 관료들이 단종의 복위를 꾀하는 사건이 일어났다. 세조는 이 사건의 관련자와 가족들을 모두 죽이거나 노비로 삼았다. 또 단종을 강원도 영월로 귀양 보냈다가 살해했다. 이 사건 이후 세조의 패륜 행위에 대한 지배층과 백성의 여론이 더욱 악화되었다.

세조는 한명회(1415~87)와 권람(1416~65), 신숙주(1417~75) 등 공신들에게 의지할 수밖에 없었다. 공신들은 계유정난에 참여해 세조를 왕위에 올리는 데 공을 세웠고, 왕권을 지키는 방패 역할을 했다. 세조는 자신에게 충성을 바치는 공신을 신임했으며, 이들이 죄를 저질러도 너그럽게 대했다. 공신과 그 후손은 세조가 죽은 뒤에도 오랫동안 권세와 부귀를 대물림하며 국정을 어지럽히는 특권 세력으로 자리를 잡게 되었다.

낱말 즐겨 찾기

호패법 16세 이상의 남자에게 이름과 나이, 신분 등 인적 사항을 적은 패를 착용하게 한 제도.
징발 나라에서 특별한 일에 필요한 사람이나 물자를 강제로 모으거나 거두는 일.

"약해진 왕권 회복시켜" vs "왕권과 신권 조화 깨뜨려"

● 단종이 유배되었던 강원도 영월의 청령포를 그린 '월중도'.

계유정난은 지배층 내부의 권력 교체를 부른 정변이다. 그런데 그 핵심에는 왕권과 신권의 관계 설정을 둘러싼 입장 차이가 자리하고 있었다. 이와 관련해 역사학자들 사이에는 계유정난을 긍정적으로 보는 의견과 부정적으로 보는 의견이 엇갈리고 있다.

긍정적으로 보는 사람들은 나라가 안정되려면 왕권이 강해야 한다는 사실을 강조한다. 왕권이 약하면 권세가가 국정을 자기 마음대로 하므로 부정부패가 심해져 민심이 흔들리게 된다. 어린 단종이 즉위하자 김종서와 황보인 등의 정승이 국정을 주도했다. 따라서 계유정난은 비대해진 신권을 약화시키고 유명무실하던 왕권을 회복시켰다는 점에서 긍정적으로 평가한다. 또 세조가 호패법을 복원해 왕권을 강화하고 국가 운영의 기반을 튼튼히 한 점을 근거로 든다.

부정적으로 보는 사람들은 나라가 안정되려면 왕권과 신권이 조화를 이뤄야 한다는 점을 내세운다. 왕의 능력에는 한계가 있으므로 세종과 같은 현명한 왕도 유능한 정승의 보좌를 받았다. 따라서 계유정난은 왕권과 신권의 조화를 깨뜨렸다고 볼 수 있다. 그리고 정승들이 국정을 주도한 까닭은 어린 단종을 돕기 위한 것이었다는 점도 부정적 평가의 근거가 된다. 단종이 성인이 되면 정승들이 본래의 업무에 복귀해 왕권과 신권이 조화를 되찾았을 가능성이 크기 때문이다. 게다가 세조는 조카인 단종을 왕위에서 쫓아내고 목숨까지 빼앗았다. 이는 인륜을 해치고 민심을 등진 패륜 행위라는 점에서 부정적인 요인이 될 수밖에 없다.

01 육조 직계제와 의정부 서사제의 차이점을 구분해 보세요.

육조 직계제	
의정부 서사제	

02 세조가 왕권을 강화하기 위해 취한 조치를 들어 보세요.

● 세조는 자신에게 충성을 바치는 공신을 신임했다.

계유정난

계유정난에서 '계유'는 정변이 일어난 1453년을 가리킨다. '정난'은 나라가 어려움에 처한 상황을 극복해 편안하게 만들었음을 뜻한다.

역사적 사건의 명칭은 대개 권력 다툼에서 이긴 세력이 자기 입맛에 맞게 붙인다. 계유정난이라는 명칭도 정변에 성공한 세력이 자기네 행동을 정당화하기 위해 만들어 낸 것이다. 수양대군은 김종서가 권세를 쥐고 반역을 꾀했기 때문에 이를 막기 위해 정변을 일으켰다고 주장했다.

나라가 처한 어려운 상황을 김종서의 반역 음모에서 찾은 것이다. 하지만 이는 수양대군이 지어낸 이야기일 뿐이다. 김종서가 반역을 꾀했다는 주장을 뒷받침할 만한 증거가 없기 때문이다.

03 '계유정난'이라는 용어에는 어떤 문제점이 있는지 지적해 보세요.

04 계유정난을 긍정적으로 보는 의견과 부정적으로 보는 의견을 뒷받침하는 근거를 세 가지씩 정리해 보세요.

긍정적 의견	부정적 의견

05 정치 행위의 도덕성을 중요하게 여기는 입장에서, 세조를 평가할 때 윤리적 결함이 있더라도 나라를 안정시킨 업적을 더 중요한 평가 기준으로 삼아야 한다는 의견을 비판해 보세요.

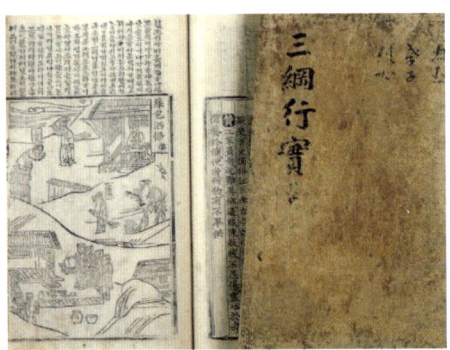

● 조선 시대의 도덕 교과서였던 『삼강행실도』.

정치 행위의 도덕성

정치 행위는 궁극적으로 국익을 추구하고 민생을 안정시키려는 목적이 있다.

그런데 국익 추구와 민생 안정에 기여하는 정치를 해도 도덕성을 무시하면 안 된다. 정치 지도자가 도덕적 결함이 있다면 좋은 뜻으로 정책을 만들어도 국민의 지지를 받기 어렵기 때문이다. 조선 시대에는 정치 지도자의 도덕성이 오늘날보다 더 중요하게 작용했다. 조선 왕조의 정치 이념인 유교는 백성을 다스릴 때 도덕이 형벌보다 더 중요하다고 여겼기 때문이다. 『삼강행실도』와 같은 도덕 교과서를 만들어 백성에게 읽힌 까닭도 정치에 도덕이 중요했기 때문이다. 이러한 상황 때문에 왕의 능력이 뛰어나도 윤리적 결함이 있으면 민심을 모으기 어려웠다.

단종이 어린 나이로 왕위에 오르자 정승들이 국정을 주도했다. 수양대군은 왕권이 신권에 눌려 힘을 쓰지 못하는 상황을 받아들일 수 없어 계유정난을 일으켰다. 왕위에 오른 수양대군은 육조 직계제를 부활시키는 등 왕권 강화 정책을 폈다. 이를 긍정적으로 보는 사람들은 나라가 안정되려면 왕권이 강해야 한다는 점을 강조한다. 세조가 왕권을 강화하고 국가 운영의 기반을 튼튼히 한 점도 긍정적 평가의 근거가 된다. 부정적으로 평가하는 사람들은 나라가 안정되려면 왕권과 신권이 조화를 이뤄야 한다고 주장한다. 인륜을 해치고 민심을 등지게 했다는 점도 부정적 평가의 근거가 된다.

계유정난의 원인과 결과를 설명하고, 계유정난을 긍정적으로 보는 의견과 부정적으로 보는 의견 가운데 하나를 골라 자신의 생각을 논술하세요(500~600자).

수행 평가와 디베이트를 위한
쟁점 한국사

09. 조광조의 개혁 정책은 왜 실패했을까

● 전남 화순 능주의 조광조 유배지의 영정.

서울 도봉구에는 1573년 조광조(1482~1519)를 추모하기 위해 세운 도봉서원 터가 남아 있다. 조광조는 조선 중기에 과감한 개혁 정치를 추진했지만, 뜻을 이루지 못했다. 그의 개혁 정치가 실패한 원인을 놓고 지나친 급진성 때문이라는 입장과 중종의 배신 때문이라는 입장이 맞서 있다. 조광조는 훈구 세력의 부패를 척결하려고 했으나, 급격한 개혁 때문에 정치적 반발이 커졌다. 특히 기득권 세력의 저항과 중종의 정치적 계산이 개혁 실패의 주요 요인이 되었다. 조광조의 개혁 정치가 펼쳐진 과정을 살펴보고, 개혁 정치가 실패한 원인을 탐구한다.

교과서 이곳을 보세요

고등학교 한국사 1단원 전근대 한국사의 이해 • 5. 조선의 정치 운영과 세계관의 변화
중학교 역사2 4단원 조선의 성립과 발전 • 2. 사림의 성장과 문화의 발달

훈구파와 사림파의 갈등이 시작되다

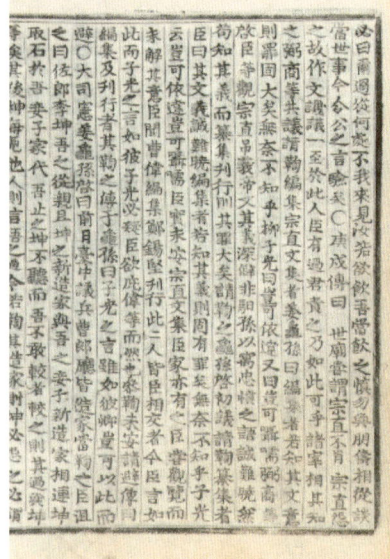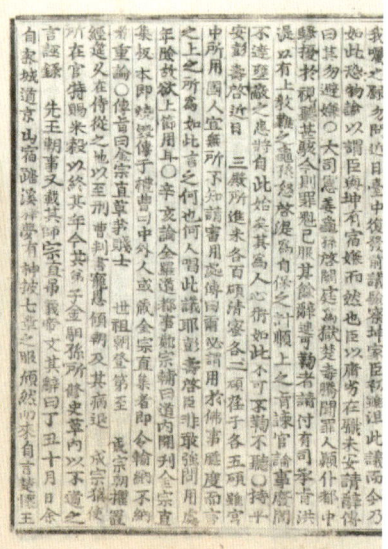

● 김종직이 쓴 '조의제문'. 『조선왕조실록』에 실려 있다.

세조(재위 1455~68)가 단종(재위 1452~55)을 쫓아내고 왕위에 오르자 훈구파가 권력을 차지했다. 훈구파는 세조의 집권에 공을 세운 사람의 무리였다. 중앙 집권적 통치와 부국강병을 중시하는 정치 성향을 띠었으며, 대농장을 소유해 경제적 기반이 탄탄했다.

15세기 중반에 사림파가 등장했다. 이들은 고려가 망한 뒤 조선의 건국에 협조하지 않고 지방에서 학문 연구와 교육에 힘쓴 학자들의 제자였다. 향촌에 기반을 둔 중소 지주로, 향촌 자치와 왕도 정치를 추구했다.

훈구파는 통치 수단으로 문장과 문학을 중요하게 여겼다. 사림파는 인격 수양을 위해 경학을 중요하게 여기는 학문적 태도를 보였다.

성종(재위 1470~94)은 훈구파를 견제하기 위해 사림파를 등용했다. 대표적인 인물이 김종직(1431~92)이었다. 그는 정몽주(1337~92)와 길재(1353~1419)의 학문을 물려받아 경학과 문학에 두루 뛰어났다. 이 때문에 성종의 신임을 받자, 자신의 제자들을 관직에 진출하도록 도왔다. 이들은 주로 언관을 맡아 훈구파의 비리를 비판했다.

훈구파와 갈등이 깊어지며 사림파가 탄압을 받았다. 연산군(재위 1495~1506)은 김종직의 '조의제문'을 구실로 삼아 사림파를 제거했다. 김종직은 이 글에서 억울하게 죽임을 당한 단종을 애도하고, 세조가 왕위를 빼앗은 행위를 비판했다. 연산군은 신하가 왕의 잘못을 비판하는 일은 불충이라며, 이미 죽은 김종직의 죄를 물은 뒤, 그 제자들에게도 벌을 주었다. 이를 무오사화(1498)라고 한다.

낱말 즐겨 찾기

왕도 정치 도덕을 바탕으로 백성을 어질게 다스리는 정치.
경학 유교 경전의 뜻을 밝히는 학문.
언관 임금과 신하의 잘못을 따지는 일을 하는 관직.

중종 등에 업고 개혁… 훈구파 반발로 실패

연산군이 왕권을 강화하기 위해 훈구파까지 쫓아냈다. 이에 훈구파는 연산군을 내쫓고 중종(재위 1506~44)을 왕위에 올렸다. 중종은 한동안 자신을 추대한 공신들의 그늘에서 벗어나지 못했다.

중종은 재위 8년째를 맞아 훈구파의 횡포를 막기 위해 조광조 등 사림파를 등용했다. 조광조는 김종직의 제자인 김굉필(1454~1504)에게 학문을 배웠다. 그는 관직 진출 3년 만인 1518년에 대사헌에 오르는 등 파격적인 승진을 거듭했다. 또 임금의 신임을 받으며 개혁 정치를 지휘했다.

● 조광조가 중종과 경연을 하는 모습을 상상한 그림.

개혁 정치에는 현량과 실시, 소격서 폐지, 향약 보급 등이 포함되었다. 현량과는 학문과 덕행이 뛰어난 인재를 등용하는 제도다. 소격서는 도교 행사를 치르기 위해 설치한 관청인데, 유교의 이념에 맞지 않는다는 이유로 폐지했다. 향약의 보급은 향촌 사회에서 유교적 질서를 확립하고 미풍양속을 떨쳐 일으키며, 재난을 당했을 때 서로 돕도록 하려는 목적이 있었다. 이 밖에 토지 소유의 상한선을 정해 토지의 집중을 막으려 했다. 하지만 개혁 정치가 실패하며 실행에 옮기지는 못했다.

사림파는 중종이 왕위에 오를 때 공을 세우지 않은 훈구 대신들의 공신 자격을 삭제하자고 주장했다. 그런데 공신 자격을 삭제 당하면 명예를 잃는 데다, 국가에서 받은 토지까지 반납해야 했다. 이에 반발한 훈구파는 1519년 조광조와 사림파를 제거하는 데 성공했다. 이 사건이 기묘사화다. 중종은 사림파가 훈구파를 거칠게 몰아세우자 불안감을 느끼다가 훈구파의 모략에 동조해 사림파를 몰아냈다.

낱말 즐겨 찾기

대사헌 조선 시대 관리의 비리와 불법 행위를 감찰한 사헌부의 장관.
현량과 학문과 덕행이 뛰어난 인재를 대상으로 국가 정책에 관한 시험을 치른 뒤 관리로 채용하는 제도.
도교 신선 사상을 바탕으로 만들어진 전통 종교.
향약 향촌 사회의 자치 규약.

"개혁 급하게 서둘러" vs "중종의 배신 때문"

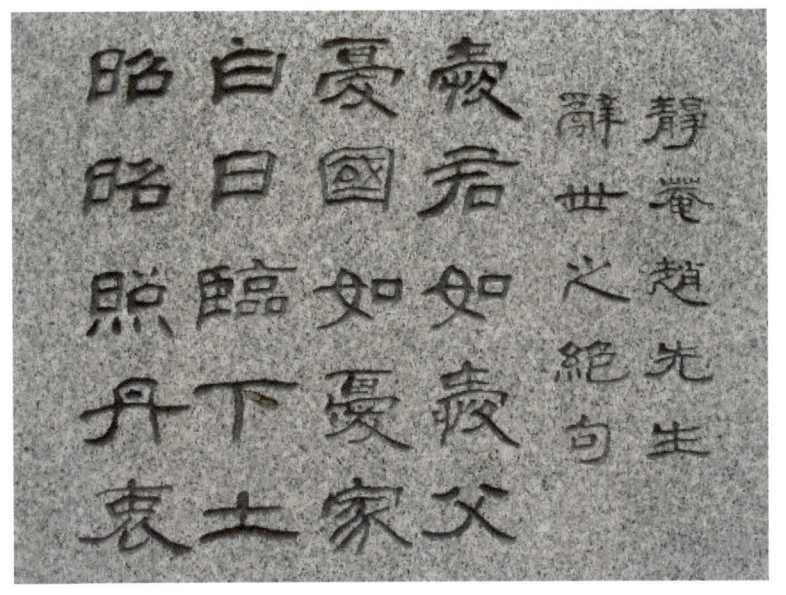

● 조광조가 사약을 받고 죽을 때 지은 시. "임금 사랑하기를 아버지 사랑하듯 했다"라는 내용이 적혀 있다.

중종은 훈구파의 건의를 받아들여 조광조 체포령을 내렸다. 죄목은 당파를 만들어 국론을 분열시켰다는 것이었다. 조광조와 그를 따르던 사림파가 유배지에서 죽음을 맞으며 개혁 정치는 실패로 끝났다.

조광조의 개혁 정치가 실패한 원인을 놓고 지나친 급진성 때문이라는 입장과 중종의 배신 때문이라는 입장이 맞선다.

개혁의 급진성을 문제 삼는 사람들은, 훈구 대신들의 공신 자격 삭제를 추진한 행동에서 나타나듯, 기득권 세력의 숙청을 서두르다 오히려 반대파의 반발을 불러서 당했다고 본다. 이는 반대파의 생존 기반을 무너뜨려 타협과 공생을 불가능하게 했다는 점에서 현명하지 못했다는 시각이다. 현량과 실시도 도덕성을 잃는 결과를 초래했다고 본다. 현량과로 관직에 오른 사람들 대다수가 사림파였기 때문이다. 이들은 패거리를 만들어 반대파를 인격적으로 무시하는 독선적 행태를 보이기도 했다.

중종의 배신을 문제 삼는 사람들은 기득권 세력을 숙청하고 현량과를 실시한 정책은 당연하다는 주장이다. 온갖 술수를 부리며 개혁 정치에 저항하는 기득권 세력을 숙청하지 않을 수 없고, 인적인 기반을 강화하지 않고서는 개혁 정치를 추진하기 어려웠기 때문이다. 이들은 개혁 정치가 중종의 신임을 바탕으로 이뤄졌는데, 중종의 배신이 개혁 정치의 좌절을 가져왔다고 본다. 조광조는 왕도 정치를 펴려면 임금이 성인이어야 하고, 중종은 성인이 될 수 있다고 믿었다. 하지만 중종은 왕권을 강화하기 위해 조광조와 사림파를 잠시 이용했을 뿐이었다. 믿지 말아야 할 중종을 신뢰했다는 점에선 조광조의 정치적 안목이 부족해 개혁 정치에 실패했다는 평가다.

> **낱말 즐겨 찾기**
> 성인 공자와 맹자처럼 지혜와 덕이 매우 뛰어난 유교의 이상적인 인물.

01 훈구파와 사림파의 차이점을 구분해 보세요.

훈구파	구분	사림파
	정치 성향	
	경제 기반	
	학문적 태도	

02 사림파의 입장에서 볼 때 통치 수단으로 문장과 문학을 중요하게 여기는 훈구파의 학문적 태도에는 어떤 문제점이 있을까요?

03 김종직은 '조의제문'에서 세조가 단종의 왕위를 빼앗은 행위를 비판했는데, 이에 대해 찬반 의견을 밝혀 보세요.

● 김종직

김종직의 '조의제문'

'조의제문'은 중국 초나라 의제(재위 기원전 208~기원전 206)의 죽음을 애도하는 글이라는 뜻이다. 이는 세조에게 죽임을 당한 단종을 항우(기원전 232~기원전 202)에게 죽임을 당한 의제에 비유한 것으로, 세조가 왕위를 빼앗은 것을 비판하는 뜻이 담겨 있다.

김종직이 세조를 비판한 배경에는 유교의 명분론이 깔려 있다. 명분론이란 임금과 신하, 아버지와 자식 등 모든 인간관계에서 각자의 위치에 알맞은 덕을 실현해야 올바른 질서를 이룰 수 있다는 것이다. 임금은 임금답고 신하는 신하다우며, 아버지는 아버지답고 자식은 자식다울 때 비로소 천하의 질서를 바로잡을 수 있다는 입장이다.

세조는 조카인 단종을 몰아내고 왕위에 올랐다. 단종이 왕위에 있을 때 세조는 신하의 위치에 있었다. 신하는 임금에게 충성을 바칠 때 비로소 신하다울 수 있다. 그런데 세조는 왕위를 빼앗았으므로 신하다움을 잃었다는 것이 김종직 등 사림파의 생각이었다.

이러한 생각은 도덕성을 기준으로 세조를 평가한 것이다. 하지만 국가를 중심으로 보면 다르게 평가할 수 있다. 훌륭한 임금이란 국력을 강화한 임금이다. 어떻게 왕위에 올랐느냐보다 어떤 정치를 폈느냐를 봐야 하는 것이다. 따라서 경제력과 군사력 등에서 국가의 힘을 얼마나 강하게 만들었느냐를 기준으로 세조를 평가해야 한다.

04 조광조의 개혁 정치 실패를 놓고 지나친 급진성 때문이라는 입장과 중종의 배신 때문이라는 입장이 맞서는데, 각 입장의 근거를 두 가지씩 들어 보세요.

지나친 급진성	중종의 배신

05 조광조의 개혁 정치에는 현량과 실시와 소격서 폐지, 향약 보급, 토지 소유의 상한선 설정 등이 포함돼 있어요. 이 가운데 내가 조광조라면 가장 먼저 실시하고 싶은 정책을 고르고, 그 이유도 말해 보세요.

06 보기를 참고해, 조광조가 중종의 신임을 바탕으로 편 개혁 정치에는 어떤 문제점이 있는지 설명해 보세요.

> **보기**
>
>
> ● 경기도 용인시 수지구 상현동에 있는 조광조의 묘. (사진 : 국가 유산청)
>
> 조광조는 중종이 성인이 될 자질이 있다고 여겼다. 그래서 하루에도 여러 차례 경연을 열어 중종에게 성인이 될 수 있도록 공부를 시켰다. 조광조는 끝까지 중종을 믿었다. 감옥에 갇혀서도 임금의 밝으심만 믿고 임금이 요순처럼 착하실 것을 바랐을 뿐이라고 했다. 임금과 직접 만날 기회만 있으면 억울함을 살피고 자신을 풀어 줄 것이라고 믿었다. 요순은 중국 고대의 성군으로 존경을 받는 요 임금과 순 임금을 말한다.

중종과 조광조

중종이 조광조를 등용한 이유는 훈구파의 횡포를 막기 위해서였다. 조광조가 힘껏 훈구파를 공격해 그들의 힘을 약화시켰으므로, 중종은 자신의 뜻을 이룰 수 있었다.

하지만 중종과 조광조가 꿈꾸는 세상은 달랐다. 중종은 왕권을 강화하려 했지만, 조광조는 임금의 힘을 빌려 이상적인 사회를 건설하려 했다. 이상적인 사회란 연산군과 같은 폭군이 더 이상 나타나지 않고, 임금과 신하가 협력해 어진 정치를 펴는 세상이었다.

그러자면 임금도 제도나 법에 따라 움직여야 했다. 따라서 어진 임금을 만드는 동시에 임금의 권한을 제한하는 것이 조광조의 목표였다. 이렇게 서로 다른 꿈을 꾸었기 때문에 두 사람은 헤어질 수밖에 없었다.

조광조는 하루에도 여러 차례 경연을 열어 공부가 부족하다고 중종을 다그쳤다. 게다가 중종은 공신 자격을 삭제 당할 위기에 놓인 훈구파가 몰락 직전으로 내몰리는 것을 지켜봐야 했다. 이때 중종은 조광조에게 밀려 자신의 권력이 약화될 수도 있다는 경계심을 품었을 가능성이 있다.

세조가 단종을 몰아내고 왕위에 오르자 훈구파가 권력을 차지했다. 성종이 훈구파를 견제하기 위해 김종직 등 사림파를 등용하자, 두 파벌 사이에 갈등이 깊어졌다. 중종은 조광조 등 사림파를 등용해 훈구파의 횡포를 막으려 했다. 조광조는 중종의 신임을 등에 업고 현량과 실시와 소격서 폐지, 향약 보급 등 개혁 정치를 실시했다. 또 훈구 대신들의 공신 자격 삭제를 추진했다. 하지만 훈구파의 반발에 밀려 개혁 정치는 실패로 끝났다. 조광조의 개혁 정치가 실패한 원인을 놓고 지나친 급진성 때문이라는 입장과 중종의 배신 때문이라는 주장이 맞선다. 전자는 기득권 세력 숙청을 서두르다 반대파의 반발을 불렀으며, 현량과 실시로 도덕성도 잃었고 지적한다. 이에 대해 후자는 중종의 배신이 개혁 정치를 좌절시켰다는 입장이다.

조광조의 개혁 정치가 전개된 과정을 설명하고, 그의 개혁 정치가 실패한 원인에 대해 지나친 급진성 때문이라는 입장과 중종의 배신 때문이라는 입장 가운데 한 가지를 정해 논술하세요(500~600자).

수행 평가와 디베이트를 위한
쟁점 한국사

10. 임진왜란은 승리한 전쟁인가

● 노량해전 기록화. 이순신은 명나라 연합 함대와 전투를 승리로 이끌었지만, 자신은 적탄에 맞아 전사했다.

류성룡(1542~1607)이 쓴 『징비록』에는 임진왜란에 관한 이야기가 담겨 있다. 류성룡은 책을 쓴 이유에 대해 "잘못을 반성해 임진왜란 같은 전란을 다시 겪지 않도록 경계하기 위한 것"이라고 밝혔다. 임진왜란은 1592년부터 1598년까지 일본군의 침략으로 일어난 전쟁이다. 임진왜란을 놓고 조선이 승리한 전쟁이라는 의견과 그렇지 않다는 의견이 맞서 있다. 임진왜란의 배경과 전개 과정을 살펴보고, 전쟁 결과에 대한 서로 다른 의견을 탐구한다.

교과서 이곳을 보세요
고등학교 한국사 1단원 전근대 한국사의 이해 • 5. 조선의 정치 운영과 세계관의 변화
중학교 역사2 4단원 조선의 성립과 발전 • 3. 왜란·호란의 발발과 영향

일본이 조선 침략의 조짐을 보이다

● 이종무의 쓰시마섬 정벌 기록화.

조선은 일본과 교린 관계를 원칙으로 삼았다. 하지만 실제로 두 나라는 군사 충돌이 잦았다. 고려 말부터 심해진 왜구의 침략이 조선 건국 후에도 끊이지 않았다.

이종무(1360~1425)가 이끄는 조선군은 1419년 왜구의 소굴인 쓰시마섬을 정벌했다. 쓰시마섬은 농사를 지을 땅이 좁아 늘 식량이 모자랐다. 그래서 흉년이 들면 해적으로 변해 노략질을 일삼는 바람에 이를 막기 위해 군사를 일으킨 것이다. 이종무는 왜구의 근절을 약속 받고 군대를 되돌렸다.

하지만 조선은 강경책만 펴지는 않았다. 1426년 쓰시마섬의 요청을 받아들여 부산포 등 항구 세 곳을 개방해 제한된 범위에서 무역을 허락했다. 또 이곳에는 왜관을 두어 일본인을 60명씩 거주하도록 했다.

16세기 들어 일본과 사이가 나빠졌다. 일본은 무역을 더 많이 하자고 요구했지만, 조선이 이를 들어주지 않았다. 이에 일본인들은 무기를 휘두르며 행패를 부렸다. 특히 1555년 일본인들이 70여 척의 배를 몰고 전라도 해안 지방을 습격했다. 이를 을묘왜변이라고 한다. 그 뒤 교류가 한때 끊겼지만, 쓰시마섬의 사과를 받아들여 대체로 평화 관계가 유지되었다.

16세기 말 일본에서는 100년이 넘는 전국 시대가 끝났다. 도요토미 히데요시(1537~98)는 일본을 통일한 뒤 대륙까지 지배하려는 야심을 품었다. 그리고 무장 세력을 바깥으로 보내 국내 정치의 안정을 꾀하면서, 동아시아 무역의 주도권을 잡으려 했다. 조선 정부는 일본의 침략 조짐을 눈치 챈 뒤 사신을 보내 정세를 살폈지만, 오랜 평화에 젖어 제대로 대처하지 못했다.

낱말 즐겨 찾기

교린 관계 이웃 나라와 우호적인 관계를 맺는 것.
왜구 13~16세기에 한반도와 중국의 바닷가에 침입해 노략질을 일삼던 일본의 해적 집단.
왜관 조선 시대에 일본인의 숙박과 무역을 위해 설치한 장소.
전국 시대 일본에서 15세기 후반부터 16세기 말까지 독립된 무장 세력들이 힘을 겨루던 시대.

수군과 의병이 일본군에게 타격을 주다

1592년 4월 일본군 20만 명이 쳐들어와 부산에 상륙했다. 임진왜란이 시작된 것이다. 일본군은 전투 경험이 많은 데다 조총까지 사용했으므로 조선군이 상대하기 어려웠다.

부산과 동래가 무너지고, 충주에서 신립(1546~92)이 이끄는 군대마저 대패했다. 일본군은 침략 20일 만에 서울을 차지한 뒤, 평양과 함경도까지 손아귀에 넣었다. 조선군이 잇따라 패하자 선조(재위 1567~1608)는 의주까지 피란했다.

● 이순신이 이끄는 수군은 밀물과 썰물의 교차를 교묘하게 이용해 명량 해전에서 이길 수 있었다. (사진 : 한국학 중앙 연구원)

하지만 바다에서는 이순신(1545~98)이 이끄는 수군이 연승을 거뒀다. 조선은 수군의 활약으로 전라도 곡창 지대를 지킬 수 있었고, 바닷길로 식량과 무기를 운반하려던 일본의 계획이 무너졌다. 각지에서 의병이 일어나 일본군에 큰 타격도 주었다.

명나라는 전쟁이 자기 나라로 번지는 것을 막기 위해 조선에 군대를 파견했다. 1593년 2월 조선과 명나라 연합군이 평양성을 되찾았다. 또 비슷한 시기에 권율(1537~99)이 이끄는 조선군은 서울 부근의 행주산성에서 일본군을 크게 무찔렀다. 명나라는 그 뒤 경상도 해안가로 물러난 일본과 휴전 협상을 벌였다. 3년에 걸친 협상이 깨지자, 1597년 일본군은 다시 공격을 시작했다. 이를 정유재란이라 한다.

조선과 명나라 연합군은 충청도 천안 부근에서 일본군의 진격을 막아 냈다. 또 조선 수군은 전라도 진도 부근의 명량에서 크게 이겼다. 일본군은 다시 남해안으로 후퇴했고, 1598년 도요토미가 죽자 자기네 나라로 물러갔다. 조선과 명나라 연합군은 경상도 하동 부근의 노량에서 도망치는 일본의 배 수백 척을 깨뜨렸다. 이를 마지막으로 7년에 걸친 전쟁이 끝났다.

> **낱말 즐겨 찾기**
> 조총 노끈에 불을 붙여 총알을 발사하는 소총. 하늘을 나는 새를 쏘아 맞힐 수 있다는 뜻에서 유래되었다.
> 행주산성 경기도 고양시에 있는 산성. 한강 변에 있어 적의 침입을 막기 쉽다.

"승리한 전쟁" vs "승리하지 못한 전쟁"

● 일본 교토의 귀 무덤. 임진왜란 때 일본군이 목 대신 베어 간 조선인 5만여 명의 귀와 코가 묻혀 있다.

조선은 일본의 침략을 방어하기는 했지만 엄청난 피해를 당했다. 많은 사람이 죽거나 포로로 끌려갔다. 땅이 황폐해져 백성의 생활이 힘들어졌고, 나라의 재정도 나빠졌다.

임진왜란의 결과를 놓고 승리한 전쟁이라는 의견과 그렇지 못한 전쟁이라는 의견이 맞서 있다.

승리했다는 사람들은 일본이 전쟁의 목표를 이루지 못한 반면에 조선은 목표를 이뤘다는 근거를 든다. 승패의 기준은 목표를 이뤘느냐 못 이뤘느냐에 달려 있다. 일본의 목표는 처음엔 조선을 점령해 장수들의 영지로 나눠 주는 데 있었다. 나중에는 명나라와 협상하여 한반도 남부를 차지하려는 목표를 정했다. 조선은 일본의 목표를 좌절시키고 영토를 지켰다. 조선군 피해자가 일본군보다 적었다는 점도 또 다른 근거다. 죽거나 다친 조선군은 7만 명이었지만, 일본군은 12만 명에 가까웠다.

승리하지 못했다는 사람들은 조선이 일본보다 더 큰 손실을 입었다는 사실에 기반을 둔다. 진정한 승리는 우리 편의 손실을 최소화하고 적국의 손실을 최대화한 상태로 전쟁을 끝내는 것이다. 조선은 많은 백성이 죽거나 포로로 잡혀갔다. 인구가 전쟁 전보다 200만 명 이상 줄었다. 경제적 피해는 더욱 심각했다. 농사를 짓는 토지 면적이 전쟁 전의 5분의 1로 감소했을 정도였다. 과거를 미화하는 일은 또 다른 실패를 부를 수 있다는 점도 새겨야 한다. 같은 잘못을 되풀이하지 않으려면 과거의 잘못을 진지하게 반성해야 한다. 임진왜란을 승리한 전쟁이라고 본다면 과거의 실패를 반성하지 않는 결과를 초래한다.

낱말 즐겨 찾기
영지 제후들이 독자적으로 다스리는 땅.

생각 로그인

01 15~6세기에 조선과 일본 사이에서 중요한 사건들이 일어난 연도와 내용을 정리해 보세요.

사건	연도	내용
쓰시마섬 정벌		
삼포 개항		
을묘왜변		

02 도요토미가 임진왜란을 일으킨 까닭은 무엇인가요?

개인적 목적	
정치적 목적	
경제적 목적	

03 조선의 수군이 여러 차례 해전에서 승리한 까닭은 오로지 이순신의 뛰어난 지도력 때문이라는 의견을 평가해 보세요.

● 전북 부안의 격포항에 있는 조선의 주력 전투함인 판옥선(왼쪽)과 일본의 주력 전투함인 안택선.

정보 클릭

임진왜란 왜 일으켰을까

도요토미가 임진왜란을 일으킨 까닭은 경제적 목적도 컸다. 우선 동아시아 무역의 주도권을 차지하려는 의도가 있었다. 도요토미는 교토와 오사카 지역 상인들의 경제적 후원에 기대고 있었다. 이들은 명나라에서 시행 중이던 무역 금지 조치를 깨고, 포르투갈 상인들 대신 동아시아 무역에서 우위를 차지하기를 원했다.

도요토미는 임진왜란 중에 명나라와 휴전 협상을 벌이는 과정에서 무역 금지 조치를 풀라고 요구했다. 이 요구는 교토와 오사카 지역 상인들의 이익을 대변했다.

해전 승리의 원인

조선 수군이 여러 번 연승한 배경에는 이순신의 뛰어난 지도력이 있었다. 그 사례로 한산도 앞바다에서 학익진을 펼친 점, 명량해전에서 밀물과 썰물이 바뀌는 자연의 힘을 이용한 점 등을 들 수 있다.

이 밖에도 여러 원인이 있다. 조선 수군의 주된 전투함인 판옥선은 일본 수군의 전투함인 안택선보다 훨씬 뛰어났다. 3층 구조의 판옥선은 크고 튼튼했으며, 바닥이 평평해 빠르게 회전할 수 있었다. 안전한 2층에선 노잡이들이 노를 젓고, 외부에 노출된 3층에선 군사들이 적을 내려다보며 싸웠다.

조선 수군의 화력이 뛰어난 점도 해전 승리에 기여했다. 판옥선은 튼튼했기 때문에 갑판 위에 수십 문의 화포를 설치하고 쏠 수 있었다. 일본의 안택선은 고작 한두 문의 화포만 설치할 수 있었다.

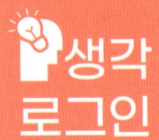
생각 로그인

04 임진왜란이 승리한 전쟁이라는 의견과 그렇지 못한 전쟁이라는 의견을 뒷받침하는 근거를 두 가지씩 제시해 보세요.

승리한 전쟁	승리하지 못한 전쟁

05 외부 세력의 침략으로 우리 국민이 다시는 고통을 받지 않으려면, 임진왜란에서 어떤 교훈을 얻어 실천해야 하는지 말해 보세요.

● 임진왜란 때 동래 부사 송상현과 동래읍성민들의 항전 내용을 그린 '동래부 순절도'를 벽화로 제작한 모습. (사진 : 동래구)

조선에 등을 돌린 백성들

류성룡은 임진왜란 때 정부를 이끈 책임자였다. 전쟁이 일어났을 당시에는 좌의정이었고, 1593년부터는 영의정을 지냈다.

그는 전쟁이 끝난 뒤, 나중에 근심스러운 일을 다시 당하지 않도록 잘못을 경계한다는 뜻을 지닌 『징비록』을 썼다. 이를 위해 임진왜란이 일어난 원인과 조선 정부의 대응 과정에서 드러난 문제점을 기록했다.

국가의 중요한 임무 중 하나는 외부 세력의 침략에서 국민을 지켜 내는 것이다. 전쟁에서 이기려면 지배층과 국민이 힘을 합쳐야 한다. 우리는 임진왜란의 역사를 배우며 백성들이 합심해 일본군과 싸웠을 것으로 본다.

하지만 조선의 지배층은 백성의 마음을 모으는 데 실패했다. 『징비록』 곳곳에는 민심이 등을 돌린 일이 기록되어 있다. 전쟁이 나기 전부터 백성은 지배층의 수탈에 불만이 컸다. 게다가 전쟁이 일어나자 백성의 고통에는 관심이 없고, 자기네 안전만 꾀하는 지배층에게 배신감을 느꼈다. 선조가 의주로 피란하려고 평양성을 떠나려 하자 백성들이 무기를 들고 왕의 행차를 가로막는 상황이 벌어지기도 했다.

전쟁 중에 나라를 배반하는 자들도 있었다. 함경도 회령부의 아전이던 국경인은, 선조의 두 왕자를 붙잡아 일본군에 넘겨줬다. 반역자들은 죄를 피할 수 없다. 하지만 그 배경에는 백성을 고통에 빠뜨린 잘못된 정치가 있었다.

조선은 쓰시마섬 정벌과 을묘왜변 등의 군사 충돌을 겪기는 했지만, 일본과 비교적 평화 관계를 유지했다. 하지만 16세기 말 도요토미 히데요시가 일본을 통일한 뒤 대륙까지 지배하려고 했다. 1592년 4월 부산에 상륙한 일본군은 빠르게 진격해 서울과 평양까지 점령했다. 하지만 조선 수군과 의병의 활약으로 일본군은 더 이상 전진하지 못했다. 조선군과 명나라 연합군이 평양성을 되찾자 전세가 역전되었다. 휴전 협상이 깨진 뒤 일본군은 다시 쳐들어왔지만 뜻을 이루지 못했다. 1598년 도요토미가 죽자 자기 나라로 돌아갔다. 임진왜란을 승리했다고 보는 사람들은 조선이 일본의 전쟁 목표를 꺾고 영토를 지켰으며, 조선군 피해자가 일본군보다 적었다는 사실에 바탕을 둔다. 승리하지 못했다고 보는 사람들은 조선이 일본보다 손실이 훨씬 더 컸으며, 임진왜란 같은 전쟁을 다시 겪지 않으려면 과거의 실패를 진지하게 반성해야 한다는 인식에 기초를 둔다.

임진왜란이 일어난 배경과 전개 과정을 설명하고, 임진왜란을 승리했다고 볼 수 있는지 논술하세요(500~600자).

수행 평가와 디베이트를 위한
쟁점 한국사

11. 청나라에 항복할 건가 싸울 건가

● 인조가 홍타이지에게 세 번 절하고 아홉 번 머리를 조아린 '삼배구고두례' 장면을 그린 삼전도비 부조.

경기도 광주시 초월읍에 있는 정충묘는 병자호란 때 희생된 장수들의 넋을 기리기 위해 지은 사당이다. 이들은 남한산성에서 포위된 인조(재위 1623~49)를 구하려고 청나라 군대와 맞서 싸웠다. 병자호란은 1636년 청나라 군대의 침략을 받아서 일어났는데, 인조가 삼전도에서 항복하며 막을 내렸다. 전쟁이 일어났을 때 조선 정부에서는 항복하고 평화 조약을 맺자는 주화파와 끝까지 맞서 싸워야 한다는 척화파가 논쟁을 벌였다. 조선이 청나라의 침략을 받은 과정을 살펴보고, 주화파와 척화파의 논쟁을 어떻게 볼지 탐구한다.

교과서 이곳을 보세요

고등학교 한국사 1단원 전근대 한국사의 이해 • 5. 조선의 정치 운영과 세계관의 변화
중학교 역사2 4단원 조선의 성립과 발전 • 3. 왜란·호란의 발발과 영향

광해군의 중립 외교로 실리를 얻다

● 병자호란 때 인조와 조선 정부가 피란한 남한산성. 사진은 영화 '남한산성'(김훈 원작, 황동혁 감독)의 한 장면이다.

1608년 광해군(재위 1608~23)이 왕위에 올랐다. 동아시아의 정세는 당시 크게 흔들렸다. 만주에 흩어져 살던 여진족의 힘은 강해지고, 명나라의 힘은 약해졌기 때문이다.

여진족의 한 부족을 이끌던 누르하치(재위 1616~26)는 1616년에 후금을 세우고, 명나라를 침략했다. 광해군은 후금과 명나라 사이에서 중립 외교를 펼치며 정세를 살폈다. 명나라(1368~1644)는 전세가 불리해지자 1618년 조선에 지원군을 요청했다. 대다수 고위 관리는 임진왜란 때 도와준 명나라에 은혜를 갚아야 한다고 주장했다.

광해군은 처음에 군대를 보내지 않고 상황을 지켜보려고 했다. 하지만 고위 관리들의 압박에 밀려 강홍립(1560~1627)이 이끄는 1만 3000명의 지원군을 파병했다. 광해군은 강홍립에게 후금의 군대와 섣불리 맞서지 말고 신중하게 행동하라고 지시했다. 이에 강홍립은 후금과 싸우다 형세가 불리해지자 항복했다.

광해군은 명나라와 후금 사이에서 중립 외교를 펼치며 실리를 얻으려고 했다. 그 결과 조선은 후금과의 전쟁을 피할 수 있었다. 하지만 명나라를 편들던 서인 세력은 이러한 외교 정책이 명나라의 은혜를 저버리는 행위라고 비난했다.

광해군은 당시 선조(재위 1567~1608)의 부인인 인목대비의 아버지(김제남)를 역모 혐의로 처형하고, 이복동생인 영창대군(1606~14)을 강화도에 유배시킨 뒤 살해했다. 그 뒤 인목대비를 폐위했다. 이에 권력에서 소외되었던 서인 세력은 광해군의 패륜 행위를 명분 삼아 정변을 일으켰다. 이때 중립 외교의 부당성을 지적하면서 정변의 구실로 내세웠다. 서인 세력은 1623년 광해군을 몰아내고 인조(재위 1623~49)를 왕위에 올렸다.

> **낱말 즐겨 찾기**
>
> **누르하치** 청나라의 초대 황제. 후금은 1636년 청나라로 국호를 바꿨다.
> **서인** 16세기 중반 이후부터 17세기까지 중앙 정치를 움직인 정치 세력.

청나라에 무릎을 꿇다

서인 세력은 정권을 잡은 뒤 후금을 멀리하고 명나라를 가까이하는 친명 배금 정책을 폈다. 이에 후금은 1627년에 3만 명의 군대를 보내 조선을 침략했다. 이를 정묘호란이라 한다.

후금이 조선을 침략한 이유는 명나라 공격에 앞서 배후의 위협을 제거하기 위해서였다. 그래서 황해도 황주를 점령한 뒤 더 이상 남진하지 않고 협상을 요구했다. 조선이 후금을 형님 나라로 섬기기로 하고, 두 나라는 평화 조약을 맺었다. 이때 후금은 명나라를 적대시하지 않겠다는 조선의 방침을 인정했다.

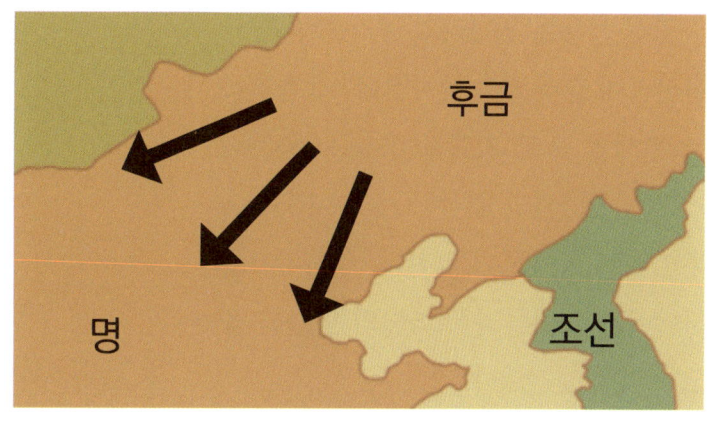
● 여진족은 1616년 후금을 세운 뒤 만주와 요동 지역을 장악했다. 요동은 랴오허강 동쪽 지방으로, 지금의 랴오닝성 동남부 일대를 말한다.

누르하치의 뒤를 이은 홍타이지(재위 1626~43)는 1636년에 국호를 청나라로 고치고, 스스로를 황제라 일컬었다. 그런 뒤 조선에 명나라와 관계를 끊고 임금과 신하의 관계(군신 관계)를 맺자고 요구했다. 조선 정부는 아무 대책도 없이 이를 거부했다. 홍타이지는 조선을 힘으로 굴복시키기 위해 12만 명의 대군을 직접 이끌고 침략했다. 이를 병자호란이라 한다.

청나라 군대는 조선군의 저항을 거의 받지도 않은 채 남진해서 1636년 12월 압록강을 건넌 지 6일 만에 서울을 점령했다. 인조는 청나라 군대에 쫓겨 남한산성으로 들어갔다. 청나라 군대에 맞서 싸웠지만, 군사들은 성에 갇혀 점차 식량이 떨어지고 추위에 떨어야 했다.

조선 정부는 청나라와 화친을 맺자고 주장하는 주화론과 청나라와 싸워야 한다는 척화론으로 갈렸다. 전세가 불리해지자 조선은 청나라에 항복하고, 삼전도에서 평화 조약을 맺었다. 명나라와 관계를 끊고 청나라를 큰 나라로 섬기기로 한 것이다.

낱말 즐겨 찾기

남한산성 경기도 광주에 있는 조선 시대의 산성.
삼전도 서울 송파구의 한강 변에 있던 나루.

"나라 보전이 먼저" vs "의리가 중요"

조선 정부는 청나라의 공격을 받아 남한산성에 갇혀 있을 때, 청나라에 항복하는 문제를 놓고 최명길(1586~1647)이 이끄는 주화론과 김상헌(1570~1652)이 주도하는 척화론이 맞섰다. 역사학자들 사이에는 주화론과 척화론의 평가를 놓고 의견이 엇갈린다.

주화론을 옹호하는 사람들은 조선의 군사력이 약세였다는 점에 주목한다. 당시 청나라의 군사력은 명나라를 앞설 만큼 막강해 조선의 군사력으로는 당해 낼 수 없었다. 그리고 나라를 지키고 백성을 돌보려면 청나라에 항복할 수밖에 없었음을 근거로 든다. 정치의 가장 중요한 목적은 나라와 국민을 지키는 데 있다. 이를 달성하기 위해 뾰족한 수가 없다면 항복도 받아들여야 한다는 말이다. 조선은 또 중국과는 다른 독립된 나라이므로, 명나라를 위해 조선이 망하는 길을 받아들이면 안 된다는 점도 중요한 이유가 된다.

● 주화론을 이끈 최명길.

척화론을 옹호하는 사람들은 명나라에 의리를 지켜야 한다고 본다. 명나라는 임진왜란 때 지원군을 보내 조선을 도왔다. 국제 관계에서도 의리를 지키는 일이 중요하므로 명나라의 은혜를 저버려서는 안 된다는 것이다. 문화 수준이 낮은 청나라에 신하 노릇을 할 수 없었다는 점도 이들의 주장을 뒷받침한다. 조선은 전통적으로 여진족을 오랑캐로 취급했는데, 오랑캐는 사람보다 짐승에 가까운 존재라고 여겼기 때문이다. 백성의 뜻을 모으면 청나라 군대를 물리칠 가능성이 있었다는 점도 척화론의 근거가 된다. 청나라의 군사력이 강한 것은 사실이지만 백성의 뜻을 모아 의병을 일으키면 전세를 역전시킬 수 있었다는 주장이다.

낱말 즐겨 찾기

오랑캐 여진족을 얕잡아 부르던 말로, 야만스러운 종족이라는 뜻.

01 서인 세력이 광해군을 몰아내기 위해 정변을 일으켰을 때 내세운 명분을 세 가지만 제시해 보세요.

02 광해군과 인조의 외교 정책을 비교해 보세요.

광해군	인조

03 조선은 군신 관계를 맺자는 청나라의 요구를 거부해서 청나라의 침략을 받았는데, 조선의 태도에는 어떤 문제가 있었는지 지적해 보세요.

● 청나라 황제 홍타이지.

척화론의 문제점

홍타이지는 국호를 청나라로 바꾼 뒤, 조선에 형제 관계에서 군신 관계로 바꾸자고 요구했다. 조선은 청나라의 요구를 거부하고 맞서 싸우려고 했다.

문제는 이러한 움직임이 국제 정세를 제대로 살피지 못한 데서 나왔다는 데 있다. 청나라는 당시 만리장성을 넘어 명나라의 수도인 베이징 부근까지 진출하면서 세력이 날로 커지고 있었다. 이에 비해 명나라는 내부에서 반란이 일어나는 등 위기를 맞았다.

조선의 대다수 고위 관리는 국제 정세에 어두웠다. 그래서 청나라를 오랑캐라고 얕잡아 보며 명나라와의 의리를 지키자고 주장했다.

청나라의 공격에 맞설 방어 태세를 제대로 갖추지 못한 점도 문제였다. 청나라의 공격을 방어하려면 군사력을 크게 향상시킬 필요가 있었다. 군사의 숫자를 늘리고 군사 훈련도 강화해야 했다. 그리고 무기를 개량하고 성을 고쳐 쌓는 일도 시급했다.

하지만 정묘호란 때 호되게 당한 경험이 있는데도, 방어 태세를 갖추려는 노력이 부족했다. 그 결과 청나라의 공격을 받아 변변히 싸우지도 못하고 일방적으로 밀린 끝에 항복할 수밖에 없었다.

04 주화론을 옹호하는 의견과 척화론을 옹호하는 의견을 뒷받침하는 근거를 세 가지씩 들어 보세요.

주화론의 근거	척화론의 근거

05 김상헌의 입장에서, 청나라에 항복해야 한다는 주화파의 의견을 비판해 보세요.

● 김상헌을 상상한 모습.

척화파 김상헌의 세계관

김상헌은 청나라에 항복해야 한다는 주화파의 의견에 강력히 반대했다. 그의 비판은 조선이 명나라와 맺은 도덕적 의리를 지켜야 한다는 의무감과 청나라의 정당성에 대한 불신에서 비롯했다. 그는 명나라가 임진왜란 때 조선을 도운 은혜를 저버릴 경우 도덕적으로 잘못된 일이라고 보았다.

김상헌은 또 청나라는 오랑캐에 불과해 그들의 신하 역할을 한다면 굴욕적인 일이라고 생각했다. 청나라가 유교 문명을 습득하지 못한 채 비윤리적이고 야만적인 생활 방식에서 벗어나지 못했다고 보았기 때문이다.

그는 주화파의 주장이 국제 질서를 무너뜨린다는 논리도 폈다. 청나라는 이미 만주와 요동 지역을 장악하고 명나라를 위협하고 있었다. 이런 상황에서 청나라와 화친을 맺는다면 명나라를 중심으로 오랫동안 유지된 평화와 국제 질서가 파괴될 것이라고 우려했다.

조선 정부는 1636년 청나라의 공격을 받았을 때 항복 문제를 놓고 주화론과 척화론이 맞섰다. 주화론을 옹호하는 사람들은 조선의 군사력이 약한 데다, 나라를 지키고 백성을 돌보려면 청나라에 항복할 수밖에 없다고 주장했다. 조선은 중국과는 별개의 독립된 국가였다는 점도 근거로 들었다. 주화론을 지지하는 사람들은 청나라와의 화친이 조선을 지키는 유일한 방법이라고 주장하며, 현실적인 선택을 강조했다. 척화론을 옹호하는 사람들은 명나라에 의리를 지켜야 하며, 문화 수준이 낮은 청나라에 신하 노릇을 할 수는 없다고 맞섰다. 이들은 조선 백성의 단결과 의지를 통해 청군을 물리칠 가능성을 제시하며 강경한 항전을 주장했다.

조선이 1636년 청나라의 침략을 받은 과정을 설명하고, 주화론과 척화론 가운데 어느 쪽을 지지하는지 자신의 의견을 논술하세요(500~600자).

수행 평가와 디베이트를 위한
쟁점 한국사

12. 붕당 정치는 당파 싸움인가 선진 정치인가

● 탕평책을 시행한 영조.

영조(재위 1724~76)의 뛰어난 업적 가운데 하나는 붕당 간의 대립을 막기 위해 실시한 탕평책이다. 붕당은 조선 시대에 학문적·정치적 입장이 같은 양반들이 모여 만든 정치 집단을 말한다. 붕당 정치 초기에는 공존과 견제의 정신을 발휘해 국정을 운영하는 선진적인 정치 체제로 자리를 잡았다. 그러나 시간이 지나면서 붕당 간의 대립이 심화되어 국론을 분열시키는 당파 싸움으로 변질되었다. 붕당 정치가 전개된 과정을 살펴본다. 그리고 붕당 정치가 국론을 분열시키는 당파 싸움이었는지, 공존과 견제의 정신을 발휘한 선진 정치였는지 탐구한다.

교과서 이곳을 보세요

고등학교 한국사 1단원 전근대 한국사의 이해 • 5. 조선의 정치 운영과 세계관의 변화
중학교 역사2 5단원 조선 사회의 변동 • 1. 조선 후기의 정치 변동

선조 때 사림 세력 의견 충돌로 붕당 생겨

● 이황(왼쪽)과 이이. 동인과 서인은 각각 두 학자의 제자들을 중심으로 형성되었다.

15세기 중반 중앙 정치 무대에 사림 세력이 등장했다. 이들은 조선의 건국에 협조하지 않고, 지방에서 학문 연구에만 힘쓴 학자들의 제자였다. 사림 세력은 선조(재위 1567~1608)가 즉위하자 훈구 세력을 몰아내고 중앙 정치의 주도권을 잡았다.

그런데 1575년 왕의 외척이 정치에 참여하는 문제를 놓고, 사림 세력 내부에서 의견이 대립했다. 여기서 붕당이 생겼다. 외척의 정치 참여에 반대한 사림을 동인이라 했고, 온건한 입장을 가진 사림은 서인이라 했다. 동인은 젊은 사림이 중심을 이뤘고, 서인은 나이 든 사림이 많았다. 붕당의 형성에는 학파의 차이도 영향을 미쳤다. 동인은 이황(1501~70)과 조식(1501~72)에게 학문을 배웠고, 서인은 이이(1536~84)의 학문을 따랐다.

광해군(재위 1608~23) 때는 동인에서 갈라져 나온 북인이 정권을 잡았다. 인조(재위 1623~49) 때는 반정을 일으켜 정권을 잡은 서인의 주도 아래 동인의 분파인 남인도 정치에 참여했다. 서인과 남인은 정묘호란(1627)과 병자호란(1636년 12월~1637년 2월)을 겪으며 흐트러진 사회 질서를 안정시키고 경제를 회복시키려고 애썼다.

두 정치 집단은 왕과 신하의 관계를 보는 관점이 달랐다. 서인은 신하들이 정치를 이끌어야 한다고 보았고, 남인은 왕이 주도해야 한다고 보았다. 하지만 이러한 차이를 넘어 국정을 바람직한 방향으로 이끄는 데는 협력했다. 이들은 서로 공존하며 비판과 견제를 통해 정치를 이끌었다. 이러한 일이 가능한 까닭은 상대방에 대해 공익을 추구하는 붕당으로 인정했기 때문이다.

낱말 즐겨 찾기

훈구 세력 조선 세조(재위 1455~68)의 즉위를 도운 공신과 그 후손을 중심으로 형성된 정치 집단.
붕당 조선 중기에 학문적 입장이 같은 사림이 모여 만든 정치 집단.
반정 잘못된 정치를 하는 왕을 몰아내고 새로 왕을 세우는 일.

영조 때 탕평책 실시해 붕당 대결 약화시켜

현종(재위 1659~74) 때 예송이 일어나자 붕당 간의 대립 현상이 격해졌다. 예송은 효종이 죽은 뒤 상복을 입는 기간을 두고 벌어진 학문적인 논쟁인데, 나중에는 정치적인 대립으로까지 이어졌다.

서인과 남인의 대립은 숙종(재위 1674~1720) 때 두 차례 환국을 겪으며 뜨거워졌다. 이 과정에서 서인이 다시 노론과 소론으로 분열되어 격렬하게 대립했다. 상대방을 인정하지 않는 태도도 나타났다. 그 뒤 상대방을 역적으로 몰아 가혹하게 보복하는 일이 잦아졌다. 붕당이 다르면 무조건 배척했으므로, 능력에 따라 인재를 등용하기도 어려워졌다.

영조(재위 1724~76)는 붕당 간의 대립을 완화하기 위해 탕평책을 실시했다. 하지만 노론과 소론의 강경파는 다른 붕당과 타협하지 않으려고 했다. 영조는 강경파를 물리치고 온건파를 중심으로 정국을 운영했다.

● 영조는 탕평책을 널리 알리기 위해 성균관에 탕평비를 세웠다. 성균관은 오늘날의 국립 대학과 같은 교육 기관이다.

영조의 탕평책을 뒷받침한 이론적 기반은, 바른 정치는 공평해야 하므로 왕이 특정한 붕당을 편들어서는 안 된다는 입장이었다. 하지만 영조의 탕평책은 실제로는 노론에 의지했고, 붕당 간의 다툼을 조금 약화시킨 데 불과했다.

정조(재위 1776~1800)는 정치란 왕이 오로지하는 것이라는 이론을 받아들였다. 이에 따라 자신의 뜻에 맞는 사람을 붕당과 상관없이 등용해 왕의 권위를 높였다. 또 그동안 벼슬에 오르지 못한 남인도 등용하고, 능력 있는 사람을 우대했다. 하지만 정조가 죽자 왕에게 집중된 권력은 세도 정치로 이어졌다. 붕당의 대립은 약해졌지만, 몇몇 가문이 권력을 독점하며 부정부패가 심해진 것이다.

낱말 즐겨 찾기

환국 집권 붕당이 갑자기 밀려나고 다른 붕당이 정권을 잡는 일.
탕평책 특정한 붕당을 편들지 않고 공평하게 정치를 운영하는 정책.
세도 정치 왕의 위임을 받아 정권을 잡은 사람이 권세를 휘두르는 정치.

"극심한 국론 분열 주범" vs "여론 수렴 통한 정치"

● 실학자 이익(1681~1763)이 지은 『성호사설』(사진). 백과사전식 책인데, 붕당의 원인을 분석한 내용도 들어 있다.

붕당 정치는 16세기 후반에 시작되어 18세기까지 이어졌다. 이를 놓고 당파 싸움이었다는 의견과 선진 정치였다는 의견이 맞서 있다.

당파 싸움이었다는 사람들은 붕당 정치가 파당성이 강해 국론 분열을 초래했다고 주장한다. 붕당이 서로 다를 경우 의견의 옳고 그름을 따지지 않고 상대를 공격하기에만 힘썼다는 것이다. 또 붕당 정치가 이념이나 정책의 차이와 관계가 없었다는 점도 중요하게 여긴다. 예를 들어 예송은 이념이나 정책이 아니라 예의에 관한 의견 차이 때문에 일어났다는 입장이다. 이는 붕당이 당파와 구성원의 사익을 꾀하는 정치 집단이었다는 시각에 기반을 둔다. 조선 후기의 실학자 이익(1681~1763)의 경우 제한된 관직을 놓고 밥그릇 싸움을 한 데서 붕당 정치의 기원을 찾았다.

선진 정치의 결과였다는 사람들은 공존과 상호 견제의 정치를 했다는 점에 주목한다. 상대편 당에 대해 공익을 추구하는 붕당으로 인정한 점은 전통 사회에서 선진화된 정치 형태였다. 붕당 정치는 대립이 격해지며 상대편을 부정하는 쪽으로 변질되긴 했지만, 더 바른 정치를 놓고 경쟁하는 태도를 보였다. 붕당 정치가 여론을 수렴한 점도 높이 평가한다. 붕당을 이끈 층은 재야의 학자들이었다. 이들이 자기네 붕당의 여론을 널리 수렴해 중앙 정치와 정책 결정에 반영했다는 것이다. 이들은 또 붕당들이 다툰 명목도 순전히 이념과 정책의 차이에서 비롯했다고 주장한다. 조선 시대의 예의는 사회의 기본 규범과 밀접한 관련이 있었으므로, 예송 논쟁도 정책을 둘러싼 다툼으로 봐야 한다는 것이다.

낱말 즐겨 찾기

재야 관직에 오르지 않은 민간인 신분.

01 붕당이 생긴 원인을 세 가지만 말해 보세요.

붕당 정치

16세기 후반에 동인과 서인이 처음 형성될 때 붕당 정치를 옹호한 사람들은, 왕이 바른 정치를 하려면 공익을 추구하는 붕당을 가까이 해야 한다고 주장했다.

이들의 말에 따르면 붕당에는 공익을 추구하는 붕당과 사익을 꾀하는 붕당이 있었다. 그런데 저마다 자기네는 공익을 추구하는 붕당이고, 상대편은 사익을 우선하는 붕당이라고 간주했다는 점에서 한계가 있었다.

그런데 17세기 들어 서인과 남인은 서로 공존하며 비판과 견제를 통해 정치를 이끌었다. 이들끼리 공존이 가능했던 까닭은 상대편이 공익을 추구하는 붕당이라고 인정했기 때문이다. 이에 따라 정책의 차이를 놓고 옳고 그름을 가리기 위해 서로 싸우기는 해도 상대편의 존재를 부정하지는 않았다.

02 탕평책을 뒷받침한 영조와 정조의 이론에는 어떤 차이가 있나요?

영조의 탕평책	정조의 탕평책

03 17세기에 서인과 남인이 서로 공존하면서 비판과 견제를 통해 정치를 바람직하게 이끌 수 있었던 까닭을 설명해 보세요.

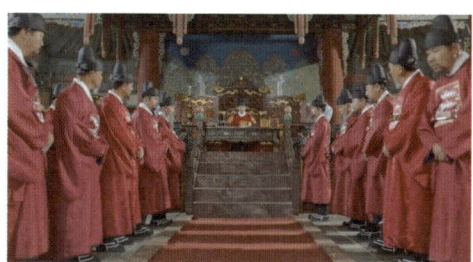

● 서인과 남인은 상대편 당을 인정하며 공존의 정치를 이끌었다.

04 붕당 정치가 당파 싸움이었다는 의견과 선진 정치였다는 의견을 뒷받침하는 근거를 세 가지씩 들어 보세요.

당파 싸움	선진 정치

05 붕당 정치가 선진 정치였다고 보는 입장에서, 붕당 정치가 정책의 차이와 관계없이 이뤄졌다고 보는 의견에 대해 예송의 사례를 들어 비판해 보세요.

● 경기도 여주시에 있는 효종의 무덤. 효종이 죽은 뒤 예송 논쟁 때문에 붕당의 대립이 심해졌다.

예송 논쟁

효종(재위 1649~59)은 원래 인조의 둘째 아들이었지만, 형인 소현세자(1612~45)가 죽는 바람에 왕위에 올랐다. 효종이 죽은 뒤, 새어머니였던 인조의 왕비가 상복을 얼마 동안 입을지를 놓고 서인과 남인 사이에 논쟁이 벌어졌다. 이를 예송이라 한다.

서인은 효종이 둘째 아들이므로 새어머니가 1년 동안 상복을 입어야 한다고 주장했다. 남인은 왕위에 올랐으므로 첫째 아들로 대우해 3년 동안 상복을 입어야 한다고 주장했다.

이러한 논쟁은 왕과 신하의 관계를 보는 관점의 차이에서 비롯했다. 서인은 왕을 신하들의 대표자로 보았고, 남인은 왕을 신하들과는 근본적으로 구별되는 존재로 보았다.

이 논쟁은 결국 신하 중심의 정치 운영을 지지하는 정책과 왕 중심의 정치 운영을 지지하는 정책의 차이에서 빚어졌다.

붕당은 16세기 후반에 생겨 18세기까지 이어졌다. 처음에는 왕의 외척이 정치에 참여하는 문제를 놓고, 사림 세력 내부에서 의견이 대립하면서 시작되었다. 붕당 정치가 당파 싸움이었다는 의견과 선진 정치였다는 의견이 맞서 있다. 당파 싸움이었다는 사람들은 파당성 때문에 심각한 국론 분열을 초래했으며, 이념이나 정책의 차이와 관계가 없었다고 주장한다. 이는 붕당이 당파와 구성원의 사익을 꾀하는 정치 집단이었다는 시각에 기반을 둔다. 선진 정치였다는 사람들은 공존과 상호 견제의 정치가 이뤄지는 가운데 생긴 자연적 현상이며, 여론을 수렴했다는 점을 높이 평가한다. 그리고 붕당들이 이념이나 정책의 차이를 놓고, 자신의 의견을 국정에 반영하기 위해 다퉜다고 본다.

붕당 정치가 전개된 과정을 설명하고, 붕당 정치가 선진 정치였는지 당파 싸움이었는지를 놓고 자신의 의견을 논술하세요(500~600자).

수행 평가와 디베이트를 위한
쟁점 한국사

13. 대원군의 쇄국 정책은 근대화의 걸림돌이었나

● 운현궁은 흥선 대원군의 집이다. 고종이 즉위한 뒤부터 운현궁이라 불렸으며, 고종 때 정치의 중심지로 주목을 받았다.

서울 종로구의 운현궁은 조선 시대 고종(재위 1863~1907)이 왕위에 오르기 전에 열두 살까지 살던 곳이며, 흥선 대원군 이하응(1820~98)의 집이기도 하다. 대원군은 세도 정치의 잘못된 점을 고쳐서 조선을 부강하게 만들려고 했다. 하지만 쇄국 정책을 실시하는 바람에 근대화에 뒤지게 했다는 비난도 받는다. 대원군의 개혁 정치와 쇄국 정책을 알아보고, 쇄국 정책을 어떻게 평가할지 탐구한다.

교과서 이곳을 보세요

고등학교 한국사 2단원 근대 국민 국가 수립 운동 • 1. 서구 열강의 접근과 조선의 대응
중학교 역사2 6단원 근·현대 사회의 전개 • 1. 국민 국가의 수립

세도 정치에 맞서 개혁의 깃발을 내걸다

● 대원군은 왕권을 강화하기 위해 개혁 정책을 폈다.

조선 시대인 19세기 초부터 왕실과 혼인 관계를 맺은 가문이 권력을 잡는 세도 정권이 등장했다. 세도 정권은 돈을 받고 관직을 파는 등 부정부패를 일삼고, 세금 제도를 어지럽혔다. 게다가 당시 자연 재해가 자주 일어나고 전염병도 창궐하는 바람에 백성의 삶은 무척 힘들었다. 이양선도 자주 나타나 통상을 요구하자, 나라 안팎의 위기감이 커졌다. 그럼에도 세도 정권은 이를 해결하려는 의지조차 보이지 않았다.

이러한 상황에서 철종(재위 1849~63)이 아들 없이 죽자, 왕족인 이하응(1820~98)의 어린 아들인 고종(재위 1863~1907)이 왕위에 올랐다. 이하응은 흥선 대원군이 되어 고종을 대리해 나라를 다스렸다. 대원군은 세도 정권의 잘못된 점을 고치고 왕권을 강화하려고 시도했다. 부패한 관리들을 내쫓고, 당파와 상관없이 능력 있는 관리들을 고루 뽑았다. 국가 재정을 튼튼히 하는 데도 힘을 쏟았다. 조선 시대엔 양인만 병역 의무를 졌으므로 양반은 군포를 면제 받았다. 이에 대원군은 호포제를 실시해 양반에게도 군포를 내게 했다. 세금을 내지 않고 백성을 괴롭히던 서원의 대다수도 폐지했다.

대원군의 개혁 정책은 백성의 지지를 받았지만, 무리하게 경복궁을 다시 짓는 바람에 원망도 샀다. 대원군은 왕실의 권위를 높이려고 임진왜란 때 불탄 경복궁을 다시 지었다. 부족한 공사 경비를 마련하기 위해 관리와 부유한 백성들에게 강제로 기부금을 거뒀다. 또 재정난을 덜기 위해 당백전을 발행해서 물가를 치솟게 만들었다.

> **낱말 즐겨 찾기**
>
> **이양선** 우리 선박과 모습이 다른 서양 선박.
> **대원군** 조선 시대에 왕이 아들이 없이 죽고 왕족이 왕위를 이을 경우, 새로운 왕의 아버지를 일컫는 말.
> **군포** 병역 의무가 있는 사람들에게 군대에 나가는 대신 세금으로 거둔 베.
> **서원** 훌륭한 유학자들에게 제사를 지내고, 유생을 가르치던 대표적인 사학 교육 기관.
> **당백전** 당시 널리 쓰이던 상평통보보다 100배 높은 가격으로 쓰이던 동전.

서양의 침략에 맞서 쇄국 정책을 펴다

19세기 들어 천주교도가 부쩍 늘어났다. 당시 지배층은 유교를 중심으로 한 전통 질서를 지키려고 했다. 이들은 천주교가 전통 질서를 위협한다고 간주해서, 천주교를 금지하는 대책을 세우라고 요구했다.

대원군은 1866년 천주교 신자 수천 명과 프랑스 선교사 9명을 처형했다. 프랑스

● 강화도에 상륙한 프랑스군.

는 이를 구실 삼아 함대를 파견했다. 프랑스군은 한강 입구를 틀어막고 강화읍을 점령했다. 하지만 대원군은 선교사들의 처형을 사과하라는 프랑스군의 요구에 굽히지 않았다. 조선군은 프랑스군에 큰 타격을 입혀 물러가게 했다(병인양요).

이 무렵 미국은 조선과 통상에 적극적이었다. 1866년 미국 상선 제너럴셔먼호가 대동강을 거슬러 올라왔다. 미국인들이 통상을 요구하며 소란을 피우자, 평양 주민들이 배를 공격해 불태웠다. 1871년 미국은 이 사건을 구실 삼아 조선을 침략했다. 미군은 제너럴셔먼호 사건에 대한 사과와 배상을 요구하며 강화도 일부를 점령했다. 하지만 조선군의 거센 저항에 부딪혀 철수하고 말았다(신미양요).

대원군은 프랑스와 미국의 침략을 물리친 뒤 쇄국 정책을 더욱 굳히고, 전국 각지에 척화비를 세웠다. 일본이 국교 수립을 요청했으나 거부했다. 서양과 국교를 맺은 일본이 서양 오랑캐와 다를 바 없다고 여겼기 때문이다. 대원군은 청나라가 위기에 빠진 원인이 서양에 나라의 문을 열었기 때문이라 생각했다. 따라서 조선을 지키려면 나라의 문을 닫아 서양 세력의 침략을 막아야 한다고 판단했다.

낱말 즐겨 찾기

쇄국 정책 나라의 문을 굳게 닫고 서양과 무역을 하지 않겠다는 정책.
척화비 서양과 화친하자는 주장을 물리치는 뜻을 새긴 비석.

"나라 안정에 필요" vs "나라 발전에 걸림돌"

● 베트남을 침략한 프랑스군. 베트남은 프랑스의 침략에 굴복해 국교를 맺은 뒤 나라를 잃었다.

대원군은 쇄국 정책을 밀고 나갔다. 그러나 1873년 그가 권력을 잃은 지 3년 뒤에 조선은 쇄국 정책을 포기한 채 일본과 국교를 맺었다. 몇 해 뒤에는 미국과 영국, 프랑스 등과도 차례로 국교를 맺었다.

쇄국 정책을 부정적으로 평가하는 사람이 많지만, 긍정적으로 평가하는 사람들도 있다. 긍정적으로 평가하는 사람들은 쇄국 정책이 조선 왕조의 국권을 지킬 수 있도록 했다고 주장한다. 국권을 지키려면 먼저 나라를 안정시킬 필요가 있었다. 지속적인 개혁 정책을 펼쳐 경제와 국방을 튼튼히 해야 외세의 침략을 물리칠 수 있었기 때문이다. 그때 조선과 비슷한 처지의 베트남은 프랑스의 압력에 굴복해 국교를 맺었다가 나라를 빼앗겼다. 대원군이 프랑스와 미국 등의 압력에 굴복해 쇄국 정책을 포기했다면 베트남처럼 식민지가 될 수도 있었다.

쇄국 정책을 부정적으로 평가하는 사람들은 국가 발전의 걸림돌이었다고 본다. 당시 서양은 동양보다 훨씬 앞선 기술을 가지고 있었고, 이를 바탕으로 경제력과 군사력을 키웠다. 조선도 국가 발전을 위해서는 서양의 발전된 기술을 받아들일 필요가 있었다는 것이다. 그리고 쇄국 정책은 결국 국권을 빼앗기는 결과를 낳았다고 말한다. 일본은 1854년 미국과 국교를 맺은 뒤 근대화를 추구하기 시작했다. 일본이 서양과 교류하며 근대화를 추구하던 현실에서 쇄국 정책은 시대에 맞지 않았다. 일본은 우리보다 빨리 선진 기술을 받아들여 강대국으로 성장할 수 있었다. 따라서 일본에 나라를 빼앗기지 않으려면 하루빨리 나라의 문을 열었어야 했다는 주장이다.

낱말 즐겨 찾기

근대화 산업화를 바탕으로 전통 사회에서 벗어나 근대 사회로 바꾸는 일.

생각 로그인

01 흥선 대원군이 실시한 개혁 정책을 세 가지만 들어 보세요.

02 대원군이 실시한 개혁 정책의 목적과 한계점을 정리해 보세요.

● 경복궁 근정전. 대원군은 왕실의 권위를 높이기 위해 경복궁을 다시 지었다.

03 대원군의 쇄국 정책에 긍정적인 평가와 부정적인 평가가 엇갈리는데, 각 입장의 근거를 제시해 보세요.

긍정적인 평가	부정적인 평가

대원군의 개혁 정책의 한계

흥선 대원군의 개혁 정책은 왕권 강화에 목적이 있었다. 고종이 왕위에 오르기 전 60년 동안에는 안동 김씨와 풍양 조씨 등 왕의 외척이 권력을 휘두르는 세도 정권이 이어지면서 왕은 허수아비로 전락했다.

대원군은 정권을 잡은 뒤에 세도 정치의 잘못된 점을 바로잡으려 했다. 부패한 관리를 내쫓고 당파와 상관없이 능력 있는 관리를 고루 등용한 일도 결국 왕권을 강화하기 위한 생각에서 나왔다.

대원군은 국가의 재정을 튼튼히 하는 정책을 폈다. 호포제 실시가 대표적이다. 서원을 없앤 것도 국가 재정을 튼튼히 하기 위해서였다. 많은 토지를 소유한 서원이 세금을 면제 받는 특권을 가지고 있었기 때문이다. 이러한 정책은 백성의 생활을 안정시켰으므로 민심의 지지를 받았는데, 결과적으로 왕권 강화에 기여했다.

대원군은 재정 형편이 어려운데도 경복궁을 재건하는 무리수를 뒀다. 가장 중요한 목적이 왕권 강화였기 때문에 왕의 권위를 상징하는 궁궐을 다시 지은 것이다.

대원군은 왕권 강화를 중심으로 한 전통 사회의 질서를 유지하는 데에만 관심을 뒀을 뿐이고, 더 이상 나아가지 못했다. 따라서 신분제와 지주제 등 당시 백성을 괴롭히던 제도를 바꾸는 데엔 무관심했다.

04 보기 는 나라의 문을 열고 서양과 교류하자고 주장하는 내용입니다. 이를 참고해 쇄국 정책에 어떤 문제점이 있는지 지적해 보세요.

> 보기
> 예전에는 청나라가 서양에서 대포와 증기 동력으로 움직이는 배를 사들일 만큼 서양이 더 유리했다. 하지만 요즈음엔 청나라가 서양 대포와 증기 동력으로 움직이는 배를 모방해 만들어 쓰기 때문에 서양인들의 유리한 점이 사라졌다.

05 척화비에는 서양 오랑캐와 화친을 주장함은 나라를 팔아먹는 것이라는 내용이 새겨져 있습니다. 이러한 입장을 옹호해 보세요.

● 척화비에는 "서양 오랑캐가 침범하매 싸우지 않음은 곧 화친을 주장하는 것이요, 화친을 주장함은 곧 나라를 파는 것이다"라고 적혀 있다.

 정보 클릭

위정척사 사상

대원군의 쇄국 정책은 위정척사 사상을 바탕으로 삼았다. 위정척사는 올바른 사상과 학문은 지키고, 그릇된 사상과 학문을 물리친다는 뜻이다. 올바른 사상과 학문을 지킨다는 구호 아래 유교를 떠받들고, 그릇된 사상과 학문을 물리친다는 구호 아래 서양과 교류하자는 사상과 학문을 배척했다.

이 사상엔 유교 윤리를 사람이 지켜야 할 바른 도리로 여기고, 조선이 유교 윤리를 따른다는 자부심이 담겼다. 이에 따르면 유교 윤리를 따르지 않는 서양인은 사람이 아니라 짐승에 가깝다.

따라서 서양과 화친하면 서양의 사상과 학문, 풍습이 침투해 유교 윤리가 땅에 떨어질 것이며, 이는 곧 나라를 팔아먹는 것과 다를 바 없다고 본다.

결국 유교 윤리와 나라를 지키려면 서양에 맞서 싸워 그들의 사상과 학문, 풍습이 침투하지 못하게 막아야 한다는 논리다.

19세기 이후 조선은 세도 정권이 부패하고, 서양 선박이 자주 출현하며 나라 안팎의 위기가 커졌다. 이러한 상황에서 흥선 대원군이 권력을 잡은 뒤 인재를 고루 등용하고, 호포제를 실시하며 서원을 철폐하는 등의 개혁 정책을 폈다. 하지만 왕실의 권위를 높이기 위해 무리하게 경복궁을 중건했다가 백성의 지지를 잃었다. 또 프랑스와 미국의 침략을 물리친 뒤에 쇄국 정책을 폈다. 쇄국 정책에 대해서는 긍정적 평가와 부정적 평가가 맞서 있다. 긍정적 평가는 나라를 안정시켜 국권을 지킬 수 있게 했다고 본다. 부정적 평가는 쇄국 정책이 선진 기술의 도입을 막아 국가 발전의 걸림돌이 되었고, 국권을 빼앗기는 결과를 낳았다고 본다.

흥선 대원군의 개혁 정치와 쇄국 정책을 설명하고, 쇄국 정책이 나라 안정에 필요한지 아니면 나라 발전에 걸림돌인지 자신의 생각을 논술하세요(500~600자).

수행 평가와 디베이트를 위한
쟁점 한국사

14. 갑신정변은 근대화 추구였나 정변이었나

● 갑신정변의 주역들. 왼쪽부터 박영효(1861~1939), 서광범(1859~97), 서재필(1864~1951), 김옥균.

갑신정변은 김옥균(1851~94) 등 개화사상을 추구하던 급진 개화파가 권력을 잡기 위해 일으킨 정변이었다. 청나라에 의존하던 구체제를 타파하고 자주적 근대화를 이루려는 시도였으나, 외세인 일본의 지원에 의존한 점에서 한계를 보였다. 갑신정변을 놓고 자주적 근대화를 추진하려 했다는 긍정적 평가와 외세 의존의 한계성이 있었다는 부정적 평가가 엇갈린다. 갑신정변이 일어난 배경과 전개된 과정을 살펴보고, 갑신정변을 둘러싼 상반된 의견을 탐구한다.

교과서 이곳을 보세요

고등학교 한국사 2단원 근대 국민 국가 수립 운동 • 2. 동아시아의 변화와 근대적 개혁의 추진
중학교 역사2 6단원 근·현대 사회의 전개 • 1. 국민 국가의 수립

쇄국 정책 펴던 조선이 서양에 문을 열다

● 조선과 일본의 대표들이 강화도 조약을 맺는 모습.

19세기 중반에 서양의 여러 나라는 무력으로 중국을 꺾은 뒤 동아시아로 세력을 뻗쳤다. 조선도 1866년에 프랑스, 1871년에는 미국의 침략을 각각 받았다.

그때 어린 고종(재위 1863~1907)을 대신해 나라를 다스리던 흥선 대원군(1820~98)은, 서양의 침략에 대응해 쇄국 정책을 폈다. 서양의 국가들과 무역을 하면 나라를 빼앗길 위험이 있고, 그들의 침략에 맞서려면 스스로 힘을 키우는 일이 먼저라고 판단했기 때문이다. 또 기독교를 믿는 서양인들과 교류하면 조선의 전통적인 윤리 도덕이 흔들릴 것으로 여겼다.

대다수 지배층은 쇄국 정책을 지지했다. 하지만 김옥균 등 젊은 관리들은 박규수(1807~76)의 가르침을 받으며 개화파를 형성했다. 박규수는 청나라에 외교 사절로 다녀와서 국제 정세에 밝았다. 그는 서양의 열강이 청나라보다 군사력과 경제력이 강하다는 사실과, 중국이 더 이상 세계의 중심이 아니라는 사실을 알았다. 그래서 조선도 서양의 침략을 막아 내고 국력을 키우려면, 서양의 선진 기술과 제도를 받아들여야 한다는 개화사상을 믿었다.

1873년 흥선 대원군이 물러나자, 더 이상 쇄국 정책을 유지하기 어려워졌다. 일본은 1868년 메이지 유신을 일으켜 서양의 기술과 제도, 사상을 앞서 받아들인 덕에 국력이 갈수록 강해졌다. 그리고 1876년에는 무력을 앞세워 조선을 압박해 강화도 조약을 맺었다. 이 조약 때문에 일본의 선박들은 부산과 제물포, 원산으로 들어와 조선과 무역을 할 수 있게 되었다. 조선 정부는 일본의 요구와 박규수의 건의를 받아들여 개항 정책을 펴기 시작했다.

낱말 즐겨 찾기

쇄국 정책 나라의 문을 굳게 닫고 서양과 무역을 하지 않겠다는 정책.
메이지 유신 일본이 왕정을 복구시킨 뒤 서양의 기술과 제도를 받아들인 개혁 조치.

근대화 위해 갑신정변을 일으키다

조선 정부는 일본과 청나라에 시찰단과 유학생을 파견해서, 서양의 기술과 제도를 배우기 시작했다. 하지만 이러한 흐름은 1882년 임오군란에 의해 가로막혔다. 군인 일부가 차별 대우에 불만을 품고 반란을 일으킨 것이다. 이때 청나라가 군대를 보내 반란을 진압한 뒤 조선의 정치에 간섭했다. 이 바람에 개혁과 자주적 근대화가 어려워졌다.

● 갑신정변이 일어난 서울 종로구 우정국의 화재 전 모습. (사진 : 월간중앙)

개화파는 온건파와 급진파로 갈렸다 청나라의 지지를 받던 권력자들은 온건파와 손잡고 점진적인 개혁 정책을 폈다. 온건파는 서양의 문물 가운데 기술은 받아들였지만, 근대적 제도와 사상은 받아들이지 않았다. 또 청나라를 종주국으로 인정하고, 사대 정책을 펴야 한다고 주장했다.

급진파는 서양의 기술뿐만 아니라 사상과 제도까지 적극 도입해야 한다는 입장을 취했다. 그리고 청나라와 사대 관계를 끝내고 독립된 나라가 되어야 한다고 밝혔다.

급진파는 나라 안팎의 정세 변화에 관심을 가지며 동지를 모았다. 마침내 이들에게 기회가 왔다. 청나라가 프랑스와 전쟁을 벌이느라 조선에 파견한 군대의 절반을 빼내 전쟁터로 보낸 것이다. 급진파는 일본 공사에게서 재정적·군사적 지원 약속을 받았다. 이들은 1884년 우정국 개국을 축하하는 잔치를 틈타 정변을 일으켰다. 이를 갑신정변이라 한다.

급진파는 권력자들을 제거한 뒤 새로운 정부를 구성했다. 이 정부의 주도 세력은 혁신적인 개혁 정책을 추진할 계획을 가지고 있었다. 하지만 이러한 꿈은 3일 만에 꺾이고 말았다. 청나라 군대의 반격을 받아 정변의 주역들은 죽임을 당하거나 일본으로 도망쳤다.

낱말 즐겨 찾기

시찰단 두루 돌아다니며 현지의 실정을 살피기 위해 조직한 집단.
근대화 산업화를 바탕으로 전통 사회에서 벗어나 근대 사회로 바꾸는 일.
사대 정책 작은 나라가 큰 나라를 종주국으로 섬기는 외교 정책.
공사 국가를 대표해 파견되는 외교 사절. 외교 사절 중에서 대사 다음으로 지위가 높다.
우정국 우편 업무를 처리하는 관청.

"자주적 근대화 추구" vs "외세에 의존한 정변"

● 갑신정변은 신분제를 폐지하고 조선의 근대화를 추진했다. 사진은 근대화된 조선을 상상한 모습.

갑신정변은 소수의 젊은 관리가 근대 국가를 만들려고 했던 사건이었다. 하지만 자주적 근대화를 추구했다는 긍정적 평가와 외세에 의존했다는 부정적 평가가 맞서 있다.

긍정적으로 평가하는 사람들은 급진파가 자주 독립을 추구했다는 점을 강조한다. 조선은 청나라와 사대 관계를 맺고 있었는데, 급진파는 조선을 독립국으로 만들려 했다는 것이다. 또 근대화 개혁을 추진했던 점도 높이 평가한다. 대표적인 사례가 신분제의 개혁이다. 조선에서 지위가 높은 양반은 온갖 특혜를 누렸지만, 신분이 낮은 백성은 차별 대우를 받아야 했다. 급진파는 신분제를 폐지하고 국민의 평등권을 확립하려고 했다. 조세 제도를 개혁하고 부패한 관리를 처벌해 민생을 안정시키려 했던 점도 긍정적 평가를 뒷받침한다.

부정적으로 보는 사람들은 급진파가 외세에 의존한 점에 주목한다. 갑신정변이 실패로 끝난 직접적 원인은 청나라 군대에 밀렸기 때문이다. 하지만 일본에 지나치게 의존한 점도 문제였다. 도움을 주기로 했던 일본이 약속을 지키지 않자 청나라의 군대를 당해 낼 수 없었다. 급진파의 세력이 약한 상황에서 성급하게 정변을 일으킨 점도 문제였다. 대다수 백성이 서양의 사상과 종교에 거부감을 갖고 있었으므로, 급진파는 세력이 약했다. 토지 제도의 개혁을 생각하지 못한 까닭에 지지 기반도 더 약해졌다. 많은 농민은 지주의 토지를 빌려 농사를 지으며 어렵게 생계를 유지했다. 민생을 안정시키려면 농민에게 토지를 나눠 줄 필요가 있었다. 하지만 급진파는 토지 개혁에는 관심에 없었기 때문에 백성의 폭넓은 지지를 받지 못했다.

> **낱말 즐겨 찾기**
> **근대 국가** 신분제를 타파해 평등권을 가진 국민으로 구성된 국가.
> **토지 제도** 토지의 소유와 이용, 거래 등을 정해 놓은 제도.

생각 로그인

01 일본이 1868년 일으킨 메이지 유신의 효과를 설명해 보세요.

02 개화를 놓고 대립한 온건파와 급진파의 차이점을 정리해 보세요.

	서양 문물의 수용	청나라와의 관계
온건파		
급진파		

03 서양 문물의 수용을 놓고, 급진파의 입장에서 온건파의 잘못을 지적해 보세요.

● 19세기의 증기선은 서양의 강한 힘을 상징했다.

정보 클릭

온건파와 급진파의 입장

온건파와 급진파는 모두 서양의 앞선 기술을 받아들이자고 주장했다. 하지만 서양의 근대적 사상과 제도를 받아들이는 데는 의견이 달랐다.

온건파는 서양의 사상과 제도의 수용을 반대했다. 이들은 서양 국가들이 선진 기술 덕분에 경제력과 군사력이 강해졌다는 사실은 인정했다. 하지만 조선의 전통적인 윤리 도덕은 서양의 정신문화보다 더 우월하다고 여겼다. 따라서 유교 사상의 기반 위에서 기존의 사회 질서를 그대로 유지한 채 서양의 기술만 받아들이려 했다.

급진파는 서양의 사상과 제도를 받아들이지 않고서는 나라를 부강하게 만들기 어렵다고 믿었다. 기술은 사상이나 제도와 분리된 것이 아니라 사상과 제도의 기반 위에서만 발전할 수 있기 때문이다. 증기 기관으로 상징되는 서양의 근대 문물도 과학 기술의 발전을 뒷받침하는 합리주의 정신 덕에 가능했다.

생각 로그인

04 갑신정변에 대한 긍정적 평가와 부정적 평가를 뒷받침하는 근거를 세 가지씩 들어 보세요.

긍정적 평가	부정적 평가

05 갑신정변을 부정적으로 보는 입장에서, 급진파가 민생을 안정시키기 위해 토지 제도는 놔두고 조세 제도부터 개혁하려고 한 점을 비판해 보세요.

● 조선 시대 말기에 농민들은 토지를 빌리는 대가로 수확량의 절반 이상을 지주에게 바쳐야 했다.

정보 클릭

토지 제도의 개혁

조선 말기에 극소수의 대지주가 넓은 토지를 독차지하는 현상이 심해졌다. 이에 따라 농민들은 아주 적은 토지만 소유하거나 지주의 토지를 빌려 농사를 지으며 간신히 생계를 유지했다.

토지를 잃고 떠도는 사람도 부쩍 늘었다. 이러한 상황에서 민생을 안정시키려면 토지 제도의 개혁이 필요했다. 농민에게 토지를 나눠 주지 않고서는 그들의 생활을 안정시킬 길이 없었기 때문이다.

조세 제도의 개혁도 민생 안정에 도움이 되기는 했다. 그러나 세금은 주로 토지를 소유한 부유층이 부담했으므로, 토지가 없는 대다수 농민은 혜택을 보지 못했다. 따라서 조세 제도의 개혁만으로는 농민의 생활을 개선하기 어려웠다.

대다수 국민이 농업에 종사했던 사회에서는 토지가 부의 원천을 이뤘다. 따라서 민생 안정을 위한 근본적인 대책은 토지 제도의 개혁을 빼놓으면 안 되었다.

갑신정변은 김옥균 등의 급진 개화파가 개혁과 근대화를 이루기 위해 일으킨 정치적 사건이었다. 그런데 이를 놓고 자주적 근대화를 추구했다는 긍정적 평가와 외세에 의존했다는 부정적 평가가 대립한다. 긍정적 평가는 급진파가 자주 독립을 추구했으며, 근대화 개혁을 추진했다는 점을 강조한다. 또 조세 제도를 개혁해 민생을 안정시키려 했다는 점도 긍정적 평가를 뒷받침한다. 부정적 입장에서는 급진파가 외세에 의존했던 점에 주목한다. 또 급진파가 세력이 약한 상황에서 성급하게 정변을 일으켰다고 지적한다. 토지 제도의 개혁을 생각하지 못해 지지 기반이 약했던 점도 부정적 평가를 뒷받침한다.

갑신정변이 일어난 배경과 전개된 과정을 설명하고, 갑신정변이 자주적 근대화 추구였는지 외세에 의존한 정변이었는지 자신의 의견을 논술하세요(500~600자).

수행 평가와 디베이트를 위한
쟁점 한국사

15. 을사조약은 유효인가 무효인가

● 을사조약 체결 장면을 묘사한 일본 잡지의 삽화. 현장에 없었던 고종(오른쪽 휘장 쪽)을 그려서 넣었다.

이준(1859~1907) 열사는 을사조약이 무효임을 알리기 위해 1907년 네덜란드의 헤이그에서 열린 만국 평화 회의에 고종(재위 1863~1907)의 특사로 파견되었다. 을사조약은 1905년 일본이 우리나라의 외교권을 빼앗아 간 조약이다. 을사조약은 일본의 강압에 의해 체결되어 무효라는 주장이 강하지만, 일본이 국제적으로 승인을 받았다는 이유로 유효라는 의견도 존재한다. 많은 애국지사가 조약의 부당성을 알리고 무효화 운동을 펼쳤으나, 국제적 지지를 얻지는 못했다. 을사조약의 체결 과정과 무효화 운동을 살펴보고, 이 조약이 유효인지 무효인지를 놓고 상반된 의견을 탐구한다.

교과서 이곳을 보세요

고등학교 한국사 2단원 근대 국민 국가 수립 운동 • 4. 일본의 침략 확대와 국권 수호 운동
중학교 역사2 6단원 근·현대 사회의 전개 • 1. 국민 국가의 수립

을사조약 체결로 일본에 외교권을 빼앗기다

● 일본의 한 화가가 러일 전쟁 때 벌어진 전투 장면을 그린 그림.

일본은 청일 전쟁(1894~5)에서 이긴 뒤 우리나라를 차지하기 위해 러시아와 치열한 다툼을 벌였다.

러시아는 1900년 만주를 점령하고 나서 압록강 하류의 용암포에 군사 기지를 만들었다. 이에 맞서 일본은 1902년 영국과 동맹을 맺고, 2년 뒤 서해에서 러시아 함대를 공격해 러일 전쟁(1904~5)을 일으켰다. 우리나라는 중립을 선언했지만, 일본은 이를 무시하고 서울을 점령한 상태에서 전쟁 수행에 협력하라고 강요하는 한일 의정서를 맺었다.

일본은 영국과 미국의 아낌없는 지원을 받으면서 러시아와의 전쟁을 유리하게 이끌었다. 하지만 전쟁이 장기화하자 일본과 러시아는 재정이 부족해 어려움을 겪었다. 1905년 두 나라는 일본의 우리나라 지배를 인정하는 포츠머스 조약을 맺고 전쟁을 끝냈다. 일본은 미국과 비밀 협약을 체결한 뒤, 영국과도 다시 동맹을 맺어 우리나라에 대한 지배권을 인정받았다.

일본은 1905년 11월 원로 정치인인 이토 히로부미(1841~1909)를 우리나라에 대표로 파견해 자국이 우리나라의 외교 업무를 관리한다는 내용의 을사조약을 맺었다. 이 조약에 따라 우리나라는 일본에 외교권을 빼앗겨 외국에 파견한 외교관들을 철수시키고, 서울에 주재하던 타국의 외교관들도 돌려보냈다. 결국 일본의 승인 없이는 외국과 어떠한 조약도 맺을 수 없게 되었다.

일본은 우리나라의 외교 업무를 관리한다는 구실을 내세워 통감부를 설치했다. 그 뒤 통감부는 내정까지 간섭하며 우리나라를 보호국으로 만들었다. 우리나라는 1910년 일본의 식민지가 되었지만, 을사조약을 맺을 때 이미 나라를 빼앗긴 셈이다.

낱말 즐겨 찾기

용암포 압록강 하구에 있는 평안북도 용천군의 항구.
한일 의정서 1904년 우리나라에 일본의 러일 전쟁 수행에 협력하라고 강요한 조약.
포츠머스 조약 1905년에 미국의 포츠머스에서 미국의 시어도어 루스벨트(재임 1901~9) 대통령의 중재로 맺은 러일 전쟁의 강화 조약. 한국에 대한 일본의 우선권을 정하였다.
통감부 일본이 우리나라의 내정에 간섭하기 위해 설치한 감독 기관.
보호국 외교나 국방 등을 외국에 맡겨 완전한 주권을 갖추지 못한 나라.

을사조약이 무효임을 세계에 알리다

을사조약이 체결되자 관리와 유생들이 잇달아 항의 상소문을 올렸다. 최익현(1833~1906)은 을사조약 체결에 협조한 대신들을 참수하라는 상소문을 올렸다. 상인들은 가게 문을 닫았고, 학생들은 동맹 휴학으로 항의의 뜻을 나타냈다. 전국 각지에서 의병이 일어나 일본군과 전투도 벌였다. 최익현도 의병을 일으켰지만 뜻을 이루지 못한 채 일본으로 끌려가 감옥에서 죽음을 맞았다.

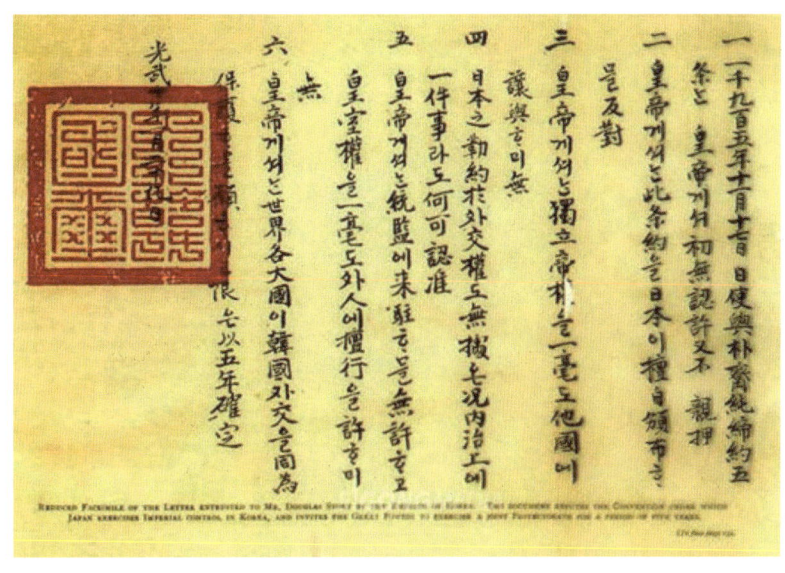
● 대한 제국의 국새가 찍힌 고종 황제의 을사조약 무효 공식 선언문.

고종도 을사조약을 무효화하기 위해 애썼다. 그는 일본이 무력으로 우리 정부의 대신들을 협박하는 상황에서 조약이 맺어졌고, 자신이 허락하지도 않았기 때문에 무효라고 선언했다. 그래서 영국과 미국, 프랑스 등 서구 열강의 통치자들에게 조약이 무효임을 알리고, 나라의 독립을 지킬 수 있도록 도와 달라는 편지를 보냈다.

고종은 또 1907년 네덜란드의 헤이그에서 열린 만국 평화 회의에 특사를 보내 을사조약이 무효임을 세계에 알리려고 했다. 이 회의는 세계 여러 나라 대표가 모여 군비를 축소하고 국제 평화를 유지하기 위한 대책을 논의하는 자리였다. 특사로 파견된 이준과 이상설(1870~1917), 이위종(1887~?)은 헤이그에서 각국 대표에게 을사조약의 부당성을 호소했다. 하지만 일본이 방해하는 바람에 특사들의 호소는 열강에게 외면을 당하고 말았다.

고종은 기울어진 나라를 일으켜 세우려고 노력했지만 성공하지 못했다. 1907년 일본은 헤이그 특사 사건의 책임을 물어 고종을 황제의 자리에서 물러나게 했다. 3년 뒤 우리나라는 일본에 국권을 빼앗기고 식민지로 전락했다.

낱말 즐겨 찾기
동맹 휴학 학생들이 자신들의 요구를 이루기 위한 수단으로 등교와 수업을 거부하는 집단행동.
의병 외부 세력의 침략을 막기 위해 국민이 자발적으로 조직한 군대.
특사 특별한 임무를 띠고 파견된 외교 사절.

"국제법 절차 지켜" vs "무력으로 강제해"

● 을사조약을 체결하기 위해 덕수궁으로 가는 이토 히로부미(마차에 탄 3명 가운데 뒤쪽 앞 사람).

우리나라가 외교권을 빼앗긴 을사조약을 놓고, 국제법에 따라 맺어졌기 때문에 유효라는 의견과 국제법을 지키지 않았으므로 무효라는 의견이 맞서 있다. 일본에는 유효라고 보는 학자가 많고, 우리나라에는 무효라는 의견이 지배적이다.

유효라는 사람들은 국제법에 따라 조인 절차를 밟았다고 강조한다. 두 나라 대표가 협의 과정을 거쳤고, 조약을 맺은 문서에 우리나라 대표가 도장을 찍었다는 것이다. 우리 정부가 조약을 맺은 사실을 관보에 게재한 점도 조인 절차를 밟았다는 주장의 근거로 든다. 국제 사회의 인정을 받은 점도 유효론을 뒷받침한다. 영국과 미국, 프랑스 등은 을사조약의 효력을 인정했기 때문에 우리나라에 파견된 자국의 외교관들을 철수시켰다. 그리고 당시 힘의 지배를 받은 국제관례에 비추어 볼 때, 강대국이 약소국과 억지로 맺은 조약도 효력을 인정받았다는 점에 주목한다.

무효라는 사람들은 우리나라의 최고 통치권자가 조약이 무효임을 선언한 사실을 강조한다. 고종은 조약을 맺은 직후부터 자신은 체결에 동의하지 않았다고 주장했다. 그리고 조약을 무효화하기 위해 서구 열강을 대상으로 적극적인 외교 활동을 펼쳤다. 일본이 우리 정부의 대신들을 협박해 강제로 조약을 맺었다는 사실도 무효임을 지지해 준다. 일본군이 덕수궁을 포위하고 공포 분위기를 조성한 상태여서 대신들은 이토 히로부미의 강압적인 요구를 따를 수밖에 없었다. 게다가 일본이 우리나라에 약속한 독립 보장 의무를 어긴 점도 문제다. 1904년 일본은 한일의정서를 맺으며, 우리나라의 독립과 영토 보전을 보증하겠다고 했는데, 그 약속을 깨 버렸다.

낱말 즐겨 찾기

국제법 국가 간의 관계를 규칙으로 정해 놓은 법.
조인 나라의 대표가 외국과 조약을 맺는 문서에 자기 이름을 적고 도장을 찍는 일.
관보 나라에서 국민에게 알리려는 사항을 모아 발행하는 기관지.

생각 로그인

01 을사조약의 주요 내용을 말해 보세요.

02 헤이그에서 열린 만국 평화 회의에 파견된 특사의 입장에서 을사조약의 부당성을 주장하는 호소문을 작성해 보세요.

● 왼쪽부터 헤이그에 특사로 파견된 이준, 이상설, 이위종.

03 영국과 미국이 일본의 우리나라 지배권을 인정한 외교 정책의 부당성을 지적해 보세요.

정보 클릭

영국과 미국의 외교 정책

영국과 미국이 일본의 우리나라 지배권을 인정한 까닭은, 자국의 이익을 지키기 위해서였다. 두 나라는 중국에서 무역을 하거나 자원을 약탈해 큰 이익을 챙기고 있었다.

이에 따라 두 나라는 자국의 이익을 지키려면 중국으로 세력을 넓히려는 러시아를 막아야 한다고 계산했다. 그래서 러시아와 맞서는 일본을 지원한 것이다. 또 미국은 필리핀에 대한 지배권을 인정받으려면 일본과 우호 관계를 맺어야 했다.

영국과 미국 등이 자국의 이익을 지키려는 행위를 잘못으로 볼 수는 없다. 자국의 이익을 지키려는 행위는 모든 나라의 공통된 외교 원칙이기 때문이다.

하지만 모든 나라는 주권을 갖고 자국의 운명을 스스로 결정할 권리가 있다. 영국과 미국은 자국의 이익을 챙기기 위해 일본이 우리나라의 주권을 침해하는 행위를 눈감아 줬다.

두 나라도 타국을 침략해 식민지로 삼았다는 점에서는 일본과 다름이 없었다. 이러한 점에서 일본이 우리나라의 주권을 침해한 원인을 따져 보면 영미 양국의 행위에 기인했다고 봐야 한다.

04 을사조약의 유효론과 무효론을 뒷받침하는 근거를 세 가지씩 들어 보세요.

유효의 근거	무효의 근거

05 을사조약을 무효로 보는 입장에서, 이 조약이 국제법에 따라 조인 절차를 밟았기 때문에 유효라고 보는 의견을 비판해 보세요.

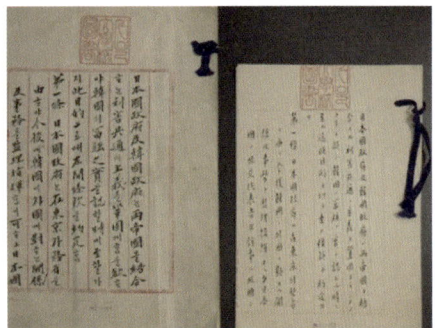

● 을사조약 체결 당시 작성된 대한 제국의 문서(왼쪽)와 일본의 문서.

조약의 효력 발생 조건

조약이 효력을 가지려면 위임과 조인, 비준 등의 절차를 밟아야 한다. 위임은 최고 통치권자가 자신을 대신할 대표자를 지명하는 행위다. 조인은 대표자가 조약을 맺은 문서에 이름을 적고 도장을 찍는 것을 말한다. 비준은 최고 통치권자가 조약의 체결을 최종 확인하고 동의하는 일이다.

우리나라는 민주 국가이므로 대통령이 비준할 때 국회의 동의를 얻는다. 하지만 전제 국가에서는 군주가 비준권을 행사할 때 국회의 동의를 얻을 필요가 없다.

을사조약을 맺을 때 우리나라의 외부대신(외교를 담당하는 장관)과 일본의 주한 공사(우리나라에 주재하는 일본의 외교 책임자)는 조약문에 이름을 적고 도장을 찍었다. 을사조약이 유효하다는 사람들은 이처럼 두 나라의 대표가 조인 절차를 밟았다는 점에 근거를 둔다.

그런데 당시 우리나라는 전제 군주국이었으므로 고종이 최고 통치권자였다. 고종은 외부대신을 조약 체결을 협의할 대표자로 지명하지도 않았고, 조약 체결을 최종적으로 확인하거나 동의하지도 않았다.

일본은 러일 전쟁에서 승리한 뒤 우리나라의 외교권을 빼앗기 위해 강제로 을사조약을 맺었다. 우리 국민은 을사조약 체결에 항의했고, 고종은 조약을 무효화하기 위해 외교 활동을 적극 펼쳤다. 을사조약이 유효라는 사람들은 국제법에 따라 조인 절차를 밟았고, 국제 사회의 인정을 받았다고 강조한다. 또 당시의 국제관례에 따르면, 강대국이 약소국과 강제로 맺은 조약도 효력을 인정받았다고 말한다. 을사조약이 무효라는 사람들은 최고 통치권자인 고종이 무효임을 선언했고, 일본이 우리 정부의 대신들을 협박해 강제로 조약을 맺었다고 맞선다. 일본이 우리나라에 약속한 독립 보장 의무를 어겼다는 점도 근거로 든다.

을사조약의 체결 과정과 무효화 운동을 설명한 뒤, 을사조약이 유효인지 무효인지를 놓고 자신의 의견을 논술하세요(500~600자).

수행 평가와 디베이트를 위한
쟁점 한국사

16. 간도는 우리 땅인가

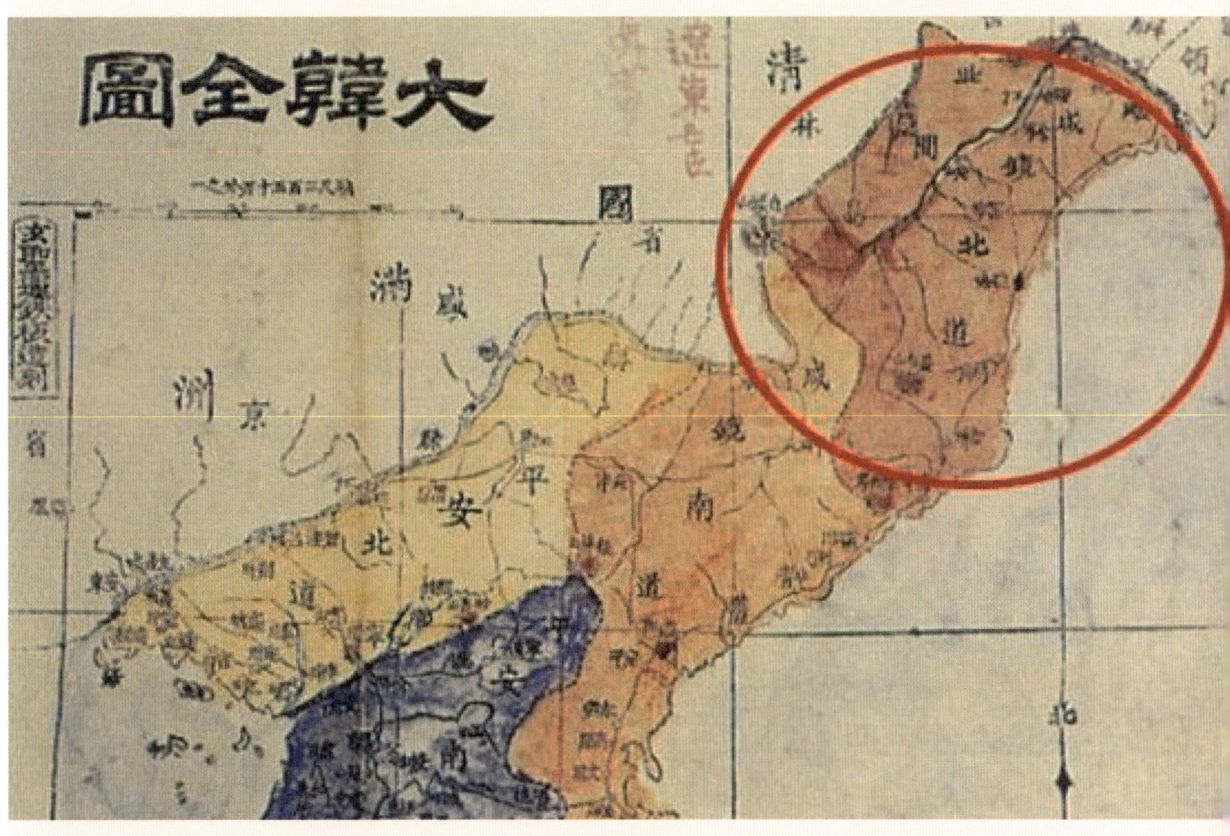

● 1907년에 펴낸 대한전도. 간도를 우리 영토로 표시했다.

간도는 원래 고구려와 발해의 땅이었다. 발해 멸망 후에는 여진족이 거주했다. 청나라는 간도를 봉금 지대로 설정했고, 1712년 토문강을 경계로 한다는 백두산정계비를 세웠다. 하지만 토문강의 위치에 대한 해석 차이로 조선과 청나라 간 국경 분쟁이 발생했다. 19세기 후반 조선인들이 간도로 이주하면서 갈등이 일어났고, 1885년과 1887년 국경 회담을 가졌으나 결론을 내지 못했다. 1905년 을사조약으로 대한 제국이 외교권을 잃은 뒤, 1909년 간도 협약을 통해 청나라에 귀속되었다. 간도의 역사와 이를 둘러싼 논란을 살펴보고, 간도를 한국의 영토로 볼 수 있는지에 대한 상반된 의견을 탐구한다.

교과서 이곳을 보세요

고등학교 한국사 2단원 근대 국민 국가 수립 운동 • 4. 일본의 침략 확대와 국권 수호 운동
중학교 역사2 6단원 근·현대 사회의 전개 • 1. 국민 국가의 수립

백두산정계비 세워 국경을 정하다

● 사라진 백두산정계비(오른쪽 사진)와 비석의 탁본. (사진 : 국립 중앙 박물관)

간도는 두만강의 북쪽에 있다. 이곳은 지금 중국에 속해 있지만, 원래 고구려와 발해의 땅이었다. 발해가 멸망한 뒤에는 수렵과 목축 생활을 하던 여진족이 살았다. 조선 초기에 세종(재위 1418~50)은 4군 6진을 설치해 압록강과 두만강에 이르는 영토를 확보했는데, 간도는 여진족의 생활 터전으로 남겨져 있었다.

여진족의 후예가 세운 청나라(1616~1912)는 중국을 차지한 뒤에 압록강과 두만강 이북 지역을 봉금 지대로 설정했다. 이에 따라 산삼과 녹용 등의 특산물을 채취해 청나라 조정에 바치는 사람들 외에는 간도의 거주가 금지되었다.

전문가들은 청나라가 이러한 정책을 편 목적은 한족과 조선인의 이주를 막아 자기네 조상의 발상지를 보호하기 위해서였다고 말한다. 그런데 실제로는 청나라의 주권이 미치지 않는 중립 지대가 되어 나중에 조선과 국경 문제를 발생시켰다. 간도라는 지명 자체가 두 나라 사이에 있어 주인이 없는 섬 같은 땅이라는 뜻에서 유래했다.

청나라는 1689년 러시아와 네르친스크 조약을 맺어 만주 북쪽의 국경을 정한 뒤에 조선과도 국경을 정하려고 했다. 1712년 강희제(재위 1661~1722)의 명령에 따라, 청나라의 주도로 백두산정계비가 세워졌다. 정계비를 세운 이유는 봉금 지대와 백두산 일대를 청나라의 영역으로 편입시키기 위해서였다. 비석에는 "서쪽으로는 압록강, 동쪽으로는 토문강을 경계로 삼는다"라는 내용이 새겨져 있었다. 하지만 토문강이 어디인지를 놓고 조선과 청나라가 해석을 달리해 나중에 국경 분쟁이 발생했다.

> **낱말 즐겨 찾기**
>
> **여진족** 고려 시대에 만주에 살던 퉁구스 계통의 민족. 조선 후기에는 만주족으로 이름이 바뀌었다.
> **4군 6진** 조선 세종 때 여진족을 물리치고 개척한 압록강 상류와 두만강 하류 지역.
> **봉금 지대** 사람이 살지 않는 지역.
> **네르친스크 조약** 청나라가 만주 북쪽의 영토를 지키기 위해 러시아와 맺은 조약.

일본이 이권 받고 청나라에 간도 넘겨

● 이중하는 청나라와 1885년과 1887년에 각각 열린 국경 회담에 조선 대표로 나갔다.

19세기 후반에 간도로 이주하는 조선인이 늘었다. 함경도 농민들은 관리의 손길이 미치지 않는 간도로 생활 터전을 옮겨 농사를 지으며 살았다. 특히 1869년과 1870년에 큰 흉년이 들자 많은 사람이 간도로 이주해 마을을 이루고, 황무지를 개간했다.

1881년 청나라는 간도에 내린 거주 제한 조치를 풀었다. 러시아의 위협에 맞서기 위해, 주민을 이주시켜 개발하는 정책을 택한 것이다. 간도에 청나라 사람들이 들어오면서 먼저 살던 조선인들과 갈등이 일어났다. 이 때문에 조선과 청나라는 간도가 누구 땅인지를 놓고 충돌했다.

조선과 청나라는 이 문제를 해결하기 위해 1885년과 1887년에 각각 국경 회담을 가졌다. 하지만 백두산정계비의 내용에 대한 해석이 달라 결론을 내지 못했다. 청나라는 토문강을 두만강으로 해석해 간도가 자기네 땅이라 주장했다. 이에 조선은 토문강이 쑹화강의 지류에 해당하므로 우리 땅이라고 맞섰다. 청나라는 두만강을 경계로 삼자고 요구했지만, 조선의 회담 대표인 이중하(1846~1917)는 "내 머리는 자를 수 있지만, 나라의 영토는 줄일 수 없다"라며 거부했다.

1897년 대한 제국이 들어선 뒤 정부는 간도 이주민 보호 정책을 폈다. 1903년에 간도를 함경도에 편입시키고, 관리를 보내 세금을 거뒀다. 하지만 대한 제국은 간도를 지킬 수 없었다. 일본이 1905년에 을사조약을 강요해 대한 제국의 외교권을 빼앗은 뒤 1909년 청나라와 간도 협약을 맺었기 때문이다. 일본은 협약을 통해 간도를 청나라 영토로 공식 인정했다. 대신 두 나라는 같은 날 만주 협약도 체결했는데, 청나라가 만주의 철도 부설권과 탄광 채굴권 등의 이권을 일본에 넘겨주는 내용이었다.

낱말 즐겨 찾기

쑹화강 백두산 천지에서 시작되어 북서쪽으로 흐르는 헤이룽강의 지류.

"간도 되찾아야" vs "우리 땅 주장 실익 없어"

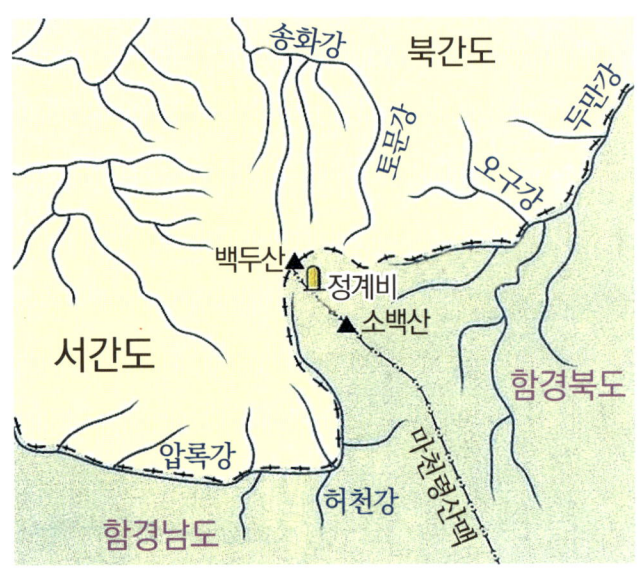

● 일제는 토문강이 두만강이라고 인정해 간도를 청나라에 넘겨주었다.

북한과 중국은 1962년에 국경 조약을 맺었다. 이 조약에 따라 백두산 천지를 분할해 북한이 54.5%, 중국이 나머지를 갖기로 했다. 간도 협약이 천지를 우리 영토에서 제외한 것에 비하면, 중국이 양보한 면이 있다. 하지만 이 조약은 간도 협약을 이어받아 두만강을 두 나라의 국경으로 확정한 문제점이 있다.

간도에는 현재 수십만 명의 조선족이 산다. 우리 사회에는 간도를 되찾자는 주장이 있다. 모리스 쿠랑(1865~1935)이 수집한 고서에서 발견된 백두산정계비 지도에 관심을 갖는 사람이 많은 이유도 결국 이 때문이다.

간도가 우리 땅이라는 사람들은 토문강이 쑹화강의 지류라는 입장에 기반을 둔다. 그리고 일본이 청나라와 맺은 간도 협약과 북한이 중국과 맺은 국경 조약을 무효라고 본다. 국제법 이론에 따르면, 일본의 강요에 의해 맺은 을사조약은 효력이 없다. 간도 협약은 을사조약에 따라 일본이 대한 제국의 외교권을 대신 행사했기 때문이다. 또 북한은 우리 국토의 일부를 불법적으로 차지한 반국가 단체다. 따라서 남북한이 통일된 뒤 중국과 협상을 해 간도를 되찾아야 한다는 것이다.

간도를 우리 땅이라고 보는 입장을 실익이 없다고 보는 의견도 있다. 통일된 뒤에 북한이 맺은 조약을 이어받아야 하는 문제가 있기 때문이다. 북한이 맺은 조약을 무효화시키면 국제 사회에서 신뢰를 잃을 수 있다. 또 중국이 간도를 차지한 지 1세기가 넘었다. 중국의 실효 지배가 확고한 현실에서 간도가 우리 땅이라는 주장은 설득력이 떨어진다. 오히려 중국을 자극해 국익을 손상시키는 결과를 초래할 것이라는 견해다.

낱말 즐겨 찾기

모리스 쿠랑 프랑스의 동양학자. 지난 2012년 모리스 쿠랑이 수집한 우리나라의 고서가 대량으로 발견되었는데, 1712년 청나라와 조선의 대표단이 정계비를 세우려고 백두산에 오른 길을 그린 지도가 포함돼 있었다.
실효 지배 어떤 정부가 특정한 영토를 실제로 통치하는 상태.

01 아래 표에 나오는 조약의 핵심 내용을 간략하게 말해 보세요.

조약	체결 연도	체결 국가	내용
을사조약			
간도 협약			
만주 협약			

02 백두산정계비에는 "서쪽으로는 압록강, 동쪽으로는 토문강을 경계로 삼는다"라는 내용이 새겨져 있어요. 여기서 토문강의 해석이 간도 귀속 문제에 어떤 영향을 미치는지 설명해 보세요.

03 외교 통상부는 2011년에 '우리 외교를 빛낸 인물'로, 1885년과 1887년 각각 청나라와 이뤄진 국경 회담에 나간 이중하를 선정했습니다. 이중하의 공적을 정리해 보세요.

> **보기**
> 청나라가 국경 회담을 연 1885년과 1887년은 조선의 내부 사정이 어렵던 시기다. 조선은 1882년 임오군란이 일어났을 때 청나라의 힘을 빌렸다. 그때 조선에는 청나라 군대가 주둔했으며, 조선 주둔군 사령관이던 위안스카이(재위 1915~16)는 고종 앞에서도 말에서 내리지 않을 만큼 위세를 부렸다.

봉금 지대

간도 문제의 논란은 봉금 지대를 어떻게 볼지에서 출발한다. 청나라를 세운 만주족은 중국을 차지한 뒤 만주를 비우게 되었다.

봉금 지대는 청나라가 만주에 봉금 정책을 실시하면서 생긴 무인 지대를 가리킨다. 랴오허 일대에 설치한 변책(국경을 표시하기 위해 설치한 울타리)부터 압록강과 두만강에 이르는 대략 1000여 리의 지역이 이에 해당한다.

중국의 역사학자들은 봉금 지대는 조선과 청나라 사이에 군사적 중립 지대가 필요함에 따라 자연스럽게 형성된 것이지, 두 나라의 협정에 의해 인위적으로 정한 게 아니라고 본다. 정묘호란(1627)과 병자호란(1636년 12월~1637년 2월) 이후 조선의 국력이 쇠약해졌다. 따라서 군사 기지를 설치해 특별히 관리할 필요성을 느끼지 않았기 때문에, 무인 지대를 설정했다는 것이다.

우리 역사학자들은 봉금 지대는 조선과 청나라의 협정에 의해 형성된 중립 지대로 본다. 예를 들면 휴전선을 경계로 남북 각각 2km 지역에 비무장 지대(DMZ)가 설정되어 있다. 봉금 지대는 이와 성격이 비슷하다는 것이다. 이러한 맥락에서 보면 봉금 지대는 우리나라와 중국이 공동 소유하거나 분할해야 한다.

04 북한이 중국과 1962년 맺은 국경 조약의 긍정적인 면과 부정적인 면을 생각해 보세요.

긍정적인 면	부정적인 면

05 일본이 1909년 청나라와 맺은 간도 협약에서, 두만강이 대한 제국과 청나라의 국경이라고 인정했는데, 이 협약이 무효라고 주장해 보세요.

● 간도의 넓이는 남한의 21%라는 설부터 1.2배에 이른다는 설도 있다.

06 간도를 되찾자는 주장에 실익이 없다는 입장에서 볼 때, 백두산은 중국 땅이 아니라는 주장의 문제점을 지적해 보세요.

북한과 중국의 국경 조약

북한과 중국은 압록강과 두만강을 경계로 국경을 이루고 있다. 1962년 두 나라는 국경을 확정하는 조약을 맺었다. 핵심 내용은 압록강과 두만강 가운데 있는 섬과 백두산 일대의 경계를 나눈 것이다.

압록강과 두만강에는 모두 451개의 섬과 모래섬이 있다. 국경 조약에 의해 북한이 264개, 중국이 147개를 갖기로 했다.

간도 협약에서는 백두산정계비에서 두만강을 연결하는 지역을 국경으로 삼았기 때문에 천지를 모두 중국 땅으로 인정했다. 이에 비해 북한과 중국의 국경 조약은, 천지를 북한과 중국이 나눠 갖고, 이곳에서 두만강을 직선으로 그어 국경을 정했다.

한국사 논술

청나라는 과거 봉금 지대로 삼았던 간도와 백두산 일대를 자기네 땅으로 만들기 위해 1712년 백두산정계비를 세웠다. 19세기 후반에 간도로 이주하는 조선인들이 늘어나면서 양국 사이에 국경 분쟁이 발생했다. 청나라는 간도가 자기네 땅이라고 주장했지만, 조선은 그 주장을 거부했다. 하지만 일본이 1909년 청나라와 맺은 간도 협약 때문에 간도는 청나라로 넘어갔다. 그리고 북한이 1962년 중국과 맺은 국경 조약에서 두만강이 두 나라의 국경임을 인정하는 바람에 간도가 중국 땅으로 확정되었다. 우리나라에는 간도 협약과 북한·중국의 국경 조약이 무효이므로, 간도를 되찾아야 한다고 주장하는 의견이 있다. 이에 대해 남북한 통일 뒤 북한이 맺은 조약을 계승하고, 중국의 간도 지배가 확고해진 상황에서 간도가 우리 땅이라는 주장은 실익이 없다고 보는 의견도 있다.

백두산정계비가 세워진 뒤부터 간도를 빼앗긴 역사를 설명하고, 간도가 우리 땅이라는 주장을 놓고 찬반 의견을 논술하세요(500~600자).

수행 평가와 디베이트를 위한
쟁점 한국사

17. 대한민국 임시 정부 어떻게 **평가**할까

● 한 독립운동가 후손이 기증한 상하이 임시 정부 청사 사진. (사진 : 경기도 박물관)

임시 정부는 일제 강점기(1910~45)에 독립운동을 지도하기 위해 세워졌는데, 1948년 수립된 대한민국 정부는 임시 정부를 계승했다. 임시 정부는 1919년 3·1 운동 이후 상하이에서 수립되었으며, 다양한 독립운동 세력을 통합하려는 노력을 기울였다. 주로 외교와 무장 투쟁을 통해 독립을 추구했으나, 국제적 승인 부족과 내부 갈등으로 어려움을 겪었다. 임시 정부의 수립과 활동상을 살펴보고, 이에 대한 상반된 평가를 탐구한다.

교과서 이곳을 보세요

고등학교 한국사 3단원 일제 식민지 지배와 민족 운동의 전개 • 2. 3·1 운동과 대한민국 임시 정부
중학교 역사2 6단원 근·현대 사회의 전개 • 1. 국민 국가의 수립

독립운동 주도하려고 임시 정부 세우다

● 상해 임시 정부 수립일 기념사진. (사진 : 호국 보훈처)

1919년 3·1 운동이 일어나 일제에 저항하는 만세 시위가 전국으로 퍼져 나갔다. 이 과정에서 독립운동을 이끌기 위해 임시 정부를 세우려는 움직임이 일어났다. 3월 17일에는 독립운동가들이 러시아의 연해주에서 대한 국민 의회를 만들었다. 4월 13일에는 중국 상하이에 대한민국 임시 정부가 수립되었다. 뒤이어 서울에서는 같은 달 한성 정부가 세워졌다.

임시 정부가 여러 개 생기자 통합해야 한다는 목소리가 커졌다. 그런데 임시 정부의 위치를 놓고 논쟁이 벌어졌다. 무장 투쟁을 주장하는 세력은 우리나라에 가까운 연해주를 선호했고, 외교 활동을 강조하는 세력은 열강의 외교 기관이 많고 교통이 편리한 상하이를 주장했다. 결국 상하이에 통합된 임시 정부를 세우기로 결정했고, 9월에 공화주의에 바탕을 둔 헌법을 공포했다. 11월에는 이승만(재임 1948~60)을 대통령으로 하는 임시 정부가 출범했다.

임시 정부는 외교 활동에 힘을 쏟았다. 열강은 제1차 세계 대전(1914~18) 이후에 열린 강화 회의에서 우리나라의 독립에는 무관심했다. 그러자 무장 투쟁을 주장하는 세력은 임시 정부가 독립운동의 방향을 바꿔야 한다고 목소리를 높였다. 게다가 이승만이 미국 대통령에게 우리나라를 국제 연맹의 위임 통치에 맡겨 달라고 청원한 사건이 알려지면서 임시 정부에 대한 불만이 커졌다.

1923년 독립운동가들이 임시 정부가 나아갈 방향을 논의하기 위해 국민 대표 회의를 열었다. 참가자들은 임시 정부를 유지하자는 의견과 새로운 정부를 세우자는 의견으로 나뉘었다. 국민 대표 회의는 의견 차이를 좁히지 못해 실패로 끝났다.

낱말 즐겨 찾기

임시 정부 정식 정부의 수립을 준비할 목적으로 세운 정부.
공화주의 국민이 선출한 대표를 국가 원수로 삼는 정치 이념.
강화 회의 전쟁을 치른 국가들이 전쟁을 끝내고 평화를 회복하기 위해 여는 회의.
국제 연맹 제1차 세계 대전이 끝난 뒤에 평화를 지키고 협력을 증진하기 위해 설립한 국제기구.
위임 통치 국제 연맹의 위임을 받아 승전국들이 패전국의 식민지를 다스리던 통치 형태.

무장 투쟁하다 해방… 국제 사회 승인 못 받아

국민 대표 회의가 실패로 끝나자 많은 독립운동가가 임시 정부에서 탈퇴했다. 임시 정부는 이승만 대통령을 파면하고, 대통령제를 국무령제로 바꾸었다. 하지만 인재 부족과 자금난이 겹치면서 내각을 구성하기도 어려울 만큼 세력이 약해져 여러 독립운동 단체의 하나로 전락했다.

● 1940년 9월 17일, 중국 충칭에서 한국광복군 성립 전례식이 베풀어졌다. (사진 : 국립 대한민국 임시정부 기념관)

그때 김구(1876~1949)가 나서서 어려움에 빠진 임시 정부를 가까스로 유지했다. 그는 국무령 자리에 오른 뒤 한인 애국단을 조직해 의열 투쟁을 펼쳤다. 1932년 이봉창(1901~32)은 도쿄에서 일왕에게 폭탄을 던졌으나 성공하지 못했다. 윤봉길(1908~32)은 상하이에서 폭탄을 던져 일본군 장성과 고위 관리들을 살상했다. 이 사건은 일제의 침략으로 반일 감정이 강하던 중국인들에게도 자극이 되었다.

임시 정부는 1937년에 중일 전쟁이 터지자 일본군을 피해 중국 내륙으로 옮겼다. 1940년에는 김구 주석 중심의 지도 체제를 갖추고, 중국 본토에서 활동하던 독립운동 단체들이 합류하면서 힘이 커졌다. 임시 정부는 중국 정부의 재정 지원을 받아 한국광복군을 만들었다. 1941년 임시 정부는 일본에 선전 포고를 하고 한국광복군을 연합군의 일원으로 참전시켰다. 한국광복군은 영국군의 협조 요청을 받아 인도와 미얀마에 각각 파견되어 일본군을 대상으로 선전 활동과 포로 심문을 담당했다. 그리고 국내에서 군사 작전을 펼칠 목적으로 미군의 협조를 받아 특수 훈련을 받았다.

그러나 임시 정부는 미국 등 국제 사회의 승인을 받지 못했기 때문에 1945년 해방되면서 임시 정부 요인들은 개인 자격으로 귀국해야 했다.

낱말 즐겨 찾기

국무령제 국무령을 중심으로 한 일종의 내각 책임제.
한인 애국단 김구가 중국 상하이에서 일본의 주요 인물을 암살하려는 목적으로 1931년 조직한 비밀 결사 단체.
의열 투쟁 일제의 침략 행위에 앞장선 일본인과 친일파를 살상하던 활동.
주석 대한민국 임시 정부를 이끌던 최고 지도자의 직위(1940~45).
선전 포고 전쟁을 개시하겠다는 뜻을 표시하는 행위.

"독립운동 대표성 지녀" vs "뚜렷한 성과 내지 못해"

● 해방 이후인 1945년 11월 3일 귀국을 앞둔 임시 정부 요인들이 중국의 충칭 청사 계단에서 기념 촬영을 한 모습.

대한민국 임시 정부는 중국 본토에서 26년 동안 끈질기게 독립운동을 펼쳤다. 하지만 임시 정부의 수립과 활동을 놓고 긍정적 평가와 부정적 평가가 엇갈린다.

긍정적으로 보는 사람들은 임시 정부가 독립운동을 대표하는 기관이었음을 강조한다. 임시 정부는 많은 독립운동가의 뜻을 모아 세웠고, 1930년대 이후에는 해외 독립운동을 상징하는 역할을 했다. 또 임시 정부의 정통성이 해방 이후 대한민국 정부 수립으로 이어졌다는 점도 긍정적 평가를 뒷받침한다. 우리 헌법은 임시 정부의 법통을 계승한다고 선언하고 있다. 임시 정부의 정통성을 부정하는 사람들은 국내에 거주하는 국민의 실질적인 동의와 지지를 받지 못했다고 지적한다. 하지만 이는 일제의 혹독한 통치 때문에 어쩔 수 없었으며, 임시 정부의 정통성은 해외 독립운동가들의 동의와 지지에 근거한다고 봐야 한다는 것이다.

부정적으로 보는 사람들은 임시 정부가 독립운동가들의 폭넓은 동의와 지지를 받지 못해 대표성과 정통성이 약했다고 본다. 무장 투쟁을 주장한 세력이나 사회주의를 지지한 세력은 임시 정부의 대표성을 인정하지 않았다는 것이다. 국제 사회의 승인을 받지 못한 점도 부정적 평가를 뒷받침한다. 제2차 세계 대전(1939~45) 때 연합국의 공동 선언에, 영국에 있던 프랑스와 폴란드 망명 정부는 참여했지만, 임시 정부는 그럴 자격을 인정받지 못했다. 외교 활동 위주의 독립운동이 뚜렷한 성과를 거두지 못한 문제도 있다. 독립운동이 성과를 거두려면 해외의 무장 투쟁과 국내의 대중 운동을 결합시켜야 하는데, 임시 정부는 국내와 단절되어 있었고, 무장 투쟁을 이끌 지도력도 갖추지 못했다는 것이다.

낱말 즐겨 찾기

법통 통치의 정당성을 인정받는 근거. 정통성과 같은 뜻으로 쓰인다.
사회주의 생산 수단과 자원의 공공 소유를 통해 평등한 사회를 이루려는 사상. 자본주의의 불평등과 착취를 비판하며, 경제적 평등을 위해 국가가 생산과 분배를 관리하는 체제를 지향한다.
망명 정부 외국에 나라를 빼앗기거나 정변으로 쫓겨난 정부의 중요한 인물들이 해외로 망명해 세운 정부.

01 중국의 상하이에 통합된 임시 정부를 세운 까닭은 무엇인가요?

02 임시 정부의 세력이 1920년대 초에 약해진 까닭을 설명해 보세요.

03 1932년 윤봉길의 의거는 임시 정부의 역사에서 어떤 의미를 지닐까요?

● 윤봉길

윤봉길의 의거

윤봉길은 1932년 한인 애국단에 가입한 뒤 일왕의 생일을 기념하는 행사가 열리던 상하이의 훙커우 공원에서 폭탄을 던졌다. 이때 다수의 일본 장성과 고위 관리들이 죽거나 다쳤다. 윤봉길은 현장에서 체포되어 사형을 당했다.

윤봉길의 의거는 임시 정부가 활기를 되찾는 계기를 만들어 줬다. 임시 정부는 1920년대 중반 이후 인재 부족과 자금난 때문에 명맥만 유지한 채 거의 활동을 하지 못했다. 그런데 윤봉길이 의거를 일으킨 뒤 반일 감정이 높았던 중국인들은 "중국의 백만 대군도 하지 못한 일을 한국의 한 청년이 해냈다"라고 칭찬했다.

임시 정부는 중국인들의 우호적인 감정을 바탕으로 중국 정부의 적극적인 지원을 얻어냈다. 특히 중국의 군관 학교에 한국인 청년들을 대상으로 한 특별반을 만들었고, 이 청년들이 나중에 한국 광복군의 핵심을 이루었다.

04 임시 정부의 수립과 활동에 대해 긍정적 평가와 부정적 평가를 뒷받침하는 근거를 세 가지씩 제시해 보세요.

긍정적 평가의 근거	부정적 평가의 근거

05 임시 정부의 활동을 긍정적으로 평가하는 입장에서, 국내 거주 국민의 실질적인 동의와 지지를 받지 못했기 때문에 그 정통성이 약하다고 보는 의견을 비판해 보세요.

● 1919년 3월 1일 벌어진 덕수궁 앞 만세 시위. (사진 : 독립 기념관)

임시 정부의 정통성

임시 정부의 정통성을 부정하는 사람들은 크게 두 갈래다. 독립운동가들의 폭넓은 동의와 지지를 받지 못했다는 의견과 국내 거주 국민의 실질적 동의와 지지를 받지 못했다는 의견이다.

임시 정부의 정통성을 인정하는 사람들은 독립운동가들의 동의와 지지를 받았다는 점에 근거를 둔다. 이는 독립운동가들을 대표하는 국회 역할을 했던 임시 의정원에서 헌법을 제정하고 대통령과 국무총리 등을 선출했다는 점과 관련이 있다.

임시 의정원의 구성원은 국내의 8도 대표와 러시아와 중국, 미국 등 해외 지역 대표가 선출한 의원들이었다. 8도 대표와 해외 지역 대표는 외국으로 망명하거나 이주한 독립운동가들이었다. 이들은 해외에서 활동하는 대다수 독립운동가를 대표했다.

대한민국 임시 정부는 1919년 중국 상하이에 세워진 뒤 1945년 해방을 맞을 때까지 일제에 맞서 독립운동을 전개했다. 임시 정부의 역사를 놓고 긍정적 평가와 부정적 평가가 엇갈린다. 긍정적으로 평가하는 사람들은 임시 정부가 독립운동을 대표하는 기관이었다고 본다. 또 임시 정부는 해외 독립운동가들의 동의와 지지를 받았으므로 정통성이 있었고, 이러한 정통성이 해방 이후 대한민국의 정부 수립으로 이어졌다고 강조한다. 부정적으로 평가하는 사람들은 임시 정부가 독립운동가들의 폭넓은 동의와 지지를 받지 못해 대표성과 정통성이 약했다고 본다. 또 국제 사회의 승인을 받지 못했으며, 외교 활동 위주의 독립운동이 뚜렷한 성과를 거두지 못한 점에 주목한다.

대한민국 임시 정부의 수립 배경과 활동상을 설명하고, 임시 정부의 역할에 대해 긍정적으로 보는지 또는 부정적으로 보는지 자신의 의견을 논술하세요(500~600자).

수행 평가와 디베이트를 위한
쟁점 한국사

18. 신탁 통치 반대는 올바른 결정이었나

● 1945년 12월 모스크바 3상 회의에서 한국의 신탁 통치를 결정한 사실이 알려지자, 반탁 운동과 찬탁 운동이 벌어졌다.

신탁 통치는 강대국이 유엔의 위임을 받아 자치 능력이 없는 지역을 일정 기간 통치하는 제도를 말한다. 1945년 해방 이후 미국과 소련은 우리 민족이 완전한 독립 국가를 건설할 때까지 한반도를 신탁 통치 하려고 했다. 우리 민족은 신탁 통치 문제를 놓고 찬반으로 갈려 격렬하게 대립했다. '모스크바 3국 외상 회의'에서 신탁 통치가 결정된 배경과 이에 대한 정치 세력의 대응 태도를 살펴보고, 신탁 통치의 수용과 반대를 둘러싼 상반된 의견을 탐구한다.

교과서 이곳을 보세요

고등학교 한국사 4단원 대한민국의 발전 • 1. 8·15 광복과 통일 정부 수립을 위한 노력
중학교 역사2 6단원 근·현대 사회의 전개 • 1. 국민 국가의 수립

해방 이후 미국과 소련이 한반도 분할 통치

● 서울 시민들이 만세를 부르며 해방의 기쁨을 표현하고 있다.

1945년 8월 15일 일본이 연합국에 항복하면서 우리 민족은 일제의 식민 지배에서 벗어나게 되었다. 하지만 미군과 소련군이 38선을 경계로 남북한을 각각 분할 점령해 분단 위기를 맞았다.

남한의 여러 정치 세력은 새 나라를 건설하기 위해 발 빠르게 움직였다. 특히 여운형(1886~1947)은 조선 건국 준비 위원회(이하 건준)를 만들어 해방 직후의 사회를 안정시키는 데 기여했다. 건준은 사회주의나 공산주의를 지향하던 좌익 정치 세력이 주축을 이루었다. 지주와 기업가 등 자본주의를 지지하던 우익은 한국 민주당을 만들었다. 이들은 중국에 있던 대한민국 임시 정부를 맞아들이자고 주장하면서 건준에 가담하지 않았다.

미군은 군정청을 설치해 남한을 직접 통치했다. 미군정은 건준과 임시 정부를 인정하지 않는 대신 자국에 우호적이던 한국 민주당 등 우익을 지원했다.

이 무렵 해외에서 독립운동을 하던 김구(1876~1949)와 이승만(재임 1948~60)이 돌아왔다. 공산주의자들은 박헌영(1900~55)을 중심으로 조선공산당을 만들었다. 조선공산당은 이듬해 초까지 미군정에 협조하며 세력 확대에 힘썼다.

1945년 12월 미국과 소련, 영국 등 3국의 외상이 모스크바에서 회의를 열어 우리나라의 독립 문제를 논의했다. 세 나라는 우리나라의 독립 방안으로, 남북을 아우르는 임시 민주 정부 수립을 우선 과제로 하고, 이를 지원할 미소 공동 위원회를 설치하기로 했다. 그리고 정부 수립까지 미국과 영국, 중국, 소련이 최고 5년 동안 신탁 통치를 실시하기로 결정했다.

> **낱말 즐겨 찾기**
> 38선 미군과 소련군이 북위 38도선을 경계로 한반도를 남과 북으로 나누어 점령한 군사 분계선.
> 군정청 점령지에서 군사령관이 군정을 실시하는 관청.

신탁 통치 놓고 좌익과 우익 찬반 대립

'모스크바 3국 외상 회의'의 결과가 처음 알려졌을 때는 신탁 통치 실시만 부각되었다. 그래서 김구를 중심으로 한 우익이 신탁 통치 반대 운동을 펼쳐 세력을 얻었다. 국민 대다수는 신탁 통치를 받으면 식민지 시대로 되돌아간다고 여겼기 때문이다.

좌익도 처음에는 신탁 통치에 반대했다. 그러다 태도를 바꿔 임시 정부 수립이 중요하다고 주장하며, 3국 외상 회의의 결정을 지지하는 운동을 전개했다. 결국 신탁 통치 문제로 국내 정치 세력은 좌우익으로 양분되어 극단적인 대결을 벌였다.

이러한 상황에서 1946년 3월 서울에서 제1차 미소 공동 위원회가 열렸지만, 양국은 임시 정부 수립을 협의할 단체의 자격을 놓고 대립했다. 소련은 3국 외상 회의의 결정에 반대하는 단체와는 협상할 수 없다고 주장했고, 미국은 모든 단체를 참여시켜야 한다고 맞섰다.

● 미·소·영 3개 승전국의 외무 장관들의 모스크바 회의는 1945년 12월 16일부터 26일까지 진행되었다.

양국의 대립으로 통일 정부 수립은 갈수록 어려워졌다. 미국 편에 선 우익과 소련 편에 선 좌익이 폭력을 동원하면서 극단적인 대결을 벌여 문제를 더 악화시킨 것이다. 최고 권력자가 되기 위해 단독 정부 수립을 주장한 이승만 등 정치 지도자들의 권력욕도 분단 가속화에 일조했다.

1947년 제2차 미소 공동 위원회마저 결렬되자, 미국은 한반도 문제를 유엔에 넘겼다. 유엔은 인구 비례에 의한 남북한 총선거를 실시해 통일 정부를 수립하도록 결정했다. 그리고 총선거를 감시할 한국 임시 위원단을 파견했으나 소련은 위원단의 입국을 막았다. 이에 따라 1948년 5월 남한에서만 총선거가 실시되었고, 같은 해 8월 15일 대한민국 정부가 수립되었다.

"분단과 전쟁 막을 기회" vs "독립 열망에 어긋난 행위"

● 신탁 통치 거부 운동은, 38선을 경계로 남북한 분단을 굳히고, 6·25 전쟁이 일어나는 결과를 낳았다.

신탁 통치 수용을 놓고, 전쟁을 막을 기회였다는 찬성론과 독립 열망에 어긋났다는 반대론이 맞서 있다.

찬성론자들은 신탁 통치를 수용했을 경우 남북한 분단은 물론 6·25 전쟁도 막을 수 있었다고 주장한다. 이들은 6·25 전쟁이 반탁 운동으로 인한 남북 분단 때문에 일어났다고 판단한다. 남북 분단 원인이 좌우익의 극한 대결에 있었으므로, 신탁 통치를 받아들였으면 중도파의 입지가 강화되었을 것이란 생각에서다. 이렇게 되면 좌우익의 대결을 접고 통일 정부 수립을 위해 협력할 수 있었고, 6·25 전쟁을 막을 수 있었다고 보는 것이다. 반탁 운동이 사실에 어긋난 언론 보도에서 비롯했다는 점도 근거로 제시한다. 3국 외상 회의에서 신탁 통치를 제안한 주체는 미국이었다. 그런데 우익 언론은 소련이 신탁 통치를 제안했다고 보도해 반탁 운동을 소련과 공산당에 반대하는 운동으로 연결시켰다.

반대론자들은 신탁 통치가 우리 민족의 독립 열망에 어긋났다는 점을 강조한다. 당시 우리 민족은 독립을 시급히 원했다. 그리고 대다수 국민이 신탁 통치를 식민지 시대로 되돌아가는 것으로 판단해 반탁 운동이 호응을 얻을 수 있었다. 신탁 통치 문제가 불거지기 전까지는 좌익이 우익보다 세력이 더 강했다. 반탁 운동 탓에 좌익의 힘이 약해지고 우익이 정국 주도권을 잡은 점도 반대론의 근거로 제시된다. 또 단독 정부의 수립과 남북 분단은 피할 수 없었다고 본다. 미국과 소련이 대립하는 상황에서 반탁 운동 덕분에 남한에서나마 자유 민주주의를 지향하는 대한민국 정부를 수립할 수 있었다는 것이다.

생각 로그인

01 '모스크바 3국 외상 회의'에서는 어떤 결정이 내려졌나요?

02 우리나라가 통일 정부를 수립하지 못하고 남북으로 분단된 원인을 제시해 보세요.

● 이승만은 1946년 6월 남한만이라도 단독 정부를 세워야 한다고 주장했다.

03 해방 이후 좌우익은 극심하게 대립했는데, 신탁 통치와 친일파 청산, 토지 개혁을 놓고 각각 어떤 입장이었는지 정리해 보세요.

	좌익	우익
신탁 통치		
친일파 청산		
토지 개혁		

우익과 좌익의 대립

우익과 좌익은 해방 이후 중요한 정치적 쟁점을 놓고 사사건건 대립했다. 우익은 신탁 통치를 격렬하게 반대했다. 이에 대해 좌익은 모스크바 3국 외상 회의의 핵심 내용을 임시 민주 정부의 수립으로 보면서, 지지 운동을 펼쳤다.

두 진영은 친일파 청산과 토지 개혁 문제를 놓고도 대립했다. 친일파 청산 문제를 놓고 우익은 먼저 민족이 통합해 정부를 세운 뒤 천천히 숙청하자고 주장했다. 좌익은 먼저 숙청한 뒤 민족이 통합해 정부를 세우자고 맞섰다.

토지 개혁 문제에 대해 우익은 정부가 대지주에게 토지를 사들여 토지가 없는 농민들에게 돈을 받고 팔자고 했다. 좌익은 대지주의 토지를 무상 몰수해 토지 없는 농민들에게 무상으로 나눠 주자고 주장했다.

04 신탁 통치 수용을 놓고 찬성론과 반대론을 뒷받침하는 근거를 세 가지씩 들어 보세요.

찬성론의 근거	반대론의 근거

05 동아일보가 1945년 12월 27일자에 "소련은 신탁 통치 주장, 미국은 즉시 독립 주장"이라는 제목으로 모스크바 3국 외상 회의의 결정 사항을 보도했는데, 보도 내용의 문제점과 그 영향을 말해 보세요.

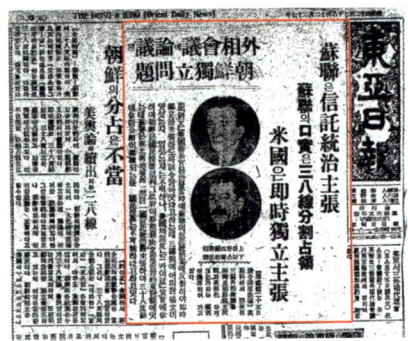

● 동아일보는 소련이 신탁 통치를 주장했다고 왜곡 보도했다.

우익 언론의 왜곡 보도

동아일보는 해방 이후 우익의 대표인 한국 민주당의 정치 노선을 대변했다. 그리고 1945년 12월 27일자에 "소련은 신탁 통치 주장, 미국은 즉시 독립 주장"이라는 제목으로, 모스크바 3국 외상 회의의 결정 내용을 보도했다.

하지만 이는 사실에 어긋난 왜곡 보도였다. 3국 외상 회의에서 신탁 통치를 주장한 주체는 소련이 아니라 미국이었다. 소련은 우리나라의 즉각 독립을 주장했고, 미국은 20~30년 동안 한반도를 대상으로 신탁 통치를 하자고 제안했다. 이에 소련이 신탁 통치를 받아들이는 대신 기간을 5년 이내로 줄이자고 주장했다.

동아일보의 보도가 나간 뒤, 우익은 반탁 운동을 전개하며, 좌익을 소련에 나라를 팔아먹으려는 매국노로 몰고 갔다. 얼마 지나지 않아 사실이 알려졌지만, 동아일보는 정정 보도를 하지 않고, 반탁 운동을 부추기는 보도를 이어 갔다.

한국사 논술

신탁 통치 문제는 해방 이후 우리 민족의 운명을 바꿔 놓았다. 우익이 전개한 신탁 통치 반대 운동은 남한에서 단독 정부를 수립하는 결과로 이어졌다. 신탁 통치 수용을 놓고 찬성론과 반대론이 맞서 있다. 긍정론은 신탁 통치를 수용했다면 남북한 분단과 6·25 전쟁을 막을 수 있었다고 주장한다. 또 반탁 운동이 언론의 왜곡 보도에서 비롯했다고 본다. 반대론은 신탁 통치가 우리 민족의 독립 열망에 어긋났다고 맞선다. 그리고 미국과 소련이 대립하는 상황에서 남북 분단은 피할 수 없었으며, 그나마 반탁 운동 덕분에 우익이 정국 주도권을 차지해 남한에 단독 정부를 수립할 수 있었다고 본다.

1945년 12월 열린 모스크바 3국 외상 회의에서 신탁 통치 방안이 결정된 배경과 이에 대한 정치 세력의 대응을 설명하고, 신탁 통치 수용을 어떻게 평가할지 자신의 의견을 논술하세요(500~600자).

수행 평가와 디베이트를 위한
쟁점 한국사

19. 1948년 8월 15일은 건국일인가 정부 수립일인가

● 국가 기록원이 공개한 1948년 8월 15일 중앙청 광장 앞 대한민국 정부 수립식.

대한민국은 3·1 운동 이후 세워진 임시 정부의 법통을 계승했다. 그래서 1948년 8월 15일을 대한민국 정부 수립일로 보는 것이 역사학계의 통설이다. 임시 정부는 일제 강점기에 독립운동의 중심 역할을 했고, 그 법적·정치적 연속성이 1948년 정부 수립으로 이어졌다는 해석이다. 하지만 일부 보수 학자들은 1948년 헌법 제정과 국제 사회 승인을 근거로 대한민국이 건국되었다고 주장한다. 1948년 대한민국이 수립된 과정을 살펴보고, 이를 정부 수립으로 볼지 건국으로 볼지 탐구한다.

교과서 이곳을 보세요

고등학교 한국사 4단원 대한민국의 발전 • 1. 8·15 광복과 통일 정부 수립을 위한 노력
중학교 역사2 6단원 근·현대 사회의 전개 • 1. 국민 국가의 수립

1919년 대한민국 임시 정부가 수립되다

● 중국 상하이의 대한민국 임시 정부는 4월 11일 열린 의정원 1차 회의에서 헌법에 해당하는 전문 10조의 임시 헌장을 채택했다.

1919년 일어난 3·1 운동은 독립으로 이어지지는 못했다. 하지만 우리 민족은 이 운동을 통해 독립의 희망과 의지를 갖게 되었다. 이에 따라 독립운동을 조직적으로 추진하기 위해 정부를 수립하려는 움직임이 일어났다.

정부 수립 운동이 시작된 것은 3·1 운동이 진행되는 과정에서였다. 서울에 13도의 대표가 모여 독립운동을 체계적으로 전개할 정부 수립을 선포했다. 이를 '한성 정부'라고 한다. 뒤이어 중국 상하이에서는 4월 11일 대한민국 임시 정부가 만들어졌고, 연해주에서도 대한 국민 의회라는 의회 중심의 임시 정부가 조직되었다.

민족의 지도자들은 통합된 정부를 세우기로 합의했다. 그리고 통합된 정부를 일본의 영향을 덜 받으며 외교 활동에도 유리한 중국의 상하이에 설치하기로 결정했다. 중국과 러시아 정부의 통제가 약해 무장 독립 투쟁에 유리한 중국의 만주나 연해주에 설치해야 한다는 의견도 있었다.

1919년 9월 11일 대한민국 임시 정부는 임시 헌장을 보강한 헌법을 제정하고, 공화정과 삼권 분립을 기본으로 한 국가 체제를 갖추었다. 대통령제를 채택해 이승만(재임 1948~60)을 초대 대통령으로 선출했다. 임시 정부 형태를 띠었지만 조선 말 이후 추구한 근대 국가 수립의 열망을 실현했다는 점에서 역사적 의의가 크다.

임시 정부는 온갖 어려움을 겪으면서도 독립운동을 조직적으로 펼치려고 애썼다. 하지만 외교 활동이 열강의 호응을 얻지 못해 성과를 거두지 못하자, 독립운동의 방법을 둘러싼 갈등이 불거졌다. 1923년에 이를 수습하기 위해 국민 대표 회의가 열렸는데, 의견의 일치를 보지 못했다. 이에 따라 많은 독립운동가가 떠나서 임시 정부의 힘과 역할이 초기보다 크게 약해졌다.

> **낱말 즐겨 찾기**
> **연해주** 시베리아 동남쪽 지역의 러시아 영토. 동해 가까이에 있다.
> **공화정** 국민이 선출한 대표자의 의사에 따라 주권이 행사되는 정치 체제.
> **삼권 분립** 국가 권력을 입법부와 행정부, 사법부로 나눠 균형을 이루도록 하는 제도.

1948년 남한에 대한민국이 수립되다

1945년 8월 15일, 일제가 항복한 뒤 우리 민족은 식민 통치에서 벗어났다. 하지만 곧바로 독립을 이루지는 못했다. 미국과 소련이 일본군의 무장을 해제한다는 명목으로 한반도에 군대를 주둔시켰기 때문이다. 그런데 미국과 소련의 대립이 심해지자, 우리 민족은 남북 분단의 시련을 겪게 되었다. 미국과 소련이 각자 자신에게 유리한 정부를 세우려 했기 때문이다.

● 1948년 5월 10일 남한에서 총선거가 실시되고 있다.

미국과 소련은 1945년 12월 모스크바에서 한반도에 새로운 정부를 세우기 위한 방안을 논의했다. 이 회의에서는 정부 수립의 일정을 협의하기 위해 미소 공동 위원회를 열기로 결정했다. 1946년과 1947년 미소 공동 위원회가 열렸지만, 이 위원회에 참여할 단체의 자격 문제를 놓고 대립하다가 회담이 중단되었다.

미국은 한국 문제를 유엔에 상정했다. 유엔은 한국 임시 위원단을 설치하고, 이 위원단의 감시 아래 남북한 총선거를 실시해 정부를 수립하도록 결정했다. 그러나 소련이 한국 임시 위원단의 입국을 거부했으므로, 북한에서는 총선거를 실시할 수 없었다. 이에 따라 1948년 5월 10일 남한에서만 총선거가 실시되었고, 이 결과에 따라 대한민국 제헌 국회가 구성되었다.

제헌 국회는 헌법을 제정해 7월 17일 공포했으며, 초대 대통령으로 이승만(재임 1948~60)을 선출했다. 이승만 대통령은 1948년 8월 15일 대한민국의 수립을 선포했다. 대한민국 헌법은 대한민국 임시 정부의 법통을 계승한다고 선언했다. 대한민국은 우리 국토에 우리 민족의 손으로 세운 최초의 민주 공화국이라는 점에서 역사적 의의가 있다.

낱말 즐겨 찾기

미소 공동 위원회 한반도에서 정부 수립의 일정을 협의하기 위해 설치한 미군과 소련군 대표자 회의.
한국 임시 위원단 남북한 총선거 실시를 감시하기 위해 설치한 유엔의 임시 기구.
제헌 국회 1948년 대한민국에서 처음 구성되어 헌법을 제정한 국회.

"대한민국 정부 수립" vs "대한민국 건국"

● 대한민국의 건국일을 1948년 8월 15일로 보는 견해와 1919년 4월 11일로 보는 견해가 맞서 있다.
(사진 : 시사오늘)

과거 교육 과정에는 1948년 8월 15일에 대한민국 정부가 수립되었다고 명시했다. 그러다 '2015년 개정 교육 과정'에서는 대한민국 수립으로 바꿨다가, 2018년 개정 때는 대한민국 정부 수립으로 다시 수정되었다. 이는 대한민국 정부 수립으로 보는 의견과 대한민국 건국으로 보는 의견 대립이 심하기 때문이다.

정부 수립으로 보는 사람들은, 대한민국 건국이 1919년에 이뤄졌다는 사실에 근거를 둔다. 대한민국은 임시 정부 수립에 의해 건국되었으므로, 1948년에 다시 건국되었다고 보는 견해는 이치에 맞지 않는다는 주장이다. 이는 헌법에서 밝혔듯 대한민국 정부가 임시 정부의 법통을 계승했다는 조항에서 비롯했다. 그리고 1948년 건국설은, 독립운동의 역사적 의미를 축소하고 친일파에 면죄부를 준다고 비판한다. 독립운동의 역사를 높이 기리려면 대한민국의 뿌리를 임시 정부에 두어야 하는데, 1948년 건국설은 독립운동이 대한민국 수립에 기여하지 못했다고 보는 것이다. 오히려 해방 이후에 우익 세력으로 변신한 친일파들을 대한민국 수립에 기여한 공로자로 간주하게 되는 셈이다.

건국론을 지지하는 사람들은, 1948년에 수립된 대한민국이 자유 민주주의와 시장 경제를 바탕으로 한 근대 국가의 출발점이라고 강조한다. 이들은 1919년 수립된 임시 정부가 독립운동을 주도했으나, 실제로는 우리 국토에 근대 국가를 세우지 못했으므로 건국이라고 볼 수 없다고 주장한다. 1948년의 대한민국은 유엔이 한반도에서 유일한 합법 정부로 승인한 점에서 건국의 순간으로 본다. 또 남북한 체제 경쟁에서, 북한이 1948년에 조선 민주주의 인민 공화국을 수립한 만큼, 대한민국도 건국으로 표현해야 체제의 정통성과 우월성을 확보할 수 있다고 주장한다.

낱말 즐겨 찾기

교육 과정 교육부가 제시하는 학교 교육의 기본 원칙.
우익 세력 기존의 사회 질서를 유지하고 지배층을 편드는 정치 세력.
정통성 어떤 사회에서 그 정치 체제를 정당한 것이라고 여기는 관념.

생각 로그인

01 3·1 운동 이후 임시 정부를 중국의 만주나 연해주에 세우자는 주장과 상하이에 세우자는 주장의 근거는 각각 무엇인가요?

만주 · 연해주	
상하이	

02 1919년의 대한민국 임시 정부 수립과 1948년 대한민국 수립의 역사적 의의를 각각 설명해 보세요.

03 남한만의 총선거 실시에 대해 찬반 입장 가운데 하나를 선택해 자신의 의견을 말해 보세요.

● 이승만(왼쪽)은 남한만이라도 단독 정부를 세워야 한다고 주장하고, 김구는 남북한이 통일 정부를 수립해야 한다고 맞섰다.

남한 단독 총선거 찬반론

1947년 미소 공동 위원회가 실패하자, 미국과 소련은 각각 남한과 북한에서 별도의 정부를 세우는 데 관심을 가졌다. 소련은 북한에서 공산주의자들을 중심으로 사실상의 정부를 세워 통치 체제를 확립했다. 이에 따라 미국도 남한에 단독 정부를 세우는 방안을 적극 고려했다.

이승만은 이미 1946년 6월에 남한에 단독 정부를 세워야 한다고 주장했다. 이는 미국과 소련의 대립이 심각해지는 현실을 냉철하게 판단한 결과였다. 이러한 현실에서는 남북한의 분단을 피할 수 없으므로, 하루빨리 남한만이라도 우익 세력이 주도해 단독 정부를 세울 필요가 있다고 본 것이다.

이때 김구(1876~1949)와 김규식(1881~1950) 등은 남한만의 총선거로 단독 정부가 수립될 경우 남북한 분단이 굳어질 것을 우려했다. 따라서 남북한이 협상을 통해 통일 정부를 수립하자고 주장했다.

이에 따라 김구 등은 평양에서 열린 협상에 참석해 통일 정부를 수립하는 문제를 논의했으나 성과를 거두지 못했다. 이들의 노력은 미소 간의 냉전 체제를 넘어서기 어려웠다. 하지만 민족 분단과 동족상잔의 비극을 피할 수 있는 유일한 길이었다는 점에서 이들의 노력을 긍정적으로 평가할 필요가 있다.

생각 로그인

04 1948년에 대한민국 정부가 수립되었다는 의견과 대한민국이 건국되었다는 의견을 뒷받침하는 근거를 세 가지씩 제시해 보세요.

대한민국 정부 수립	대한민국 건국

05 '1919년 건국설'이 대한민국의 정통성을 부정한다는 주장을 비판해 보세요.

● 1948년 8월 15일 대한민국 정부 수립을 기념해 발행한 우표.

1919년 건국설과 대한민국의 정통성

1948년은 남북한 분단이 확정되고 체제 경쟁이 시작된 해였다. 8월 15일 남한에서는 대한민국 정부가 수립되었고, 같은 해 9월 9일 북한에서는 조선 민주주의 인민 공화국이 수립되었다. 대한민국이 정통성을 가진다는 의미는 북한과의 체제 경쟁에서 남한이 우월한 위치에 있음을 뜻한다.

1919년 건국설은 대한민국의 임시 정부 수립을 대한민국이 건국된 때라고 보는 견해를 말한다. 보수 학자들은 1919년 건국설이 대한민국의 정통성을 부정한다고 주장한다. 북한은 1948년에 조선 민주주의 인민 공화국을 수립한다고 선언했다. 이에 비해 대한민국 정부 수립이라고 하면 스스로를 낮추게 되고, 이는 대한민국의 정통성을 부정하는 결과를 초래한다는 것이다.

하지만 이러한 주장은 1919년 건국설이 대한민국의 정통성을 오히려 강화한다는 반론에 부딪히게 된다. 대한민국은 1919년에 수립된 임시 정부의 법통을 계승하고 있다. 이는 대한민국이 독립운동의 역사 위에 세워졌다는 평가로 이어질 수 있으며, 대한민국이 외세에 의존해 주체성이 없다는 북한의 주장을 반박할 수 있는 근거가 된다.

이와 달리 1948년 건국설은 대한민국의 건국을 임시 정부나 독립운동의 역사와 단절시키는 단점이 있다. 또 대한민국의 건국과 북한의 건국을 동등한 위치에 놓는다. 따라서 본래의 의도가 어디에 있든 결과적으로 대한민국의 정통성을 약화시킬 수 있다.

1948년 8월 15일에 남한에 대한민국이 수립되었는데, 헌법은 대한민국 임시 정부의 법통을 계승한다고 선언했다. 이를 정부 수립으로 보는 사람들은, 대한민국 건국이 1919년에 이뤄졌으며, 대한민국 정부는 임시 정부의 법통을 계승했다는 점을 근거로 든다. 또 1948년 건국설이 독립운동의 역사적 의미를 축소하고 친일파에 면죄부를 준다고 비판한다. 건국으로 보는 사람들은, 자유 민주주의와 시장 경제에 바탕을 둔 근대 국가가 우리 국토에서 처음 출발했다는 점을 근거로 든다. 또 1919년의 임시 정부 수립은 우리 국토에 국가를 세우지 못했으므로 건국으로 볼 수 없으며, 1919년 건국설은 대한민국의 정통성을 부정한다고 맞선다.

1948년 대한민국이 수립된 과정을 설명하고, 이를 정부 수립으로 볼지 건국으로 볼지 자신의 의견을 논술하세요 (500~600자).

수행 평가와 디베이트를 위한
쟁점 한국사

20. 이승만을 '건국의 아버지'로 봐야 하나

● 이승만을 '건국의 아버지'로 봐야 하는지 논란이 일고 있다.

이승만(재임 1948~60)은 일제 강점기에 독립운동을 이끈 지도자였고, 대한민국의 초대 대통령을 지냈다. 그는 미국에서 외교 활동을 통해 조선의 독립을 주장했으며, 해방 이후 남한 단독 정부 수립을 주도했다. 그러나 통치를 강압적으로 해서 독재자라는 비난을 받았고, 4·19 혁명으로 대통령 자리에서 물러났다. 이승만의 정치 활동에 대한 평가는 엇갈린다. 독립운동 지도자로서의 공로는 인정받지만, 집권 후 권위주의적 통치와 부정 선거로 비판이 이어졌다. 일제 강점기와 해방 이후 이승만의 정치 활동을 살펴보고, 이승만에 대한 상반된 평가를 탐구한다.

교과서 이곳을 보세요

고등학교 한국사 4단원 대한민국의 발전 • 2. 대한민국 정부의 수립
중학교 역사2 6단원 근·현대 사회의 전개 • 2. 민주주의의 발전

독립 위한 외교 활동 펼치다

● 미국으로 건너간 청년 이승만(앞줄 오른쪽에서 두 번째)은 1905년부터 5년간 200차례가 넘는 강연을 통해 을사조약의 부당성을 알렸다. (사진 : 연세대 이승만연구원)

이승만은 1895년 배재 학당(1885년 설립된 중등 과정의 사립 학교)에 입학해 영어와 서양 학문을 공부했고, 1898년에는 독립 협회에 참여했다. 이듬해에는 고종(재위 1863~1907) 폐위 음모 사건에 얽혀 5년 7개월간 감옥살이를 했다.

1904년 석방된 뒤 미국에서 유학 생활을 시작했다. 1910년 프린스턴 대학에서 훗날 미국의 대통령이 될 윌슨(재임 1913~21) 교수의 지도를 받아 정치학 박사 학위를 받았다. 1913년부터 하와이에서 교육과 선교 활동을 하며, 미국의 교민 사회에서 최고 지도자의 위치에 올랐다.

1919년에는 중국 상하이에 수립된 대한민국 임시 정부의 대통령으로 선출되었다. 그때 많은 독립운동가는 민족 자결주의를 제창한 윌슨 대통령의 도움을 받아 독립을 이루려고 했다. 그래서 윌슨과 친분이 있던 이승만을 대통령으로 뽑았다. 이승만은 미국 정부를 대상으로 외교 활동을 펼쳤다. 그러나 미국이 일본의 이익을 침해하지 않으려 했으므로 효과를 거두지는 못했다. 이승만은 윌슨에게 우리나라를 국제 연맹의 위임 통치에 맡겨 달라고 했다는 이유로, 1925년 탄핵을 당해 대통령직에서 파면되었다.

그 뒤 이승만은 하와이에서 교육 활동에 힘썼다. 실력 양성과 외교 활동이 가장 효과적인 독립운동 방법이라고 생각했기 때문이다. 그는 우리나라의 독립이 미국의 뜻에 달려 있다고 여겼다. 그래서 미국이 우리나라 편을 들 때까지 기다리며 교육을 통해 실력 양성에 힘을 쏟았다. 그러다 1941년 태평양 전쟁이 일어나자 다시 미국 정부를 대상으로 외교 활동을 펼쳤다. 대한민국 임시 정부를 승인하고 광복군에게 군사 원조를 해 달라고 청원한 것이 주된 활동이었다.

낱말 즐겨 찾기

독립 협회 1896년 7월 자주 독립과 내정 개혁을 위해 설립한 우리나라 최초의 근대적인 사회 정치 단체.
민족 자결주의 제1차 세계 대전에서 패한 독일과 오스트리아 등의 지배를 받던 민족들이 자신의 독립 문제를 스스로 결정하게 하자는 원칙.
국제 연맹 제1차 세계 대전이 끝난 뒤에 평화를 지키고 협력을 증진하기 위해 설립한 국제기구.
위임 통치 국제 연맹의 위임을 받아 승전국들이 패전국의 식민지를 다스리던 통치 형태.
태평양 전쟁 1941부터 45년까지 일본과 미국 사이에 벌어진 전쟁.

대한민국 정부 수립을 주도하다

우리나라는 일본의 패전으로 1945년 8월 15일 나라를 되찾았지만, 남북한으로 갈려 미국과 소련의 지배를 받게 되었다. 특히 친일파 청산과 농지 개혁을 놓고 좌우익의 대립이 극심했다. 이승만은 1945년 10월 귀국해 우익 세력의 지도자 역할을 했다.

● 1948년 8월 15일 대한민국 정부 수립식에 초대 대통령으로 참석한 이승만.

우익은 한반도의 통일 정부 수립을 놓고 다시 둘로 나뉘었다. 이승만의 지지자들은 남한만이라도 단독 정부를 세워야 한다고 주장했고, 김구(1876~1949)의 지지자들은 남북한의 지도자들이 협상을 통해 통일 정부를 세워야 한다고 맞섰다. 미국과 소련의 대립이 풀리지 않자, 1948년 5월 남한에서만 총선거가 실시되었다. 제헌 국회는 이승만을 초대 대통령으로 선출했다. 1948년 8월 15일에는 대한민국 정부 수립을 선포했다. 같은 해 9월에는 북한에서 조선 민주주의 인민 공화국이 들어섰다.

1950년 북한의 남침으로 6·25 전쟁이 터졌다. 그 뒤 미군과 중국군이 참전하면서 3년간 전쟁이 계속되다 휴전 협정을 맺었다. 전쟁이 끝난 뒤 남북한은 서로 이질적인 사회로 변해 분단이 더욱 굳어졌다.

이승만은 6·25 전쟁과 남북한의 대결을 이용해 독재 체제를 강화했다. 1952년과 1954년 두 차례의 헌법 개정을 통해 종신 대통령을 하려는 욕심을 드러냈고, 반대 세력을 억압했다. 하지만 경제난과 부정부패로 민심을 얻지 못한 탓에 1960년 3월 치른 대통령 선거에서 부정 선거를 저질렀다. 그리고 이를 규탄하는 대규모 시위가 일어났고, 이승만은 대통령직에서 물러나 미국으로 망명했다. 이 사건이 바로 민주주의의 새 역사를 연 4·19 혁명이다.

낱말 즐겨 찾기

친일파 청산 일제의 식민 지배에 협력한 반민족 행위자들을 처벌하는 일.
농지 개혁 대지주가 소유한 농지를 거둬들여 농민에게 나눠 주는 일.
좌우익 좌익은 빈민과 서민을, 우익은 부유층을 각각 대변하는 정치 세력.
제헌 국회 1948년 대한민국에서 처음 구성되어 헌법을 제정한 국회.

"독립운동 최고 지도자" vs "독재와 분단의 책임자"

● 4·19 혁명 때 경찰이 시위에 나선 고등학생들을 폭력으로 진압하고 있다.

초대 대통령 이승만은 '건국의 아버지'로 불리기도 한다. 하지만 그의 정치 활동을 놓고는 긍정적 평가와 부정적 평가가 엇갈린다.

긍정적으로 보는 사람들은 독립운동의 최고 지도자로 인정을 받았다는 점에 주목한다. 이승만은 1919년 대한민국 임시 정부의 초대 대통령으로 선출되었는데, 독립운동가들 사이에서 뛰어난 지도자라는 평판을 얻었기 때문이다. 1925년 대통령직에서 물러나기는 했지만, 그 뒤로도 외교 활동을 통해 독립운동에 기여했다. 대한민국 정부 수립을 주도한 점도 긍정적 평가를 뒷받침한다. 미국과 소련의 대립이 심해지는 국제 정세를 정확하게 읽어서 단독 정부 수립을 주장했는데, 결국 이것이 대한민국 정부의 수립으로 이어졌다. 북한의 남침을 물리치고 자유 민주주의를 수호한 공로도 무시해서는 안 된다.

부정적으로 보는 사람들은 민주주의를 파괴한 독재자였음을 강조한다. 이승만은 장기 집권을 위해 국회에서 의결 정족수에 못 미치는데도 사사오입이라는 억지를 부려 개헌안을 통과시켰다. 또 야당과 언론을 탄압하고 부정 선거를 저질렀다. 미국 정부를 대상으로 한 독립 외교 활동이 성과를 거두지 못한 점도 부정적인 평가를 뒷받침한다. 이승만은 1920년대에도 독립운동의 지지를 이끌어 내지 못했고, 1940년대에도 임시 정부 승인을 얻지 못했다. 민족 분단에 책임이 있다는 점도 부정적인 평가 요인이다. 정치 지도자들이 이념의 차이를 뛰어넘어 서로 협력해야 민족 분단을 막을 수 있었다. 그런데 이승만은 좌익에 대한 증오심이 커서 이념 대립을 격화시켰다.

낱말 즐겨 찾기
- **의결 정족수** 의사를 결정하는 데 필요한 국회의원의 숫자.
- **사사오입** 넷 이하는 버리고 다섯 이상은 열로 하여 윗 자리에 계산하는 법(반올림).

생각 로그인

01 독립운동가들이 이승만을 대한민국 임시 정부의 대통령으로 선출한 까닭은 무엇인가요?

● 1920년 12월 28일 상하이 교민단이 베푼 이승만 대통령 환영회 모습.

02 이승만이 가장 효과적이라고 생각한 독립운동의 방법을 설명해 보세요.

03 이승만을 역사 법정에 세워 독재 체제를 심판하려고 하는데, 변호사 입장에서 그를 변호해 보세요.

정보 클릭

이승만의 독재 체제

이승만은 1945년 10월 귀국 기자 회견에서 "뭉치면 살고 흩어지면 죽습니다"라고 말했다. 그는 자신이 대통령 자리에 있을 때에도 틈만 나면 이 말을 되풀이했다. 자신의 강력한 지도력 아래 국민이 단결해야 한다고 주장한 것이다.

이승만은 북한의 침략을 방어하고 자유 민주주의를 수호하려면 강력한 지도력과 국민의 단결이 필요하다고 봤다. 국민의 시민 의식 수준이 높을 경우 민주적 절차를 지키면서 나라의 어려움을 해결할 수 있었을 것이다. 하지만 당시 우리 국민은 아직 민주주의를 제대로 익히지 못해 시민 의식이 약했다. 이러한 현실을 무시하고 민주적 절차에 얽매이면, 나라가 혼란에 빠지고 북한에 먹힐 위험성이 있었다.

이승만은 역사의 법정에서 독재자로 비판을 받는다. 하지만 심판이 공정하려면 그에게도 변명할 기회를 줘야 한다. 우리 국민의 시민 의식이 약한 현실에서 북한의 침략을 막아야 했던 어려움을 헤아리면 이승만이 독재 체제를 강화한 이유를 이해할 수도 있기 때문이다.

생각 로그인

04 이승만의 정치 활동에 대해 긍정적 평가와 부정적 평가를 뒷받침하는 근거를 세 가지씩 제시해 보세요.

긍정적 평가의 근거	부정적 평가의 근거

05 이승만을 부정적으로 평가하는 입장에서 야당과 언론을 탄압한 점을 비판해 보세요.

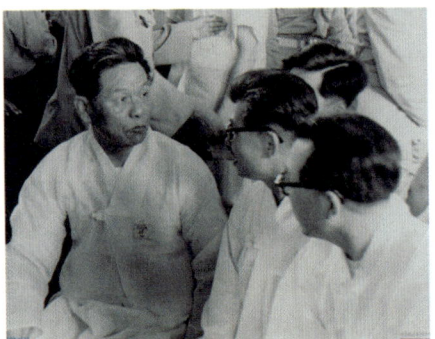

● 이승만은 대통령 선거에 출마해 자신에게 도전한 야당 지도자 조봉암(맨 왼쪽)을 간첩으로 몰아 사형시켰다.

야당과 언론 탄압

이승만은 대통령 선거에 출마해 자신에게 도전한 야당 지도자 조봉암(1899~1959)을 간첩으로 몰아 사형시켰다. 또 자신에게 비판적이던 경향신문을 내란 선동 혐의를 씌워 폐간했다. 이승만이 야당과 언론을 탄압한 대표적인 사례다.

권력에 대한 비판이 보장되어야 민주 정치가 이뤄질 수 있다. 견제를 받지 않는 권력은 독재로 타락할 수밖에 없기 때문이다. 야당과 언론은 권력에 대한 비판을 통해 독재를 방지하는 역할을 한다.

하지만 이승만은 야당과 언론의 존재 가치를 인정하지 않았다. 자신만이 우리나라를 바른 길로 이끌 정치 지도자로 여겼기 때문이다. 그래서 자신에 대한 어떠한 비판도 용납할 수 없었다. 이러한 반민주적인 태도가 조봉암 사형과 경향신문 폐간으로 나타났다.

이승만은 일제 강점기에 미국에서 외교 활동을 통해 독립운동을 펼쳤다. 해방 이후에는 대한민국 정부 수립을 주도했지만 장기 집권을 꾀하다가 4·19 혁명으로 대통령직에서 물러났다. 이승만의 정치 활동을 놓고 긍정적 평가와 부정적 평가가 엇갈린다. 긍정적 입장에서는 이승만이 독립운동의 최고 지도자로 인정을 받았다는 점을 강조한다. 대한민국 수립을 주도하고, 북한의 남침을 막은 공로도 긍정적 평가를 뒷받침한다. 부정적 입장에서는 민주주의를 파괴한 독재자였음을 강조한다. 또 미국 정부를 대상으로 펼친 독립 외교 활동이 성과를 거두지 못했고, 민족 분단에 책임이 있다고 본다.

이승만의 독립운동과 정치 활동을 설명하고, 이승만에 대한 긍정적 평가와 부정적 평가 가운데 한 가지를 골라 자신의 입장을 논술하세요(500~600자).

수행 평가와 디베이트를 위한
쟁점 한국사

21 베트남 전쟁 참전 긍정적으로 봐야 할까

● 1992년에 개봉한 영화 '하얀 전쟁'(감독 정지영)은 베트남전에 참전했다가 정신적 고통을 겪는 병사의 이야기를 다뤘다.

베트남 전쟁(1960~75)은 미국이 베트남의 공산화를 막기 위해 벌인 전쟁을 말한다. 우리나라도 1965년에 미국의 요청을 받아들여 전쟁에 참여했다. 당시 우리나라는 전후 복구 과정에 있었는데, 미국과 동맹을 강화하고 경제적 지원을 받기 위한 필요성이 컸다. 참전을 통해 우리나라는 미국의 경제적·군사적 지원을 받아서 경제 발전을 이루는 데 도움을 받을 수 있었다. 하지만 전쟁에 따른 인명 피해와 도덕적 논란은 여전히 남아 있다. 베트남 전쟁이 일어난 배경과 우리나라의 참전 과정을 살펴보고, 이에 대한 상반된 의견을 탐구한다.

교과서 이곳을 보세요

고등학교 한국사 4단원 대한민국의 발전 • 4. 4·19 혁명과 민주주의의 시련
중학교 역사2 6단원 근·현대 사회의 전개 • 2. 민주주의의 발전

공산주의 확산 막으려 미국이 베트남전 일으켜

● 미군이 베트남에서 군사 작전을 펼치고 있다.

베트남은 1874년에 프랑스의 식민지가 되었다. 그러다 1940년에 일본군이 베트남을 점령하자, 호찌민(1890~1969) 등 독립운동 세력이 베트남 독립 동맹(베트민)을 만들어 항일 투쟁을 펼쳤다. 베트민에는 민족주의자와 공산주의자가 뒤섞여 있었다.

1945년 8월 일본이 항복하자, 같은 해 9월 베트민은 베트남 민주 공화국 건국을 선언했다. 하지만 프랑스는 이를 받아들이지 않았다. 그래서 독립 전쟁이 이어진 끝에 1954년 디엔비엔푸 전투에서 프랑스군의 항복을 받아 냈다.

프랑스는 1954년 베트민과 제네바 협정을 맺었다. 이 협정에서는 북위 17도선을 경계로 프랑스군은 남쪽으로, 베트민군은 북쪽으로 이동한 뒤 베트남의 통일을 위해 1956년 총선거를 실시하도록 결정했다. 하지만 이 결정은 지켜지지 않았다. 1955년 남베트남이 베트남 공화국을 수립한 뒤, 총선거 실시를 거부했기 때문이다. 호찌민과 북베트남 정부가 베트남 국민의 폭넓은 지지를 받고 있었으므로 불리하다고 판단했기 때문이다.

남베트남에서는 '베트콩'이라 불리는 베트남 민족 해방 전선이 결성되어 무력을 동원한 반정부 투쟁을 시작했다. 이에 남베트남 정부가 베트콩의 공세에 흔들렸다. 이에 따라 미국은 1965년 베트콩에 대한 지원을 막기 위해 북베트남을 폭격했는데, 베트남 전쟁의 신호탄이 되었다. 내전 양상을 보이던 베트남 전쟁은 외세의 개입 전쟁으로 확대되었다. 미국은 도미노 이론을 바탕으로 베트남 전쟁을 일으켰다. 하나가 쓰러지면 다른 것들도 차례로 쓰러지는 도미노처럼, 남베트남의 공산화가 동남아시아를 차례로 공산화시킬 것이라고 우려했기 때문이다.

낱말 즐겨 찾기

호찌민 베트남의 독립 영웅. 국민과 친근하게 지내며 소박하게 생활한 지도자로 존경을 받았다.
베트남 독립 동맹 일본과 프랑스에 맞서 베트남의 독립운동을 펼친 조직.
디엔비엔푸 전투 베트남 북부의 디엔비엔푸에서 베트민군과 프랑스군이 벌인 전투. 프랑스군 5000명이 죽고, 1만 명이 항복했다.
제네바 협정 프랑스군이 항복한 뒤 베트남 문제를 평화적으로 해결하기 위해 맺은 휴전 협정.

연인원 32만 명에 이르는 한국군 파병

미국은 베트남 전쟁을 시작했지만, 미국을 외세로 보는 베트남인들의 반감에 부딪혀 고전했다. 미국은 베트남인들의 반감을 누그러뜨리기 위해 한국과 태국, 필리핀 등 아시아 동맹국들에게 파병을 요청했다.

박정희(재임 1963~79) 대통령은 6·25 전쟁 때 우리를 도운 혈맹에 보답한다는 명분을 내세워 베트남에 군대를 파병했다. 1964년부터 남베트남 정부의

● 우리나라는 1965년부터 1973년까지 연인원 32만여 명의 국군을 베트남전에 파병했다. 사진은 베트남에 파병되는 부대의 환송식.

요청에 따라 소수의 의무 부대와 공병대를 보냈는데, 1년 뒤에는 육군 1개 사단(맹호 부대)과 해병 1개 여단(청룡 부대)으로 늘었다. 1966년에는 육군 1개 사단(백마 부대)을 추가로 파병했다. 지원 부대까지 포함하면 5만 명 가까이로 늘어났다. 결국 1973년 휴전이 이뤄질 때까지 연인원 32만여 명의 한국군이 베트남 전쟁에 참가했다.

한국군은 베트남에서 힘든 전쟁을 치렀다. 영토를 놓고 공방전을 벌이는 전쟁이 아니었기 때문이다. 베트콩은 베트남인들의 지원을 받으며 게릴라전을 벌였다. 낮에는 숲속에 숨어 있거나 농사를 짓다가 밤에는 마을과 도시를 습격했다. 한국군 입장에서는 베트콩과 민간인을 구별하기 어려워 베트콩을 섬멸하겠다는 목표를 이루지 못한 채 끝이 보이지 않는 전쟁을 이어 갔다.

미국과 국제 사회에서는 베트남 전쟁에 대한 비난의 여론이 높아졌다. 이에 미국이 1973년 휴전 협정을 맺자, 한국군도 베트남에서 철수했다. 1975년 북베트남군이 진격하자 남베트남 정부는 항복하고 말았다. 한국군은 베트남 전쟁을 치르며 약 5000명이 전사했고, 1만여 명이 부상했다. 또 많은 군인이 미군이 뿌린 고엽제 때문에 고통을 겪었다.

낱말 즐겨 찾기

게릴라전 소규모의 유격대가 적의 배후나 측면을 기습해 교란하는 전투 방식.
고엽제 풀과 나무를 말라 죽게 하는 약제. 미군은 베트콩이 숨어 있던 숲을 파괴하기 위해 엄청난 양의 고엽제를 사용했다. 고엽제에 노출된 사람들은 암과 신경계 질병에 걸리고 기형아를 낳게 된다.

"공산주의 확산 저지" vs "통일 방해한 부당한 개입"

● 국군의 베트남 전쟁 참전은 미국을 도와 공산주의의 확산을 막으려 했다는 명분이 있었다.

전쟁이 끝난 뒤 남북으로 갈라졌던 베트남은 통일이 이뤄졌다. 우리나라에서는 이 전쟁에 참전한 것을 놓고 긍정적 평가와 부정적 평가가 맞서 있다.

긍정적 평가는 미국을 도와 공산주의의 확산을 막으려 했다는 점에 근거를 둔다. 우리나라는 자유 민주주의 진영의 일원으로, 공산주의 진영에 속한 북한과 대결하고 있었다. 자유 민주주의를 지키려면 베트남의 공산화를 막는 데 힘을 보탤 의무가 있었다는 것이다. 또 참전으로 우리 국방력을 강화할 수 있었다. 군인들이 실전 경험을 쌓고 무기와 장비의 현대화를 이룰 수 있었던 것이다. 많은 경제적 이익을 얻은 점도 긍정적 평가를 뒷받침한다. 미국은 참전 군인들의 전투 수당과 군수 물자 납품의 대가로 달러를 제공했고, 이는 우리 경제 성장에 큰 역할을 했다.

부정적 평가는 다수의 전사자와 부상자, 고엽제 후유증 환자 등 애꿎은 젊은이들이 희생되었다는 점을 근거로 제시한다. 이는 굳이 참전할 이유가 없는 남의 나라 전쟁에 갔다가 억울하게 죽거나 고통을 당했다는 뜻을 담고 있다. 민간인 학살을 저지른 점에도 주목한다. 한국군은 동료를 죽인 베트콩에게 앙갚음하는 과정에서 아이와 노인, 여자들까지 학살했다고 알려져 있다. 지금 베트남에는 민간인을 학살한 한국군에게 항의하고, 학살을 당한 사람들을 추모하는 기념물들이 있다. 무엇보다 베트남 전쟁에는 외세의 부당한 개입이 있었다는 점이다. 베트남은 오랜 식민지 경험을 겪었다. 따라서 프랑스와 일본에 맞서 싸우며 민족의 독립을 이끈 호찌민과 북베트남 정부를 지지했고, 미국을 베트남의 통일을 방해하는 침략자로 여겼다.

01 미국은 왜 베트남 전쟁을 일으켰나요?

02 한국군이 베트남에서 힘든 전쟁을 치른 까닭을 말해 보세요.

● 베트콩이 숨어 있는 땅굴. 베트콩은 베트남인들의 지원을 받으며 게릴라전을 벌였다.

03 남베트남 정부가 패망한 원인이 국론 분열 때문이라는 주장을 비판해 보세요.

남베트남 정부가 패망한 이유

베트남 전쟁은 남베트남 정부의 패망과 베트남의 통일로 끝났다.

우리나라의 경우 남베트남 정부가 패망한 원인을 국론 분열에서 찾는다. 다수의 국민이 반정부 세력에 동조해 공산 세력과의 대결 자세가 흐트러졌기 때문에 패망했다는 것이다.

이러한 주장은 베트남 전쟁을 6·25 전쟁과 비슷하다고 본 데서 나왔다. 그런데 6·25 전쟁은 자유 민주주의 진영과 공산주의 진영이 대결한 이념 전쟁의 성격을 띤다. 이에 비해 베트남 전쟁은 미국이 베트남과 대결한 외세 개입 전쟁의 성격을 띤다.

외세가 개입하지 않았다면 베트남은 좀 더 일찍 북베트남 중심으로 통일되었을 것이다. 북베트남이 이끄는 호찌민은 민족 독립 영웅으로 존경을 받은 데 비해 남베트남 정부의 지도자들은 군사 정변을 일으켜 권력을 잡은 뒤 독재와 부정부패를 일삼았다. 베트남인들은 미국의 지원을 받아 권력을 유지하기에 바쁜 남베트남 정부를 외세의 협력자로 여겼다.

04 한국의 베트남전 참전에 대해 긍정적 평가와 부정적 평가를 뒷받침하는 근거를 세 가지씩 제시해 보세요.

긍정적 평가의 근거	부정적 평가의 근거

05 오늘날 한국군의 베트남 민간인 학살에 대해 어떤 태도를 가져야 바람직한지 밝혀 보세요.

● 베트남 중남부 해안에 접한 빈딘(빈안)에는 한국군에 의한 베트남 민간인 학살 사건을 다룬 모자이크 벽화가 있다.

한국군의 베트남 민간인 학살

베트남 전쟁에 참전한 한국군 전사자는 5000명이다. 그런데 한국군은 그 8배인 4만 명의 베트콩을 사살했다. 미군이 전사자 1명에 5.6명꼴로 베트콩을 사살한 것과 비교해 전과가 두드러진다. 그런데 한국군이 사살한 베트남인 중에는 베트콩이 아닌 아이와 노인, 여자 등 다수의 민간인이 포함되어 있었다.

한국군은 군사 작전 중에 동료가 1명이라도 죽거나 다치면, 근처의 마을로 들어가 철저하게 보복했다. 베트콩이 민간인에 대한 보복을 두려워해서 한국군과는 싸우지 말고 피하라는 명령을 내릴 정도였다.

지금 많은 한국인은 베트남 전쟁 때 우리가 저지른 민간인 학살을 부정한다. 하지만 과거의 잘못을 청산하려면 민간인 학살의 잘못을 사과하는 태도를 가져야 바람직하다.

우리는 일본 정부에 식민 지배 때 저지른 잘못을 사과하라고 요구하고 있다. 일본 정부에 떳떳하게 사과를 요구하려면, 우리나라가 다른 나라에 저지른 잘못도 솔직하게 인정할 줄 알아야 한다.

　우리나라는 미국의 파병 요청을 받아들여 1965년부터 1973년까지 연인원 32만여 명의 군인을 베트남 전쟁에 참전시켰다. 베트남 전쟁은 미국의 패배와 베트남의 통일로 끝났지만, 우리나라의 참전을 놓고 긍정적 평가와 부정적 평가가 맞서 있다. 긍정적 평가는 미국과 손잡고 공산주의의 확산을 막으려 했으며, 국방력을 강화하는 결과를 가져 왔다고 본다. 많은 경제적 이익을 얻어 경제 성장에 기여한 점에도 주목한다. 부정적 평가는 애꿎은 젊은이들이 희생되었고, 민간인 학살을 저지른 점에 주목한다. 또 베트남 전쟁이 외세의 부당한 개입 전쟁이었다고 본다.

베트남 전쟁이 일어난 배경과 국군의 참전 과정을 설명한 뒤, 국군의 참전을 놓고 긍정적으로 볼지 부정적으로 볼지 자신의 의견을 논술하세요(500~600자).

수행 평가와 디베이트를 위한
쟁점 한국사

22. 한일 협정 체결 서둘러야 했나

● 1965년 6월 22일 박정희 정권은 한일 협정을 서둘러 맺고 양국의 국교를 정상화했다. 도쿄에서 열린 조인식에는 한국의 외무장관 이동원과 일본 외무장관 시이나 에쓰사부로가 참석했다. (사진 : 대한민국 역사 박물관)

한국과 일본 양국은 1965년 국교 정상화를 위해 한일 협정을 서둘러 맺었다. 미국이 냉전 체제 상태에서 한일 양국의 협력이 필요하다고 판단해 일본과의 관계 개선을 강하게 압박했기 때문이다. 박정희 정부도 당시 정통성이 약했고, 이를 보완하기 위해 경제 성장을 국민 지지의 수단으로 삼을 필요가 있었다. 박정희 정부는 결국 경제적 이익과 외교적 필요성을 고려해 한일 협정 체결을 서둘렀다. 당시 맺은 한일 협정을 놓고 긍정적으로 보는 의견과 부정적으로 보는 의견이 맞서 있다. 1945년 해방된 이후 한일 협정을 체결한 과정을 살펴보고, 한일 협정에 대한 서로 다른 시각을 탐구한다.

교과서 이곳을 보세요

고등학교 한국사 4단원 대한민국의 발전 • 4. 4·19 혁명과 민주주의의 시련
중학교 역사2 6단원 근·현대 사회의 전개 • 2. 민주주의의 발전

식민지 기간에 피해 커서 배상 요구 필요

● 요시다 일본 수상이 1951년 샌프란시스코 조약에 서명하고 있다. (사진 : 미국 국무부)

우리나라는 일본이 제2차 세계 대전(1939~45)에서 패하며, 일제의 식민지 지배에서 벗어날 수 있었다. 그리고 미국의 점령기를 거쳐 1948년에는 대한민국 정부를 수립했다. 우리나라는 일본의 식민 지배 기간에 엄청난 인적·물적 자원을 빼앗겼다. 따라서 해방 이후 일본에 법적 책임을 물어 배상을 받을 필요가 있었다.

미국의 점령 아래 놓여 있던 일본은 주권을 되찾기 위해 연합국들과 강화 조약을 맺을 필요가 있었다. 일본과 연합국은 1951년 미국에서 샌프란시스코 강화 조약을 맺었다. 우리나라는 승전국의 지위를 얻지 못해 이 조약에 참가하지 못했다. 따라서 일본에서 배상을 받는 문제는 양국의 협상을 통해 해결할 수밖에 없었다.

이 시기는 국제 질서의 주도권을 놓고 미국과 소련이 심각하게 대립하던 때였다. 특히 1950년 6·25 전쟁이 일어나자 이러한 대립은 더 커졌다. 미국은 동아시아에서 우리나라와 일본을 반공 기지로 결합시키려는 정책을 폈다. 이에 따라 우리나라와 일본에 국교를 정상화하도록 요구했다.

미국의 요구를 받아들인 이승만 정부(1948~60)는 일본과 회담을 열었다. 1951년부터 양국의 관계를 개선하려는 움직임이 시작되었는데, 이듬해에는 국교를 정상화하기 위한 회담을 열었다.

하지만 일본 정부는 대한 제국의 동의를 얻어 한반도를 식민지로 삼았다고 인식했다. 따라서 식민지 지배에 대한 법적 책임을 질 수도 없고 배상도 할 수 없다고 주장했다. 이에 이승만 정부는 강경한 자세를 보였으며, 회담이 여러 차례 열렸지만 결렬되었다.

낱말 즐겨 찾기

배상 남의 권리를 침해한 사람이 그 손해를 물어 주는 일.
강화 조약 전쟁을 치른 국가들이 영토의 할양이나 배상금 지불 등 조건을 정해 전쟁을 끝내기로 약속하는 조약.

배상과 사과 없이 경제 협력 자금만 받아

박정희(재임 1963~79) 정부는 1961년 5월 16일 군사 정변을 일으켜 권력을 잡았다. 그런 뒤 이승만 정부와 달리 대일 관계 개선에 적극적인 태도를 취했다. 권력을 유지하려면 일본과 손을 잡으라는 미국의 요구를 받아들여야 했기 때문이다.

박정희 정부는 또 비민주적인 방법으로 권력을 잡아서 정통성이 약했다. 이를 보완하려면 국민의 지지를 얻어내는 수단으로 경제 성장을 이뤄야 했다. 하지만 당시 우리나라에는 경제 개발에 필요한 돈이 부족했다. 박정희 정부는 일본에서 자금을 얻어내려고 했다.

● 1962년 10월 20일 오히라 마사요시 일본 외상과 회담하는 김종필(왼쪽) 중앙정보부장.

박정희 정부의 실력자이던 김종필(1926~2018) 중앙정보부장은 1962년 청구권 문제를 논의하기 위해 일본을 방문했다. 우리나라는 일본이 수탈한 인적·물적 자원의 보상을 요구했다. 이에 대해 일본은 우리나라에 남기고 떠난 일본인들의 재산에 대해 보상을 요구했다. 결국 일본이 우리나라에 대한 청구권을 포기하는 대신, 5억 달러(무상 3억 달러, 유상 2억 달러)라는 '독립 축하금' 명목의 경제 협력 자금을 우리나라에 제공하기로 하고 협상을 마무리했다.

국내의 야당과 지식인, 학생 등은 일본과의 국교 정상화에 반대했다. 이들은 박정희 정부가 일본에 굴욕 외교를 벌였다고 비난했다. 경제 협력 자금을 얻어내기에 급급해 일본의 사과와 배상을 받지 못했다는 것이다. 반대 목소리에 밀려 두 나라의 교섭은 미뤄졌다. 하지만 박정희 정부의 강력한 의지에 따라 1965년 6월 22일 한일 협정이 체결되고, 우리나라는 해방 20년 만에 일본과 국교를 수립했다.

낱말 즐겨 찾기

청구권 피해자가 가해자에게 재산의 손실을 보상해 달라고 요구하는 권리.
무상 재화나 서비스를 대가 없이 제공함.
한일 협정 대한민국과 일본의 기본 관계에 관한 조약과 이에 부속된 협정들을 통틀어 일컫는 말.

"경제 성장 밑거름 되었다" vs "제대로 된 배상 아니었다"

● 한국의 대학생들이 한일 협정 조인 반대 시위를 하고 있다. (사진 : 사상계)

역사학자들은 우리나라가 한일 협정을 서둘러 맺는 바람에 과거사를 제대로 청산하지 못했다고 비판한다. 하지만 경제 성장을 이끌었다는 목소리도 있다.

한일 협정을 긍정적으로 보는 사람들은 일본에서 들여온 경제 협력 자금이 우리나라 경제 성장의 밑거름이 되었음을 중요한 근거로 든다. 이 자금은 포항제철 등 큰 공장과 도로·항만을 건설하는 데 쓰였으며, 과학 기술 연구에 투자되기도 했다. 그 결과 남한이 북한과 벌인 체제 경쟁에서 이길 수 있는 바탕이 되었다는 점에서도 중요하다. 1960년대까지 남한은 북한보다 경제 발전이 뒤졌다. 하지만 일본에서 들여온 자금을 바탕으로 경제를 성장시켜 북한을 앞설 수 있었다. 또 일본이 남한을 한반도의 유일한 합법 정부로 인정하게 만든 점도 근거로 든다. 한일 협정 덕에 일본과 북한의 수교를 막았고, 이를 바탕으로 중국과 소련의 지원을 받는 북한에 맞서 국가 안보를 지킬 수 있었다는 말이다.

한일 협정을 부정적으로 보는 사람들은 식민 지배에 대한 일본의 배상과 사과를 받아 내지 못한 점을 지적한다. 일본은 강제 식민지화를 인정하지 않았으며, 오히려 식민 지배가 우리나라의 근대화에 기여했다고 주장했다. 또 정부 차원에서 경제 협력 자금을 얻어내기에 바빠 민간인 피해자의 배상까지 포기한 점도 문제로 본다. 이러한 까닭에 징용 피해자나 종군 위안부 등이 일본 정부에 배상을 요구해도 재판에서 이기기 어렵게 되었다. 일제 강점기에 일본으로 반출된 문화재 반환 문제도 우리의 양보가 많았다. 4479점을 반환해 달라고 일본 정부에 요구했지만 32%(1432점)만 돌려받았다.

> **낱말 즐겨 찾기**
> 징용 일제가 전쟁을 일으킨 시기에 공장이나 탄광 등에 강제로 끌려가 노역에 종사한 일.

생각 로그인

01 박정희 정부가 이승만 정부와 달리 대일 관계 개선에 적극적인 태도를 취한 까닭을 두 가지만 말해 보세요.

02 샌프란시스코 강화 조약이란 무엇이며, 왜 우리나라는 이 조약에 참가하지 못했는지 설명해 보세요.

03 일본이 대한 제국의 동의를 얻어 한반도를 식민지로 만들었다는 주장에 대해 보기 를 참고해 반박해 보세요.

> 보기
>
>
> ● 일제가 한국 병합을 국제적으로 선전하기 위해 1910년 8월 29일 발행한 엽서.
>
> 일본은 대한 제국 정부의 동의를 얻어 병합이 이뤄졌으므로, 국제법상 합법적이었다고 주장한다. 일진회 등 한국인들이 우리나라를 일본에 병합시켜 달라는 청원 운동을 펼쳤다. 이를 받아들여 당시 대한 제국 정부를 대표하는 이완용(1858~1926) 총리 대신이 일본 정부를 대표하는 테라우치(1852~1919) 통감과 조약을 맺어 식민지로 삼았다는 것이다. 하지만 일제가 군대와 경찰을 배치해 공포 분위기를 조성한 가운데 조약을 맺었음을 놓쳐서는 안 된다.

정보 클릭

샌프란시스코 강화 조약

샌프란시스코 강화 조약은 일본과 전쟁을 벌인 승전국들이 영토의 할양과 배상금 지불 등의 조건을 정해, 전쟁을 끝내고 일본의 주권을 회복시킨 조약이다. 이 조약에는 일본과 전쟁을 치른 48개국이 포함되었지만, 최대 피해국인 우리나라와 중국은 제외되었다.

중국이 제외된 까닭은 대륙을 차지한 중화 인민 공화국과 타이완을 영토로 한 중화민국 가운데 어디를 대표로 삼을지 미국과 영국의 의견이 맞지 않았기 때문이다.

우리나라가 제외된 이유는 승전국의 지위를 얻지 못했기 때문이다. 대한민국 임시 정부는 1941년 일본에 선전 포고를 했고, 임시 정부 산하의 광복군이 일본군과 싸웠다.

하지만 임시 정부를 승인한 국가는 중국밖에 없었다. 임시 정부가 국제 사회에서 인정받지 못한 점이 승전국의 지위를 얻지 못한 결과로 나타났다.

04 한일 협정을 긍정적으로 보는 의견과 부정적으로 보는 의견을 뒷받침하는 근거를 세 가지씩 들어 보세요.

긍정적으로 보는 의견	부정적으로 보는 의견

05 징용 피해자 입장에서, 한일 협정을 긍정적으로 보는 입장을 비판해 보세요.

● 일제에 의해 강제 동원된 조선인 노동자들이 탄광의 갱도에 들어가기 전에 정신 강화 교육을 받고 있다. (사진 : 삼천리)

징용 피해자

일제 강점기에 우리 노동자를 강제 노역에 동원한 일본 기업들은, 임금을 제대로 지급하지 않았다. 이들 기업은 징용 피해자들이 달아나지 못하게 임금의 대부분을 강제로 우체국에 저금시켰다. 저금한 돈의 일부는 부족한 전쟁 비용을 메우는 용도로 쓰기도 했다.

하지만 노동자들은 일본 패전 후 이를 돌려받지 못했다. 이 문제는 한일 협정에서 논의되지 않았다. 우리 정부는 예금이 있는 사실조차 몰랐고, 일본은 알았지만 숨겼다.

잊혔던 우편 저금의 존재가 알려진 때는 2001년 강제 징용 피해자들이 '태평양 전쟁 피해자 보상 추진 협의회'를 만들면서부터다. 피해자 20여 명이 일본 우정성에 우편 저금 현황을 의뢰해 아직 남아 있다는 사실을 확인했다.

그러나 정부는 한일 협정으로 종결된 사안이라는 입장이고, 문제를 제기한 20여 명에게만 푼돈을 지급했다.

정작 발 벗고 나선 것은 일본인이다. 우에다 게이시라는 시민운동가가 백방으로 뛰어 일본의 한 은행에 징용 피해자들의 통장 수만 개가 있다는 사실을 밝혀냈다. 일본 우정성이 1950년대 각 기업에서 통장을 제출 받아 이 은행에 맡긴 사실이 드러난 것이다.

일본 정부가 일제 강점기에 남은 돈 7억 7271만 엔(약 79억 원)을 전후 70년 만에 국고에 귀속시켰다. 이 돈에는 조선 총독부의 예산 외에 한국인 징용 피해자들의 우편 저금과 보험, 이자도 포함되어 있다고 알려졌다.

제2차 세계 대전이 끝난 뒤 미국과 소련의 냉전이 격화되는 상황에서 미국은 우리나라와 일본의 국교 정상화를 요구했다. 박정희 정부는 미국의 지지를 얻어서 경제 성장을 위한 돈을 마련하기 위해 1965년 한일 협정을 맺고, 일본과 국교를 수립했다. 한일 협정을 긍정적으로 보는 사람들은 일본이 제공한 경제 협력 자금이 우리나라 경제 성장의 밑거름이 되었으며, 북한과 벌인 체제 경쟁에서 이기는 결과를 가져왔다고 주장한다. 일본이 남한을 한반도의 유일한 합법 정부로 인정하게 만든 점도 중요하게 본다. 한일 협정을 부정적으로 보는 사람들은 식민 지배 피해에 대한 일본 정부의 제대로 된 배상과 사과를 받아 내지 못했다고 맞선다. 일본으로 반출된 우리 문화재의 반환 문제도 불리하게 협상하여 많은 문화재를 돌려받지 못했음을 지적한다.

1945년 해방 이후 한일 협정을 맺은 과정을 설명하고, 한일 협정을 긍정적으로 보는지 또는 부정적으로 보는지 자신의 입장을 논술하세요(500~600자).

수행 평가와 디베이트를 위한
쟁점 한국사

23 | **유신 체제** 도입은 올바른 선택이었나

● 1972년 박정희의 제8대 대통령 취임 기념으로 발행한 우표. 유신 체제는 권력을 대통령에게 집중시켰고, 반대 세력을 무자비하게 탄압했다.

유신 체제는 1972년부터 79년까지 유지되었는데, 박정희(재임 1963~79) 대통령에게 권력을 집중시킨 정치 체제였다. 냉전과 북한 위협 속에서 강력한 국가 통제를 주장하며 도입되었는데, 민주주의를 짓밟은 독재 체제였다고 보는 의견이 강하다. 하지만 국가 안보와 경제 성장을 위해 국정을 효율적으로 운영한 정치 체제였다고 보는 시각도 있다. 유신 체제가 수립된 배경과 운영 방식을 살펴보고, 유신 체제가 나라를 위해 올바른 선택이었는지를 놓고 서로 다른 의견을 탐구한다.

교과서 이곳을 보세요

고등학교 한국사 4단원 대한민국의 발전 • 4. 4·19 혁명과 민주주의의 시련
중학교 역사2 6단원 근·현대 사회의 전개 • 2. 민주주의의 발전

남북한 체제 경쟁 이기려고 경제 개발 추진

1960년 부정 선거에 항의해 4·19 혁명이 일어났다. 이에 이승만(재임 1948~60)은 국민의 요구를 받아들여 자리에서 물러났다. 내각 책임제로 바뀐 새 헌법에 따라 국회의원 선거를 실시했는데, 민주당이 압승을 거둬 정권을 잡았다. 그리고 그동안 자유를 억압 당한 학생과 노동자, 시민이 자신의 권익을 지키기 위한 행동에 나섰다. 남북한 협상과 평화 통일을 요구하는 움직임도 활발해졌다.

● 5·16 군사 정변을 일으킨 뒤 서울시청 광장에 나타난 박정희 소장(가운데).

하지만 1961년 5월 박정희 소장 등 군인들이 사회 혼란을 빌미삼아 정변을 일으켜 정권을 잡았다. 이를 5·16 군사 정변이라 한다. 군사 정권은 1962년 말 대통령 중심제로 헌법을 바꿨는데, 이듬해 군복을 벗은 박정희가 대통령에 당선했다.

박정희 정부는 반공을 국가 정책의 기본 방침으로 삼았다. 이때 남한은 체제 경쟁에서 북한에 밀리고 있었다. 남한은 관리들의 무능과 부패는 물론 자본과 기술, 자원 부족으로 경제가 극심한 침체 상태였다. 이에 비해 북한은 풍부한 지하자원과 전력, 노동력 덕분에 남한보다 경제력이 앞섰다.

박정희 정부는 북한과 체제 경쟁에서 이기고 권력 기반을 강화하기 위해 경제 개발을 추진했다. 이를 위해 수출 산업 육성에 힘을 쏟았다. 박정희는 수출 산업 육성에 드는 자금을 마련하기 위해 국민의 반대 여론을 무릅쓰고 일본과 국교를 정상화했다. 또 미국의 요청으로 내전을 치르는 베트남에 국군을 파병했다. 일본에서 들여온 차관, 베트남에 파병된 군인들의 송금, 베트남에 대한 군수 물자 수출과 건설 사업 참여 등으로 국내에 달러가 쌓이기 시작했다. 이를 바탕으로 우리 경제는 빠르게 성장했다.

낱말 즐겨 찾기

4·19 혁명 이승만 정부가 저지른 부정 선거에 반발해 학생과 시민이 부정 선거 무효와 재선거를 주장하며 1960년 4월 19일 일으킨 혁명.
내각 책임제 의회에서 다수 의석을 차지한 정당이 정부를 구성할 권리를 갖는 정치 제도.
정변 비합법적인 수단으로 정치권력이나 정치 제도에 변화를 가져온 사건.
차관 한 나라의 정부나 기업, 은행 등이 외국의 정부나 공적 기관에서 빌린 자금.

기본권 제한 유신 체제 통해 영구 집권 꾀해

1970년대 초에 이르자 국제 정세가 빠르게 변했다. 미국은 베트남에서 철수한 뒤 중국과 관계를 정상화했다. 또 주한 미군을 감축하며 박정희 정부에게 북한과 대화하라고 권했다. 이에 따라 남북한은 1972년에 7·4 남북 공동 성명을 발표했다. 이 성명을 통해 자주, 평화, 민족

● 부마 민주 항쟁이 한창이던 1979년 10월 18일 부산 시내에 장갑차가 동원되어 시위대를 진압하고 있다. (사진 : 부마 민주 항쟁 기념 재단)

대단결이라는 조국 통일 3대 원칙에 합의했다.

박정희 정부는 한편으로는 남북 화해 분위기를 내보이고, 다른 편으로는 영구 집권을 꾀했다. 1972년 10월 권력을 대통령에게 집중시킨 유신 체제를 도입한 것이다. 유신 체제는 헌법을 고쳐 대통령을 간접 선거로 뽑도록 했고, 대통령직을 거듭해 맡지 못하게 하는 제한도 없앴다. 또 대통령이 전체 국회 의원의 3분의 1을 추천하고, 대법원장을 임명할 수 있도록 해 삼권 분립의 원칙을 무너뜨렸다. 게다가 국민의 기본권을 제한할 수 있는 긴급 조치권을 제정해 반대 세력을 탄압했다.

박정희 정부는 지속적인 경제 성장을 추진했다. 강력한 리더십을 바탕으로 노동자와 농민 등 국민을 희생시키며 1973년부터 1979년 사이에 연평균 16.6%라는 가파른 경제 성장을 이루었다. 1970년대 후반에 이르자 남한의 경제력은 북한을 앞섰다.

그러나 유신 체제는 거센 반발에 부닥쳤다. 박정희 정권은 긴급 조치권을 잇달아 발동해 유신 반대 운동을 탄압했다. 1979년 부산과 마산에서 민주화를 요구하는 부마 항쟁이 일어나자, 정부는 군대를 동원해 진압했다. 이 과정에서 권력 내부의 갈등이 생겨 대통령의 측근이던 김재규가 박정희를 살해했다. 이 사건으로 18년에 걸친 박정희 독재 정치는 막을 내렸다.

낱말 즐겨 찾기

삼권 분립 국가 권력을 입법부와 행정부, 사법부로 나눠 균형을 이루도록 하는 제도.
긴급 조치권 대통령이 헌법에 보장된 국민의 자유와 권리를 일시적으로 제한할 수 있는 권한.

"나라 발전에 필요" vs "권력욕 채우는 수단"

● 박정희는 1970년대 중반까지 북한에 뒤졌던 우리 경제를 성장시켜 공산화를 막았다는 평가를 받는다.

유신 체제가 나라의 발전을 위한 올바른 선택이었는지를 놓고, 긍정적인 의견과 부정적인 의견이 맞서 있다.

유신 체제가 올바른 선택이었다고 보는 입장에서는 북한의 위협에서 국가 안보를 지키기 위한 불가피한 조치였다고 주장한다. 1970년대 중반까지 북한의 경제력이 남한보다 앞섰는데, 북한은 경제력을 바탕으로 남한의 공산화를 추구했다는 것이다. 이들은 또한 유신 체제가 국론 분열을 막아 국정을 효율적으로 운영할 수 있게 했으며, 이를 통해 제한된 국내 자본과 자원을 효과적으로 분배해 지속적인 경제 성장에 기여했다고 말한다. 유신 체제를 긍정적으로 보는 근거는 또 있다. 당시 우리 국민이 민주주의를 운영하는 능력이 떨어져 자기 권익 챙기는 데만 급급하고 국익은 뒷전이었다는 점이다.

유신 체제가 올바른 선택이 아니었다고 보는 사람들은, 박정희 정권의 권력욕을 충족시키는 독재 체제를 뒷받침하기 위해 도입했다고 주장한다. 대한민국은 국민 주권과 삼권 분립의 원칙을 기반으로 한 민주 국가다. 그런데 유신 체제는 이러한 민주주의 원칙을 짓밟았다. 또 경제 성장 과정에서 노동자와 농민의 권익을 희생시켰다는 것이다. 대기업은 정부의 특혜를 받아 빠르게 성장했지만, 노동자와 농민은 저임금 저곡가 정책 때문에 고통을 받았다. 유신 체제를 부정적으로 보는 사람들은 또 민주주의 아래서도 경제 성장을 이루고 국가 안보를 지킬 수 있다고 강조한다. 이들은 김대중(재임 1998~2003) 대통령과 노무현(재임 2003~8) 대통령이 이끈 민주 정부에서도 높은 경제 성장률을 이루고, 남북한 관계도 안정화시켜 안보 불안을 없앴다는 점을 근거로 든다.

낱말 즐겨 찾기

저임금 저곡가 정책 수출 경쟁력을 높이기 위해 노동자의 임금과 쌀값을 낮춘 정책.

01 박정희 정부가 경제 개발을 추진한 이유와 방법을 각각 설명해 보세요.

혁명과 정변

혁명과 정변은 비합법적인 수단을 동원해 정치권력이나 정치 제도의 변화를 일으킨다는 점에서는 차이가 없다. 하지만 혁명과 정변은 변화의 폭이 다르다. 혁명은 민중의 지지와 참여를 얻어 지배층 자체가 바뀌지만, 정변은 지배층 내부에서 권력자만 바뀐다. 또 혁명은 사회 제도와 경제 제도까지 바뀌는데, 정변은 정치권력과 정치 제도만 변화된다.

4·19는 학생과 시민의 힘으로 최고 권력자를 몰아내고 대통령 중심제를 내각 책임제로 바꾸었다. 사회 제도와 경제 제도를 바꾸려는 노력이 분명하지 않았다는 점에서는 한계가 있다. 하지만 학생과 시민 등 국민이 주체가 되어 정치권력과 제도를 변화시켰다는 점을 높이 평가해 혁명으로 규정한 것이다.

02 4·19를 혁명, 5·16을 정변으로 규정하는 까닭을 제시해 보세요.

4·19 혁명	
5·16 정변	

03 민주주의의 기본 원칙이라는 관점에서, 유신 체제의 문제점을 비판해 보세요.

보기

● 유신 체제에서는 대통령에게 국회의원의 3분의 1을 임명할 권한을 주었다.

민주주의의 기본 원칙은 국민 주권과 삼권 분립 등이 있다. 국민 주권의 원칙은 나라의 의사를 최종 결정하는 권력이 국민에게 있다는 사실이다. 유신 체제를 뒷받침한 헌법은 국민을 대표하는 대통령이 주권의 실질적 행사자라고 규정했다. 유신 체제는 대통령 선출 등 국가의 중요한 의사 결정에 참여하는 국민의 권리를 빼앗았다는 점에서 국민 주권의 원칙에 어긋난다. 삼권 분립의 원칙은 국가 권력을 입법부와 사법부, 행정부로 나누어 서로 견제하는 일을 말한다. 유신 체제는 권력을 대통령에게 집중시켰다. 대통령에게 국회의원의 3분의 1을 임명하고, 대법원장을 임명하는 권한을 부여했다.

생각 로그인

04 유신 체제가 올바른 선택이었다는 의견과 그렇지 않다는 의견을 뒷받침하는 근거를 세 가지씩 들어 보세요.

올바른 선택이었다	올바르지 않은 선택이었다

05 유신 체제를 옹호하는 입장에서, 보기 처럼 노동자들이 권리를 보호해 달라고 요구하는 행위에 어떻게 대응할지 말해 보세요.

보기

● 전태일의 삶을 그린 영화 '아름다운 청년 전태일'(감독 박광수, 1995년 개봉)의 한 장면.

전태일(1948~70)이 일하던 서울 청계천의 평화시장에는 의류 공장이 모여 있었다. 노동자들은 햇빛도 들어오지 않는 좁은 다락방에서 하루 14시간씩 일했다. 전태일은 노동자들이 장시간 저임금 노동에 시달리는 모습을 보며 노동 운동에 관심을 가졌다. 그는 평화시장 앞에서 근로 기준법 화형식을 열어 근로 기준법이 노동자의 권리를 보호하지 못하는 현실을 고발하기로 했다. 경찰의 방해로 화형식을 열지 못하자, 전태일은 자신의 몸에 석유를 뿌리고 불을 붙인 채 "근로 기준법을 준수하라! 우리는 기계가 아니다!"라는 구호를 외치고 죽음을 맞았다.

정보 클릭

1970년대의 노동 문제

1970년대 우리 경제가 빠르게 성장하자 노동자가 급증했다. 1970년 378만 명에서 1979년에는 648만 명으로 늘었다.

하지만 근로 조건은 개선되지 않았다. 1970년에 최저 생계비의 61.5%였던 임금은, 1980년에는 오히려 44.6%로 낮아졌다. 이에 비해 노동 시간은 세계에서 가장 길었다. 1970년에 주당 평균 51.6시간이었는데, 1980년에도 변하지 않았다.

이렇게 근로 조건이 나쁜 까닭은 노동자의 권리를 억압한 박정희 정부의 정책 때문이었다. 박정희 정부는 국익이 노동자의 권익보다 더 중요하다고 판단했다. 그래서 경제 성장을 이룰 때까지 노동자의 권리 행사를 유보시켜야 한다고 보았다.

먼저 경제 성장을 이루어야 노동자들에게 더 많은 몫을 나누어 줄 수 있다는 논리였다. 이 때문에 장시간 노동과 저임금을 유지하기 위해 노동자의 기본권을 억눌렀다. 그래서 노동조합을 만들어서 파업할 수 있는 권리를 행사하지 못했다.

상황이 이러하자 1970년 서울의 평화시장에서 청년 노동자 전태일은 자기 몸을 불살라 죽으며 희생만 강요를 당하던 노동자들을 일깨웠다.

그리고 노동 문제에 대한 우리 사회의 관심을 불러일으켰다. 많은 대학생이 전태일의 죽음에 충격을 받고, 스스로 노동자가 되어 노동 운동에 뛰어들었다.

유신 체제는 1972년부터 79년까지 박정희 대통령에게 권력을 집중시킨 정치 제도다. 박 대통령은 유신 체제 아래서 강력한 지도력을 발휘하며 빠른 경제 성장을 이루어 냈다. 하지만 독재에 따른 국민 저항과 권력 내부의 갈등으로 살해를 당하며 막을 내렸다. 지금 유신 체제를 평가하는 입장은 엇갈린다. 유신 체제가 나라의 발전에 필요한 선택이었다고 보는 사람들은, 국가 안보를 지키기 위한 불가피한 조치였으며, 지속적인 경제 성장을 이루는 밑바탕이 되었다고 강조한다. 민주주의를 운영하는 우리 국민의 능력이 떨어졌다는 점도 유신 체제를 뒷받침하는 또 다른 근거로 든다. 이에 반대하는 사람들은, 박정희 정권의 권력욕을 충족시키기 위해 도입했으며, 경제 성장 과정에서 민중의 권리만 희생을 당했다고 강조한다. 그리고 독재가 아닌 민주주의 아래서도 경제 성장을 이루고 국가 안보를 지킬 수 있다는 입장이다.

유신 체제가 도입된 배경과 운영 방식을 설명하고, 유신 체제 도입이 나라 발전을 위해 올바른 선택이었는지 논술하세요(500~600자).

수행 평가와 디베이트를 위한
쟁점 한국사

24. 박정희는 위대한 지도자인가 독재자인가

- 박정희는 군사 정변을 일으켜 정권을 잡은 뒤, 경제 성장을 이뤄 엇갈린 평가를 받는다. (사진: 연극 '한강의 기적' 포스터)

박정희(재임 1963~79)를 우리나라의 경제를 성장시킨 위대한 지도자로 평가하는 사람도 있지만, 민주주의를 짓밟은 독재자로 평가하는 사람도 있다. 박정희가 경제 성장을 이끈 위대한 지도자라고 생각하는 사람들은 그가 국가 주도의 경제 개발을 통해 우리나라를 빠르게 산업화하고 경제적으로 성장시켰다고 주장한다. 민주주의를 짓밟은 독재자로 평가하는 사람들은 그가 유신 체제를 통해 권력을 집중시키고 국민의 기본권을 제한하며, 삼권 분립의 원칙을 훼손했다고 비판한다. 박정희의 정치 활동을 살펴보고, 이에 대한 긍정적 평가와 부정적 평가를 놓고 상반된 의견을 탐구한다.

교과서 이곳을 보세요
고등학교 한국사 4단원 대한민국의 발전 • 4. 4·19 혁명과 민주주의의 시련
중학교 역사2 6단원 근·현대 사회의 전개 • 2. 민주주의의 발전

군사 정변 일으켜 정권 잡고 경제 성장 이뤄

● 1960년 5월 16일 박정희 소장 등이 군사 정변을 일으킨 소식을 전한 경향신문 기사.

1960년 4·19 혁명으로 이승만 독재가 무너지고 민주주의의 새 역사가 열렸다. 그 뒤 헌법 개정으로 내각 책임제 아래, 장면(재임 1960~61) 국무총리가 이끄는 민주당 정부가 들어섰다. 하지만 1960년의 1인당 국민 소득은 북한의 3분의 1 수준인 80달러여서, 대다수 국민은 빈곤에서 벗어나지 못했다.

1961년 박정희 소장이 이끄는 군부 세력이 민주당 정부의 무능과 사회 혼란을 구실로 삼아 5·16 군사 정변을 일으켰다. 군부 세력은 정치인의 활동을 금지하고, 지식인과 대학생, 노동조합 지도자를 체포해 권력 기반을 다졌다.

1963년 박정희는 군대로 돌아가겠다는 약속을 깬 뒤 군복을 벗고, 대통령 선거에서 당선했다. 박정희는 민주주의는 기아에 시달리는 국민에게는 '빛 좋은 개살구'이며, 경제를 성장시키려면 모든 것을 희생해야 한다고 주장했다. 그는 군사 정변을 일으킨 까닭에 정당성이 약했다고 생각해, 경제 성장을 통해 이를 메우려고 했다. 그리고 초기에는 의류와 신발 등 값싼 제품을 만들어 외국에 수출하는 방식으로 경제를 성장시켰다. 이에 따라 1인당 국민 소득이 1970년에는 254달러로 늘었다.

그런데 값싼 제품을 만들려면 노동자의 임금과 농산물 가격을 낮춰야 했다. 그래서 경제가 성장하고 기업은 돈을 벌어도 노동자와 농민의 생활은 어려웠다. 1970년 전태일(1948~70)의 분신 사건은 이러한 상황을 상징적으로 보여 주었다. 전태일은 당시 22세의 의류 공장 노동자였는데, 자기 몸에 휘발유를 끼얹고 불을 지른 뒤 "우리는 기계가 아니다!"라고 외치며 죽음을 맞았다.

낱말 즐겨 찾기
내각 책임제 의회에서 다수 의석을 차지한 정당이 정부를 구성할 권리를 갖는 정치 제도.

유신 체제 앞세워 장기 집권 꾀해

박정희는 경제 성장을 발판으로 1967년에 대통령에 다시 당선했다. 1969년에는 헌법을 고쳐 두 번만 할 수 있는 대통령을 세 번까지 할 수 있도록 했다. 그리고 1971년 대선에 출마해 야당 후보보다 95만 표를 더 얻어 당선했다.

하지만 박정희의 권력욕은 여기서 그치지 않았다. 그는 1972년 남북한 대화와 평화 통일을 구실로 대통령에게 절대 권력을 부여한 유신 체제를 만들었다. 계엄령을 선

● 박정희는 유신 체제를 만들어 종신 집권을 꾀했지만, 1979년 10월 26일 중앙정보부장이 쏜 총탄에 맞아 사망했다.

포하고 국회를 해산한 상태에서 국민 투표로 유신 헌법을 통과시켰다. 대통령을 간접 선거로 뽑고 임기 6년에 연임 제한도 없앴다. 마음만 먹으면 죽을 때까지 대통령 자리를 지킬 수 있었다. 대통령이 국회 의원의 3분의 1을 임명했고, 자신의 지시에 따르지 않는 판사들을 재임용에서 탈락시키는 권한도 행사했다.

유신 체제 아래서 민주주의는 실종되었다. 긴급 조치에 따라 표현의 자유와 시위·집회의 자유가 철저하게 억압을 당했다. 이에 맞서 대학생과 지식인, 종교인은 민주주의 회복 운동을 펼쳤다. 하지만 박정희는 긴급 조치를 선포해 반대 세력을 감옥으로 보냈다.

박정희는 종신 집권을 꾀했으나 민심은 떠나고 있었다. 1978년에 1인당 국민 소득이 1443달러까지 늘었지만, 1979년 국제 원유 값과 물가가 치솟고, 수출 부진이 겹치며 경제 사정이 나빠졌다. 같은 해 10월 부산과 마산에서 학생과 시민들이 "독재 타도!"를 외치며 시위를 벌였다(부마 항쟁). 이러한 상황에서 10월 26일 박정희는 측근인 중앙정보부장이 쏜 총탄에 피살되어 18년의 장기 집권이 막을 내렸다.

낱말 즐겨 찾기

계엄령 전쟁 등 국가 비상사태가 일어났을 때 군대가 행정권과 사법권을 담당하도록 하는 제도.
연임 임기가 끝난 뒤 같은 자리를 다시 맡는 것.
긴급 조치 국가 안보나 공공 질서가 위협을 받을 때 국민의 자유와 권리를 정지시킬 수 있는 대통령의 권한.

"경제 성장시킨 지도자" vs "민주주의 짓밟은 독재자"

● 한국갤럽이 2024년 조사한 '한국인이 존경하는 인물'에서는 이순신 장군(1위), 세종대왕(2위)에 이어 박정희 전 대통령이 3위를 차지했다.

박정희는 18년 동안 대통령을 하면서 우리나라의 정치와 경제 등에 큰 영향을 끼쳤다. 그래서 그를 위대한 정치 지도자로 보는 의견과 잔인한 독재자로 보는 의견이 맞서 있다.

긍정적으로 보는 사람들은 주로 경제를 성장시켜 빈곤을 극복했다는 점에 주목한다. 우리나라는 1960년대 초만 해도 대다수 국민이 끼니를 굶을 만큼 가난했다. 그런데 경제를 성장시켜 '한강의 기적'을 이룩했다는 것이다. 북한과 체제 경쟁에서 우위를 차지해 국가의 안보를 튼튼히 한 점도 긍정적 평가를 뒷받침한다. 우리나라는 고속 성장을 이뤄 1974년을 기점으로 1인당 국민 소득이 북한을 앞질렀다. 이는 우월한 경제력을 바탕으로 북한의 남침 야욕을 좌절시키는 결과를 가져왔다. 민주주의는 빈곤에서 벗어나야 실현이 가능하다. 이러한 의미에서 박정희는 독재 정치를 했지만 민주주의의 기초를 닦았다고 평가할 수 있다.

부정적으로 보는 사람들은 독재 정치를 했다는 점에 주목한다. 권력욕을 충족하기 위해 군사 정변을 일으켜 헌정 질서를 어지럽히고, 절대 권력을 행사하며 삼권 분립의 원칙을 파괴했다는 것이다. 또 국민의 자유와 권리, 인권을 억압했다고 비판한다. 반대 세력을 가혹하게 탄압했으며, 표현의 자유와 시위·집회의 자유를 짓밟았다. 인혁당 사건 등에서 보듯 고문을 통해 애꿎은 시민들을 간첩으로 몰았고, 감옥에 가두거나 생명을 빼앗기도 했다. 불균형 성장으로 빈부 격차를 심화시킨 점도 부정적 평가를 뒷받침한다. 재벌에게 특혜를 주는 방식으로 경제 정책을 운용하는 바람에 노동자와 농민은 빈곤으로 고통을 받게 한 점도 부정할 수 없다.

낱말 즐겨 찾기

삼권 분립 국가 권력을 입법부와 행정부, 사법부로 나눠 균형을 이루도록 하는 제도.
인혁당 사건 박정희 정권 시절 일어난 대표적인 간첩 조작 사건. 정부는 1964년 인혁당(인민 혁명당)이 북한과 연계해 남한 정부를 전복하려 했다고 주장하며 관계자들을 체포했다. 1974년 다시 인혁당 재건위 사건으로 관련자 8명을 사형에 처했다. 조작으로 밝혀져 2007년 대법원에서 무죄 판결을 내렸다.
재벌 많은 사업체를 거느리고 강력한 시장 지배력을 행사하면서 경영권을 대물림하는 기업 집단.

01 박정희가 정권을 잡은 뒤 경제 성장에 힘을 쏟은 까닭을 말해 보세요.

02 유신 체제의 주요 내용을 설명해 보세요.

03 박정희 정부 때 경제가 성장해도 노동자와 농민의 생활이 어려웠던 까닭을 이야기해 보세요.

● 가발 수출업체인 YH무역 노동자들이 1979년 8월 9일부터 11일까지 서울 마포구의 야당 당사에서 생존권을 요구하는 집회를 열고 있다.

왜 저임금 저곡가 정책을 썼나

박정희는 수출 가격 경쟁력을 강화하기 위해 노동자의 임금과 농산물 가격을 낮은 수준에 묶어 두는 저임금 저곡가 정책을 썼다.

우리나라는 당시 자본과 자원이 부족했기 때문에 노동력을 이용해야 했고, 제품 값을 낮추려면 노동자들의 임금과 농산물 가격을 낮출 수밖에 없었다.

수출품은 의류와 신발 등에 집중했는데, 원가에서 원료와 임금이 차지하는 비중이 컸기 때문이다. 제품 단가를 낮추려면 비용을 줄여야 했다. 그런데 원료 가격을 줄이기는 어려웠으므로, 임금을 낮출 수밖에 없었다.

임금을 낮춰도 노동자들의 생계는 어느 정도 보장해야 하는데, 생계비 가운데 식비의 비중이 컸다. 따라서 노동자들을 굶기지 않고 일을 시키려면 농산물 값의 인상을 막아야 했다.

04 박정희를 긍정적으로 평가하는 의견과 부정적으로 평가하는 의견을 뒷받침하는 근거를 세 가지씩 들어 보세요.

긍정적 평가의 근거	부정적 평가의 근거

05 박정희를 부정적으로 평가하는 입장에서, 빈곤에서 벗어나야 민주주의가 가능하다는 주장을 비판해 보세요.

● 박정희 정권은 경제가 성장해야 민주주의를 실천할 수 있다고 주장했다.

민주주의와 경제 성장

1인당 국민 소득이 높을수록 민주주의를 할 수 있는 가능성이 커지는 것은 사실이다. 하지만 반드시 빈곤에서 벗어나야 민주주의를 할 수 있는 것은 아니다.

보츠와나나 인도처럼 가난하지만 민주주의가 꽃핀 나라도 있고, 코스타리카처럼 민주주의를 제대로 실천하면서 경제 성장을 이룬 나라도 있기 때문이다. 또 유럽과 미국 등 대다수 선진국은 민주주의와 경제 성장을 함께 이뤘다는 점에 주목할 필요가 있다.

따라서 경제 성장과 민주주의를 선후의 문제로 보아서는 안 된다. 정치 지도자와 국민이 강한 의지를 지니고 함께 노력하면 경제 성장과 민주주의를 동시에 이룰 수 있다.

박정희를 긍정적으로 평가하는 사람들은 1960~70년대 우리나라는 가난했으므로 독재 정치를 할 수밖에 없었다고 본다. 하지만 이러한 주장은 박정희의 독재 정치를 옹호하려는 억지 논리라고 비판을 당할 수 있다.

한국사 논술

박정희는 군사 정변을 일으켜 권력을 잡았고, 18년 동안 집권하면서 독재 정치를 했다. 하지만 경제를 성장시켜 나라를 부강하게 만들었다는 찬사를 받기도 한다. 박정희를 긍정적으로 보는 사람들은 경제 성장을 이룩해 빈곤을 극복했으며, 북한과 체제 경쟁에서 우위를 차지해 국가의 안보를 강화했다는 점을 강조한다. 또 빈곤을 극복해 민주주의의 기초를 닦았다고 주장한다. 부정적으로 보는 사람들은 독재 정치를 했고, 국민의 자유와 권리, 인권을 억압했다고 비판한다. 불균형 성장으로 빈부 격차를 심화시켰다는 점도 지적한다.

박정희의 정치 활동을 설명하고, 그를 긍정적으로 평가해야 할지 부정적으로 평가해야 할지 자신의 의견을 논술하세요(500~600자).

수행 평가와 디베이트를 위한
쟁점 한국사

25. 햇볕 정책은 남북 적대 관계를 완화시켰나

● 김대중 대통령(오른쪽)은 2000년 6월 13일 평양을 방문해 북한의 최고 지도자인 김정일과 손을 맞잡았다.

햇볕 정책은 남북한이 적대 관계에서 벗어나 화해와 협력을 증진하기 위해 추진한 김대중(재임 1998~2003) 정부의 대북 정책을 말한다. 이 정책은 '포용'을 바탕으로 남북한의 대화를 촉진하고, 경제적 지원과 인도적 교류를 통해 북한의 변화를 유도하려는 목적을 지녔다. 2000년 남북 정상 회담을 성사시켜 남북 관계의 전환점을 마련했고, 김대중 대통령은 이 공로로 노벨 평화상을 받았다. 햇볕 정책의 시행 배경과 내용을 살펴보고, 햇볕 정책에 대한 상반된 평가를 탐구한다.

교과서 이곳을 보세요

고등학교 한국사 4단원 대한민국의 발전 • 7. 남북 화해와 평화를 위한 노력
중학교 역사2 6단원 근·현대 사회의 전개 • 4. 평화 통일을 위한 노력

남북한이 평화 공존 위해 유엔 동시 가입

● 남북한이 1991년 유엔에 동시 가입한 뒤, 미국 뉴욕의 유엔 본부 앞에 태극기와 인공기가 게양된 모습. (사진 : 국가 기록원)

남한은 6·25 전쟁(1950~53)을 치른 뒤 강력한 반공 정책을 추진했다. 이에 북한은 적화 통일 정책으로 맞섰다. 남북한의 이러한 정책은 무력 대결로 이어져 분단 체제를 굳혔다.

그러다 미국이 1969년 닉슨 독트린을 발표하면서 미국과 옛 소련 사이에 평화 공존 분위기가 조성되었다. 남북한도 1972년 '자주, 평화, 민족 대단결'의 3대 통일 원칙이 담긴 7·4 공동 성명을 발표했다. 이 성명은 남한이 무력 흡수 통일 정책에서 벗어나 평화 통일을 최초로 인정했다는 점에서 역사적 의의가 있다.

남한은 1973년 6·23 평화 통일 선언을 통해 북한에 유엔 동시 가입을 제의했다. 하지만 북한은 남북을 두 개의 국가로 인정한다는 이유로 대화 중단을 선언했다. 노태우 대통령(재임 1988~93)은 1988년 7·7 특별 선언을 통해 북한에 다시 화해의 손을 내밀었다. 선언에는 북한을 대결의 대상이 아니라 화해와 협력을 바탕으로 공동 번영을 추구하는 민족 공동체의 일원으로 본다는 내용이 담겨 있었다.

1990년대에는 동서독이 통일을 이루고, 동유럽 사회주의 체제가 붕괴되었다. 이에 남북한은 1991년 유엔에 동시 가입했다. 그리고 서로 체제를 존중하고 무력을 사용하지 않으며, 경제 교류와 협력을 추진하겠다는 내용이 담긴 남북 기본 합의서를 채택했다.

이러한 과정을 거쳐 남북한은 오랜 적대 관계에서 벗어날 수 있는 길을 닦았다. 그러나 북한이 체제를 유지하려고 핵무기 개발을 시작하고, 1993년에는 핵 확산 금지 조약(NPT)에서 탈퇴하면서 남북 관계는 큰 위기를 맞았다.

낱말 즐겨 찾기

적화 통일 분단국가에서 분단의 상대방 정부를 흡수해 공산주의로 통일함.
닉슨 독트린 미국의 닉슨 대통령(재임 1969~74)이 발표한 외교 안보 정책. 아시아 각국이 자국의 안보를 책임지고 미국은 군사 개입을 최소화한다는 원칙이 담겨 있다.
평화 공존 사회주의 국가와 자본주의 국가들이 평화를 수호하고 새로운 세계 대전을 방지하자는 정책.
핵 확산 금지 조약 핵무기가 없는 나라가 새로 핵무기를 갖지 못하도록 금지하는 조약.

평화 정착 위해 햇볕 정책 실시

김대중 대통령은 남북 기본 합의서를 바탕으로 한반도에서 평화를 실현하려고 했다. 그래서 대북 정책의 3원칙으로 '무력 도발 불용, 흡수 통일 배제, 화해·협력의 적극 추진'을 제시했다. 그런 뒤 화해와 협력을 통해 남북한의 관계를 개선하려는 햇볕 정책을 실시했다.

김 대통령은 경제난과 식량 부족으로 어려움을 겪는 북한을 도우면서 대화를 이끌어 냈다. 그리고 1998년 현대그룹의 창업자인 정주영(1915~2001) 회장의 소떼 방북 이후, 스포츠 교류와 이산가족 상봉, 금강산 관광 등이 이뤄지면서 남북한 교류가 궤도에 올랐다.

● 개성 공단은 2000년 남북 정상 회담 이후 설립 합의가 이뤄져 2004년 말 가동에 들어갔다. 남한이 자본과 기술을 대고 북한은 노동력을 제공하는 형태였으나, 2013년 4월 폐쇄되고 말았다.

김대중은 2000년에 방북해서 남북 정상 회담을 갖고, 6·15 남북 공동 선언을 발표했다. 이 선언의 핵심은 교류와 협력을 활성화해서 신뢰를 다지자는 데 목표가 있었다. 선언에 힘입어 남북한 사이의 인적 교류가 활발해지고, 교역 규모도 커졌다. 2000년 호주의 시드니에서 열린 올림픽에서는 한반도 지도가 그려진 단일기를 들고 남북한 선수단이 동시에 입장했다. 김 대통령이 자리에서 물러난 뒤에는 2004년부터 개성 공단이 가동돼 경제 협력 수준이 더욱 높아졌다.

하지만 햇볕 정책은 평화 정착으로 이어지지는 못했다. 이명박 대통령(재임 2008~13)은 국제 사회에서 북한을 고립시키는 정책을 폈다. 그러자 북한이 반발해 남북 간의 긴장이 높아졌다. 게다가 천안함 사건과 연평도 포격 사건, 북한의 핵무기 개발 등이 이어지면서 남북한의 관계는 다시 얼어붙었다. 한반도 정세가 불안해지자 평화 정착을 요구하는 목소리가 커졌다.

낱말 즐겨 찾기
소떼 방북 정주영 회장이 소 1001마리를 이끌고 북한을 방문한 일.
천안함 사건 2010년 서해 백령도 부근에서 우리 해군 초계함인 천안함이 북한군의 어뢰 공격을 받아 침몰한 사건.
연평도 포격 사건 2010년 북한군이 연평도에 포격을 가해 남한의 군인 2명과 민간인 2명이 사망한 사건.

"적대 관계 완화 도움" vs "평화 체제 구축 실패"

● 햇볕 정책은 북한이 핵무장을 할 수 있는 시간을 벌어 주었다는 비판을 받기도 한다. (사진 : KBS)

햇볕 정책은 화해와 협력을 통해 평화를 정착시키려고 한 대북 정책이다. 그런데 햇볕 정책의 성과는 지속되지 못했고, 남북한 사이의 긴장은 더욱 높아지고 있다. 이에 따라 햇볕 정책을 긍정적으로 보는 의견과 부정적으로 보는 의견이 맞서 있다.

긍정적 입장에서는 적대 관계를 완화하고 평화 정착의 가능성을 보여 주었다고 평가한다. 과거 대북 정책의 핵심은 전쟁 발발의 위험성을 제거하는 데 초점을 맞췄다. 그런데 햇볕 정책은 군사 대결을 완화하고 전쟁을 하면 안 된다는 공감대를 넓혔다. 남북이 서로를 이해하고 신뢰할 수 있는 기반을 마련했다는 점도 높게 평가한다. 햇볕 정책은 스포츠와 예술, 대중문화, 학술 부문 등에서 민간 차원의 교류를 활성화해 상대에 대한 이해의 폭을 넓혔다. 그리고 경제 협력을 강화해 북한이 개방과 개혁의 길로 나올 수 있는 기반을 제공했다는 점도 긍정적이다.

부정적 입장에서는 평화 정착에 실패했고, 오히려 북한이 핵으로 무장할 수 있는 시간을 벌어 주었다고 평가한다. 북한은 군사력 증강을 목표로 삼아 핵무기 개발에 총력을 기울였다. 그럼에도 햇볕 정책은 북한의 핵무기 개발을 중단시킬 수 있는 장치가 없었다. 북한의 개방과 개혁을 유도하지 못한 점도 문제다. 북한은 체제를 약화시키지 않는 범위 안에서만 경제 협력을 허용했고, 이를 통해 얻은 경제적 이익을 체제 유지에 사용했다는 것이다. 또 국민적 합의가 부족한 상태에서 햇볕 정책을 밀어붙였다고 비판한다. 지지하지 않는 국민이 많은데도 햇볕 정책을 강행하는 바람에 내부 갈등을 키웠다는 주장이다.

생각 로그인

01 7·4 남북 공동 성명이 나온 배경과 핵심 내용, 역사적 의의를 정리해 보세요.

02 김대중 대통령이 제시한 대북 정책의 3원칙은 남북 기본 합의서와 어떤 관계가 있는지 설명해 보세요.

03 햇볕 정책의 결과로 성사된 남북한 정상 회담의 성과를 말해 보세요.

● 남북한 정상 회담은 남북 관계를 화해와 협력의 관계로 전환하는 계기를 마련했다. (사진 : 경실련)

남북한 정상 회담의 성과

김대중 대통령은 2000년 북한을 방문해 평양에서 북한의 최고 지도자인 김정일과 정상 회담을 가졌다. 분단 이후 남북한의 최고 지도자가 처음 만난 역사적 사건이었다.

두 정상은 회담을 마친 뒤 6·15 남북 공동 선언을 발표했다. 선언문에는 "남과 북은 경제 협력을 통하여 민족 경제를 균형적으로 발전시키고 사회, 문화, 체육 등 제반 분야의 협력과 교류를 활성화시켜 서로의 신뢰를 다져 나가기로 하였다"라는 내용이 담겼다.

남북한의 신뢰를 다지기 위해 교류와 협력을 활성화하자는 것이 이 선언의 핵심이다.

이 선언을 바탕으로 다양한 분야에서 민간 차원의 교류가 활발하게 이뤄졌다. 비정부 기구(NGO)를 통한 대북 지원도 확대되어 북한의 경제난 해결에 도움을 주었다. 경제 협력도 활발해져 교역 규모가 커졌다. 개성 공단을 만들어 남한의 자본과 북한의 노동력을 활용한 상품 생산이 이뤄졌다.

북한은 이러한 경험을 통해 화해와 협력이 경제적 이익을 가져다준다는 교훈을 얻게 되었다.

따라서 6·15 남북 공동 선언은 적대적인 남북 관계를 화해와 협력의 관계로 전환하는 발판을 마련했다는 점에서 긍정적인 평가를 받는다.

04 햇볕 정책을 긍정적으로 평가하는 의견과 부정적으로 평가하는 의견을 뒷받침하는 근거를 세 가지씩 들어 보세요.

긍정적 평가의 근거	부정적 평가의 근거

05 햇볕 정책이 남북한 평화 정착으로 이어지지 못한 까닭을 진단해 보세요.

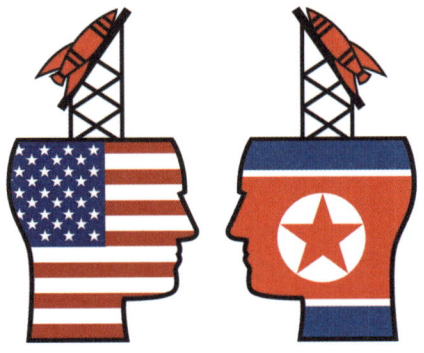

● 미국과 북한의 적대 관계가 지속되면 남북한의 사이도 가까워질 수 없다.

햇볕 정책과 평화 정착

햇볕 정책이 남북한 평화 정착으로 이어지지 못한 까닭을 놓고 보수와 진보 세력의 의견이 엇갈린다.

보수 세력은 북한에 책임을 돌리면서, 북한이 아직도 적화 통일의 야욕을 버리지 않았다고 강조한다. 겉으로는 남한의 체제를 인정하는 것 같지만, 실제로는 남한을 흡수해 통일하려는 목표를 포기하지 않았다는 것이다. 북한이 햇볕 정책에 호응해 대화와 교류, 협력에 나선 까닭은 경제적 어려움을 모면하기 위함이었으며, 북한이 적화 통일 정책을 포기하지 않는 한 한반도에서 평화가 정착될 수 없다고 주장한다.

진보 세력은 국제 정세의 영향력을 들어, 평화를 정착시키려면 북한의 체제를 인정하고 국제 사회의 일원으로 복귀시켜야 한다고 강조한다. 그런데 미국은 북한 체제를 인정하지 않고 핵무기 포기만 요구하고 있다. 이에 따라 북한은 체제를 유지하려고 핵무기 개발에만 매달리고 있다. 이러한 상황에서 평화를 정착시키려면 미국이 북한 체제를 인정하도록 설득할 필요가 있다고 주장한다.

한국사 논술

햇볕 정책은 김대중 정부가 과거 적대적인 남북 관계에서 벗어나 화해와 협력을 증진하려고 추진한 대북 정책이다. 햇볕 정책을 긍정적으로 보는 입장에서는 적대 관계를 완화하고 평화 정착의 가능성을 보여 주었다고 평가한다. 또 남북한의 신뢰 분위기를 조성하고, 북한이 개방과 개혁의 길로 나올 수 있게 하는 기반을 마련했다고 강조한다. 이에 비해 부정적으로 보는 입장에서는 평화 정착에 실패했고, 북한의 개방과 개혁을 유도하지 못했다고 평가한다. 또 국민의 합의가 부족한 상태에서 정책을 밀어붙여 내부 갈등을 키웠다고 강조한다.

햇볕 정책의 시행 배경과 내용을 설명하고, 이 정책을 긍정적으로 평가할지 또는 부정적으로 평가할지 자신의 의견을 논술하세요(500~600자).

01 신라의 삼국 통일 어떻게 평가해야 할까

11쪽 생각 로그인

1. 예시 답안
당나라와 비밀 협약을 맺은 데서 알 수 있듯, 뛰어난 외교력을 보였다. / 귀족 세력을 억누르고 왕권을 강화하는 데 앞장선 점에서 알 수 있듯, 뛰어난 정치력을 보였다. / 강력한 군사력을 가진 김유신의 지지를 받았다 등.

2. 예시 답안
비밀 협약은 위기에 빠진 신라를 구하는 데 결정적인 역할을 했다. 우리나라는 백제의 공격을 맞아 수세에 몰려 있었다. 군사력으로 맞서기에는 힘이 약했다. 이러한 상황에서 당과 비밀 협약을 맺은 전략은, 전세를 역전시키는 결과를 가져왔다. 660년 우리와 당나라 연합군이 백제를 멸망시킨 것은 내가 주도한 신라 외교의 승리였다.

3. 예시 답안
대전리산성은 675년 매소성 전투가 벌어진 곳이다. 당나라는 668년 고구려를 멸망시킨 뒤 한반도 전체를 지배하려는 욕심을 드러냈다. 이근행이 이끄는 20만 명의 당군이 이곳에 주둔했다. 이에 신라군 3만 명이 공격해 크게 이겼다. 이 전투는 나당 전쟁의 분수령이 되었다. 신라군은 한반도에서 당나라의 세력을 완전히 몰아내고 삼국 통일을 완성할 수 있었다.

12쪽 생각 로그인

4. 예시 답안

의의	한계점
민족 공동체가 형성되어 민족 국가의 기반을 마련하였다.	외세를 끌어들여 동족 국가인 백제와 고구려를 멸망시켰다.
삼국의 문물이 융합해 새로운 민족 문화를 만들어 냈다.	민족의 활동 무대를 대동강 이남으로 축소시켰다.
백제·고구려의 유민과 힘을 합쳐 민족의 자주적인 힘으로 당을 물리쳤다.	고구려의 옛 땅에서 발해가 일어나 신라와 맞섰기 때문에 진정한 통일이 아니었다.

5. 예시 답안
조선 시대 임진왜란(1592~8) 때 지방의 유학자들이 의병을 조직해 왜군과 맞서 싸웠다. / 경주 최 부잣집은 조선 시대 중기부터 300년 동안 흉년에 굶주리는 사람들을 구제하는 일을 했다. / 아버지가 이조 판서를 지낸 명문가이던 이회영 등 6형제는 일제 강점기에 중국으로 망명해 독립운동을 했고, 현재 화폐 가치로 600억 원에 이르는 전 재산을 처분해 독립운동 자금으로 썼다 등.

13쪽 한국사 논술

(긍정적 입장) 신라는 7세기 중반 백제의 공격을 맞아 수세에 몰려 있었다. 이러한 상황에서 김춘추는 당에 건너가 당나라가 고구려 정벌을 돕는 대가로 대동강 이남의 영유권을 신라가 갖는다는 비밀 협약을 맺었다. 신라는 660년 당과 연합해 백제를 멸망시켰고, 668년엔 고구려까지 무너뜨렸다. 하지만 당은 신라와 맺은 협약을 지키지 않고 한반도 전체를 자기네 땅으로 삼으려는 야욕을 드러냈다. 신라는 당군을 몰아내기 위한 전쟁에 나섰다. 신라군은 675년 매소성에서 당의 대군을 물리친 뒤 이듬해 삼국 통일을 완성했다. 따라서 신라의 삼국 통일을 긍정적인 입장에서 평가할 필요가 있다. 삼국 통일이 하나의 민족 공동체를 형성해 민족 국가의 기반을 마련한 점을 중요하게 여겨야 하기 때문이다. 또 삼국의 문물을 융합시켜 새로운 민족 문화를 만들어 낸 중요한 계기가 되었다는 점도 지나쳐서는 안 된다. 신라의 삼국 통일을 부정적으로 보는 입장은, 당이라는 외세를 끌어들이고 우리 민족의 활동 무대를 대동강 이남으로 축소시켰다는 한계점을 부각한다. 하지만 이는 오늘날의 민족주의 역사관에 입각한 평가이며, 삼국이 치열하게 다투던 상황에서 신라가 자국의 이익을 위해 당과 연합한 전략은 어쩔 수 없는 선택이었다.

(부정적 입장) 신라는 7세기 중반 백제의 공격을 맞아 수세에 몰려 있었다. 이러한 상황에서 김춘추는 당에 건너가 당나라가 고구려 정벌을 돕는 대가로 대동강 이남의 영유권을 신라가 갖는다는 비밀 협약을 맺었다. 신라는 660년 당과 연합해 백제를 멸망시켰고, 668년엔 고구려까지 무너뜨렸다. 하지만 당은 신라와 맺은 협약을 지키지 않고 한반도 전체를 자기네 땅으로 삼으려는 야욕을 드러냈다. 신라는 당군을 몰아내기 위한 전쟁에 나섰다. 신라군은 675년 매소성에서 당의 대군을 물리친 뒤 이듬해 삼국 통일을 완성했다. 하지만 신라의 삼국 통일을 부정적인 입장에서 평가해야 한다. 삼국 통일은 당이라는 외세를 끌어들여 동족 국가인 백제와 고구려를 멸망시켰다는 한계점이 있기 때문이다. 또 백제 땅만 통합했을 뿐이고, 고구려 땅의 대부분을 잃었다. 따라서 우리 민족의 활동 무대가 대동강 이남으로 축소되었다. 삼국 통일을 긍정적으로 보는 입장은 하나의 민족 공동체를 형성했다는 점을 부각한다. 하지만 이러한 견해는 옳지 않다. 고구려의 옛 땅에는 발해가 일어났기 때문에 하나의 민족 공동체를 처음 이룬 것은 신라가 아니라 고려이다. 따라서 이 시대를 통일 신라 시대가 아니라 남북국 시대라고 불러야 한다.

02 연개소문은 영웅인가 독재자인가

19쪽 생각 로그인

1. 예시 답안
귀족 연립 정권을 무너뜨리고 독재 정치로 바꿨다. 귀족 연립 체제는 대대로와 막리지 등 유력한 귀족들이 귀족 회의에서 협의를 통해 국정을 운영하는 정치 체제를 말한다. 연개소문은 정변을 일으켜 반대파 귀족들을 제거하고, 스스로 군사권과 인사권을 틀어쥔 채 최고 권력자가 되었다.

2. 예시 답안

영류왕	당나라와 평화롭게 지내기 위해 조공을 바치는 사대 외교를 폈다.
연개소문	사대 외교를 굴욕적이라고 보고, 당나라에 맞서 싸우자는 강경론을 이끌었다.

3. 예시 답안
당나라 군대의 공격에 맞섰던 고구려의 전술은 청야 전술이다. 고구려군이 당나라군에 정면으로 맞서면 이기기 어려웠다. 그래서 식량과 가축, 우물, 주거 시설 등을 철저히 없애고, 군대와 백성이 모두 성으로 들어가 굳게 지켰다. 그리고 기습 공격으로 타격을 주면서 보급로를 차단했다. 청야 전술의 장점은 우세한 적군을 지치고 굶주리게 만들어 형세를 아군에게 유리한 쪽으로 변화시키는 점이다. 단점은 백성의 생활 기반을 스스로 파

괴해 큰 고통을 주는 점이다.

20쪽 생각 로그인

4. 예시 답안

긍정적 평가의 근거	부정적 평가의 근거
뛰어난 지도력을 발휘해 당나라의 침략을 막아 냈다.	오만하고 잔인한 독재자였다.
우리 민족의 자존심과 주체성을 지켰다.	영류왕을 살해하고 불법으로 권력을 잡았다.
안일함에 젖은 귀족 세력을 숙청하고 진취적인 사회 분위기를 조성했다.	국력을 약화시켜 자신이 죽은 직후 나라가 멸망하는 빌미를 제공했다.

5. 예시 답안

연개소문이 영류왕을 살해하고 불법으로 권력을 잡은 것은 사실이다. 하지만 이를 문제 삼아 연개소문을 부정적으로 평가하면 안 된다. 권력자를 평가하는 핵심 기준은 권력을 어떻게 잡았느냐가 아니라, 권력을 잡은 뒤 나라를 어떻게 다스렸느냐 하는 점이다. 연개소문은 당나라의 침략을 막아 내고 민족의 주체성을 지키는 업적을 남겼다.

21쪽 한국사 논술

(긍정적 입장) 연개소문은 당나라와 맞서 싸우자는 강경론을 주도했다. 그리고 굴욕적인 사대 외교에 반대한다는 명분을 내세워 정변을 일으켰다. 영류왕과 반대파 귀족을 제거한 뒤, 군사권과 인사권을 틀어쥔 채 최고 권력자가 되었다. 당나라는 연개소문의 정변을 구실 삼아 고구려를 공격했다. 고구려는 들을 비우고 성을 지키는 청야 전술을 폈다. 시간이 지나자 당나라 군대는 식량 부족이 심해졌고, 겨울도 다가왔다. 이 바람에 당나라 군대는 안시성 포위 공격을 풀고 후퇴했다. 고구려는 연개소문의 뛰어난 지도력 아래 효과적인 방어 전략을 펴서 당나라의 침략을 물리칠 수 있었다. 따라서 연개소문을 긍정적으로 봐야 한다. 뛰어난 지도력을 발휘해 당의 침략을 막아 낸 전쟁 영웅이기 때문이다. 연개소문은 군사력이 약한 상황에서도 청야 전술을 써서 당나라의 대군을 물리칠 수 있었다. 또 우리 민족의 자존심과 주체성을 지켰다. 드높은 민족의 긍지를 바탕으로 당나라의 압력에 굴복하지 않은 것이다. 정변을 일으킨 점도 굴욕적인 사대 외교를 용납할 수 없었기 때문이다. 안일함에 젖은 귀족 세력을 숙청하고 진취적인 사회 분위기를 조성한 것도 연개소문을 긍정적으로 평가할 수 있는 근거가 된다.

(부정적 입장) 연개소문은 당나라와 맞서 싸우자는 강경론을 주도했다. 그리고 굴욕적인 사대 외교에 반대한다는 명분을 내세워 정변을 일으켰다. 영류왕과 반대파 귀족을 제거한 뒤, 군사권과 인사권을 틀어쥔 채 최고 권력자가 되었다. 당나라는 연개소문의 정변을 구실 삼아 고구려를 공격했다. 고구려는 들을 비우고 성을 지키는 청야 전술을 폈다. 시간이 지나자 당나라 군대는 식량 부족이 심해졌고, 겨울도 다가왔다. 이 바람에 당나라 군대는 안시성 포위 공격을 풀고 후퇴했다. 고구려는 연개소문의 뛰어난 지도력 아래 효과적인 방어 전략을 펴서 당나라의 침략을 물리칠 수 있었다. 하지만 연개소문은 긍정적인 점보다는 부정적인 점이 더 많았다. 먼저 오만하고 잔인한 독재자였다는 점에 주목해야 한다. 연개소문은 땅에 엎드린 관리들의 등을 밟고 말을 탈 정도로 권력을 마음대로 휘둘렀다. 또 영류왕을 살해하고 불법으로 권력을 잡은 점도 문제다. 연개소문은 귀족 연립 정권을 바탕으로 안정적으로 운영되던 정치 체제를 파괴하고, 독단적으로 국정을 운영했다. 그의 독재 정치는 귀족의 반발과 민심의 분열을 불러오고 국력을 약화시키기에 이르렀다. 이는 그가 죽은 직후에 고구려를 멸망하게 만든 빌미가 되었다.

03 통일 신라의 민족 통합 정책은 성공했나

27쪽 생각 로그인

1. 예시 답안

백제는 지배층이 향락에 빠져 민심이 흔들렸고, 고구려는 연개소문이 죽은 뒤 자식들끼리 권력 다툼이 일어났기 때문이다.

2. 예시 답안

지배층	신라의 관직을 주어 신라의 지배층으로 받아들였다.
백성	전국을 9주로 나눈 뒤 옛 신라 땅에 3주, 옛 백제 땅에 3주, 옛 고구려 땅에 3주를 각각 설치해 옛 삼국에 똑같은 지분을 부여했다. / 왕의 직속 부대인 9서당에 신라인뿐 아니라 백제와 고구려의 유민까지 받아들였다.

3. 예시 답안

'삼한은 한 집안'이라는 생각에는 엄격한 신분 차별을 극복하지 못한 한계점이 있다. 신라는 통일 이전에도 경상도에서 영토를 확장하면서 경주 사람과 지방 사람을 구분해 관직을 차등적으로 주었다. 신라는 경주 사람 중심의 나라였고, 경주 사람은 지방 사람을 외부인으로 여긴 것이다. 통일 신라는 백제와 고구려의 지배층에게도 같은 태도를 보였다. 백제와 고구려의 지배층을 신라의 지배층과는 구별되는 하급 신분으로 대우했다.

28쪽 생각 로그인

4. 예시 답안

성공	실패
백제와 고구려의 지배층에게 신라의 관직을 주었다.	백제와 고구려의 지배층에게 관직을 주기는 했지만, 하급 관직에 머물렀다.
우리 민족의 자존심과 주체성을 지켰다.	영류왕을 살해하고 불법으로 권력을 잡았다.
안일함에 젖은 귀족 세력을 숙청하고 진취적인 사회 분위기를 조성했다.	국력을 약화시켜 자신이 죽은 직후 나라가 멸망하는 빌미를 제공했다.

5. 예시 답안

민족 통합에 성공하려면 북한 주민을 남한 주민과 동등하게 대우해야 한다. 그래야 남북한 주민들이 정서적 일체감을 형성할 수 있다. 또 남북한 주민의 경제적 격차를 최대한 좁혀야 한다. 남북한 주민의 소득 격차가 크게 벌어진 상황을 극복하지 못하면, 남한 주민의 우월감과 북한 주민의 열등의식이 갈등을 키울 것이다. 따라서 북한 경제를 발전시키기 위해 적극 지원해야 한다.

29쪽 한국사 논술

(성공했다고 보는 의견) 신라는 당나라와 연합해 백제와 고구려를 멸망시키고, 한반도에서 당나라군까지 쫓아냈다. 신라는 삼국 통일을 이룬 뒤 민족 통합 정책을 폈다. 신라는 백제와 고구려의 지배층을 자국의 지배층으로 받아들이기 위해 그들에게 신라의 관직을 주었다. 또 옛 신라 땅에 3주, 옛 백제 땅에 3주, 옛 고구려 땅에 3주를 각각 설치했다. 옛 삼국에게 동등한 지분을 주어서 백제와 고구려의 일반 백성까지 자국의 국민으로 통합시키기 위해서였다. 군사 조직도 개편해 중앙군으로 9서당을 설치하고, 신라인뿐 아니라 백제와 고구려의 유민까지 받아들였다. 따라서 신라는 민족 통합 정책에 성공했다고 보아야 한다. 신라는 백제와 고구려의 지배층에게 신라의 관직을 주었다. 그들을 신라의 지배층으로 받아들여 민족 통합의 발판을 마련했다는 점에 주목해야 한다. 9주와 9서당을 설치한 정책은 백제와 고구려의 일반 백성을 통합하는 효과가 있었다. 9주는 옛 삼국에 동등한 지분을 부여했고, 9서당에는 백제와 고구려의 유민까지 받아

들여 자국 국민으로 통합했기 때문이다. 세금을 줄여 백제와 고구려 유민의 경제생활을 안정시킨 점도 신라의 통합 정책이 성공했음을 보여 준다. (실패했다고 보는 의견)신라는 당나라와 연합해 백제와 고구려를 멸망시키고, 한반도에서 당나라군까지 쫓아냈다. 신라는 삼국 통일을 이룬 뒤 민족 통합 정책을 폈다. 신라는 백제와 고구려의 지배층을 자국의 지배층으로 받아들이기 위해 그들에게 신라의 관직을 주었다. 또 옛 신라 땅에 3주, 옛 백제 땅에 3주, 옛 고구려 땅에 3주를 각각 설치했다. 옛 삼국에게 동등한 지분을 주어서 백제와 고구려의 일반 백성까지 자국의 국민으로 통합시키기 위해서였다. 군사 조직도 개편해 중앙군으로 9서당을 설치하고, 신라인뿐 아니라 백제와 고구려의 유민까지 받아들였다. 하지만 신라는 민족 통합 정책에 실패했다고 보아야 한다. 백제와 고구려의 유민을 차별했다는 점을 놓쳐서는 안 되기 때문이다. 백제와 고구려의 지배층에게 하급 관직을 주었을 뿐이고, 그들이 고위직에 오르도록 허용하지 않았다. 9서당에 편입된 백제와 고구려의 유민을 별도의 부대로 만들어 신라인과 섞이지 않게 한 점에도 주목해야 한다. 또 통일 신라 말기에 견훤과 궁예가 각각 백제와 고구려의 후계자임을 내세워 봉기했는데, 이는 차별 정책이 심한 탓에 백제와 고구려의 유민이 반발한 데서 비롯했다.

04 고려의 강화 천도는 항전 전략인가 도피인가

35쪽 생각 로그인

1. 예시 답안
권력을 지키기 위해서였다. 몽골은 권력을 잡은 신하가 왕의 권위를 깎아내리는 일을 용납하지 않았다. 그래서 몽골의 지배를 받으면 왕실이 권력을 되찾고, 최우 자신은 역적으로 처단될 가능성이 컸다.

2. 예시 답안
약속 내용은 왕실을 보전하고, 고려의 주권을 유지하며, 세금을 거둬 가지 않는다는 조건이었다. 그 까닭은 황제 자리를 놓고 동생과 내전을 벌이던 쿠빌라이가 자신을 지지한 고려에게 고마움을 느낀 점도 있지만, 오랫동안 항전한 고려의 저력을 인정했기 때문이다.

3. 예시 답안
고려는 항복하면서 왕이나 태자가 몽골에 입조하거나, 왕자를 인질로 보내고, 서울을 다시 개경으로 옮긴다고 약속했다. 하지만 이러한 약속을 지키지 않았는데, 몽골군의 재침략에 따른 피해를 키우는 꼴이 되었다. 몽골은 당시 많은 속국을 거느리고 있었는데, 정복자의 입장에서는 어떤 속국이 명령이나 항복 조건을 지키지 않고도 살아남는다면, 다른 속국을 통제하기 어렵다고 생각할 수밖에 없다. 따라서 약속을 지키지 않은 고려를 철저하게 응징해 본보기로 삼으려 한 것이다.

36쪽 생각 로그인

4. 예시 답안
역사상 최대의 제국을 이룬 몽골군의 침략에 정면으로 맞설 경우 승산이 없었다. / 강화도의 지형이 외부 세력의 침입을 방어하기에 유리했다. / 거국적이고 장기적인 항전을 이끌어 냈다 등.

5. 예시 답안
지도자는 외적의 침략으로 위기를 맞은 나라를 구하려면 국민을 단합시켜야 한다. 국민의 단합을 이끌어 내려면, 지도자가 국민과 더불어 즐거움과 고통을 함께 나누는 본보기를 보여야 한다. 그런데 고려가 몽골군의 침략을 받는 동안 최고 권력자인 최우는 강화도에서 사치스러운 생활을 즐겼다. 지도자가 국민의 고통을 외면한 채 안전한 곳에서 사치스럽게 지내면, 국민을 단합시키기 어렵다.

37쪽 한국사 논술

(효과적인 항전 전략이다)몽골은 1231년 고려를 방문한 사신이 귀국길에 피살된 사건을 구실로 삼아 대군을 동원해 고려를 침략했다. 고려에서는 당시 최씨 무신 정권이 군사력을 기반으로 권력을 잡고 있었다. 최씨 무신 정권은 이듬해 몽골에 대항하기 위해 강화도로 수도를 옮겼다. 그 뒤 몽골군은 1258년 제9차 침략 때까지 틈만 나면 고려를 공격했다. 고려는 천민과 승려까지 참여해 몽골군에 맞서 싸웠지만, 많은 백성이 죽거나 포로로 잡혀갔다. 고려는 오랜 전쟁에 지쳐 1259년 몽골에 항복했지만, 왕실 보전과 주권 유지 등 중요한 성과를 얻어냈다. 따라서 강화 천도는 효과적인 항전 전략으로 봐야 한다. 고려는 막강한 몽골군의 침략에 정면으로 맞서는 전략으로는 승산이 없었다. 따라서 방어하기에 유리한 곳에 거점을 두고 장기전을 펼쳐야 했다. 강화도는 그때 상황에서 방어하기에 유리한 군사적 요충지였다. 몽골군은 해전에 약했는데, 강화도는 밀물과 썰물의 차이가 크고 물살이 빨랐다. 게다가 강화도 천도는 거국적이고 장기적인 항전을 이끌어 낼 수 있었다. 강화도 천도로 최고 지휘부를 안전하게 지킨 덕에 천민까지 가세해 39년간 몽골군에 저항할 수 있었던 것이다.

(백성을 포기한 도피책이었다)몽골은 1231년 고려를 방문한 사신이 귀국길에 피살된 사건을 구실로 삼아 대군을 동원해 고려를 침략했다. 고려에서는 당시 최씨 무신 정권이 군사력을 기반으로 권력을 잡고 있었다. 최씨 무신 정권은 이듬해 몽골에 대항하기 위해 강화도로 수도를 옮겼다. 그 뒤 몽골군은 1258년 제9차 침략 때까지 틈만 나면 고려를 공격했다. 고려는 천민과 승려까지 가세해 몽골군에 맞섰지만, 많은 백성이 죽거나 포로로 잡혀갔다. 고려는 오랜 전쟁에 지쳐 1259년 몽골에 항복했지만, 왕실 보전과 주권 유지 등 중요한 성과를 얻어냈다. 하지만 강화 천도는 백성을 포기한 도피책으로 봐야 한다. 고려의 군사력을 강화도 방위에만 집중했기 때문이다. 최씨 무신 정권은 전투력이 가장 강한 삼별초를 강화도에 배치했다. 이 때문에 군대가 거의 없던 본토에서 몽골군의 공격을 받은 백성들이 극심한 고통을 겪게 만들었다. 많은 백성은 아무런 방어책도 없는 상태에서 죽거나 포로로 잡혀갔으며, 살아남아도 굶주림에 시달려야 했다. 그런데 최우 등 지배층은 안전한 강화도에서 사치스러운 생활을 즐겼다. 이는 국민을 단합시켜 몽골에 효과적으로 대항하는 전략을 불가능하게 만들었다.

05 삼별초의 대몽 항쟁은 반란인가

43쪽 생각 로그인

1. 예시 답안

수도를 강화도로 옮긴 이유	진도를 근거지로 삼은 이유
몽골군이 해전에 약할 것으로 판단했다. / 밀물과 썰물의 차가 크고 물살이 빨라 방어하기에 유리했다 등.	뭍에 가까운 강화도보다 방어에 더 유리했다. / 개경과 경상도를 연결하는 바닷길 중간에 있어서 물자 조달이 편리했다 등.

2. 예시 답안
몽골에 항복하면 고려의 자주권을 팔아먹는 행위다. 태조께서 고려를 세운 뒤 우리는 국가를 지켜 왔다. 몽골의 거듭된 침략을 받았지만 우리 선조는 굴복하지 않고, 굳게 단결해 나라를 지켰다. 몽골군은 수많은 백성을 죽이고 약탈하는 만행을 저지르고 있다. 지금 우리의 귀에는 몽골군에게 짓밟힌 백성의 신음 소리가 들린다. 몽골군을 두려워하며 목숨을 구걸해서는 안 된다. 자주 정신을 잃지 않으면 어떤 고난을 겪어도 고려는 살아남을 것이다. 우리는 선조의 자주 정신을 이어받아 몽골군과 목숨을 바쳐 싸워야 한다.

3. 예시 답안

(1) 몽골군에 맞서 나라를 지키려면 지도층이 모범을 보여야 한다. 백성은 고통을 겪는데, 최씨 무신 정권은 안전한 강화도에서 호사스러운 생활을 하고 있다. 백성이 애국심으로 무장해 국토방위에 적극 나서도록 하려면, 지도층이 검소한 생활을 하며 모범을 보여야 한다. (2) 몽골군에 맞서 나라를 지키려면 신분제 때문에 차별을 받는 백성이 없도록 해야 한다. 관노 등 신분이 천한 사람들이 몽골군을 무찌르고 충주성을 방어했지만, 관리와 양반은 관노의 우두머리를 죽이려 했다. 신분의 귀천을 따지지 말아야 모든 백성이 단결해 국토방위에 적극 나설 수 있다.

44쪽 생각 로그인

4. 예시 답안

자주 정신을 높이 평가하기 때문이다. 삼별초는 고려의 자주권을 지키기 위해 몽골의 속국이 되기를 거부하며 저항했다. 이러한 정신을 지녔으므로 삼별초는 백성의 폭넓은 지지를 받았고, 여러 해 동안 항쟁을 이어 갈 수 있었다.

5. 예시 답안

삼별초의 대몽 항쟁을 긍정적으로 보는 사람들은 삼별초가 백성의 폭넓은 지지를 받았다고 주장한다. 이러한 주장은 삼별초가 항쟁에 나선 가장 중요한 이유가 백성의 안전이 아니라 자기네의 생존을 위한 자구책이었다는 사실을 무시하고 있다. 백성이 삼별초의 항쟁을 지지한 면이 있기는 하다. 하지만 대몽 항쟁의 주역은 삼별초가 아니라 일반 백성이었다. 삼별초는 본래 몽골군에 맞서 싸우기보다 권력자들을 위해 강화도를 지키는 일에 주력했다. 그들이 개경 환도에 따르지 않은 이유는 무신 정권이 몰락해 자신들이 숙청을 당할지 모른다는 불안감 때문이었다.

6. 예시 답안

자신의 집권을 합리화하기 위함이다. 박정희 정권은 정변을 일으켜 선거로 뽑힌 정부를 밀어내고 권력을 잡았다. 군대의 힘을 동원해 헌법 질서를 무너뜨렸으므로 집권의 정당성이 약했다. 이러한 약점을 보완하기 위해 무신 정권과 삼별초의 대몽 항쟁이 우리 민족의 자주 정신을 드높였다고 재평가했다. 이를 통해 군인들이 주축이 된 박정희 정권도 민족의 자주 정신을 드높일 수 있다는 점에서 역사적 정당성을 가진다는 사고방식을 퍼뜨리려고 한 것이다.

45쪽 한국사 논술

(긍정적 입장) 1231년에 몽골군의 침략으로 고려는 역사에서 보기 드문 고난을 겪었다. 최씨 무신 정권은 몽골군에 맞서 싸우기 위해 수도를 강화도로 옮겼다. 하지만 권력자와 지배층이 안전한 강화도에서 호사스러운 생활을 하는 동안 국토는 몽골군에게 짓밟히고 많은 백성이 희생되었다. 백성이 지치고 원망이 커짐에 따라, 원종은 항전 의지를 꺾었다. 몽골 황제에게 항복한 뒤에 40여 년 동안의 대몽 항쟁을 끝내기 위해 1270년 5월 개경으로 돌아가기로 결정했다. 삼별초는 이에 반대해 반란을 일으켰으며, 진도와 제주도로 근거지를 옮기고 대몽 항쟁에 나섰다. 하지만 1273년 4월 고려와 몽골 연합군의 기습 작전에 밀려 최후를 맞았다. 삼별초는 비록 최후를 맞았지만, 그들의 항쟁은 고려인의 자주 정신을 상징하며 후대에 큰 영향을 미쳤다. 몽골은 아시아와 유럽에 걸쳐 세계 최대의 제국을 건설한 강대국이었다. 하지만 삼별초는 고려의 자주권을 지키기 위해 몽골의 속국이 되기를 거부하며 끝까지 저항했다. 이러한 정신을 지녔으므로 삼별초는 백성의 폭넓은 지지를 받았다. 여러 해 동안 항쟁을 이어 갈 수 있었던 힘도 백성의 지지에서 나왔다.

(부정적 입장) 1231년에 몽골군의 침략으로 고려는 역사에서 보기 드문 고난을 겪었다. 최씨 무신 정권은 몽골군에 맞서 싸우기 위해 수도를 강화도로 옮겼다. 하지만 권력자와 지배층이 안전한 강화도에서 호사스러운 생활을 하는 동안 국토는 몽골군에게 짓밟히고 많은 백성이 희생되었다. 백성이 지치고 원망이 커짐에 따라, 원종은 항전 의지를 꺾었다. 몽골 황제에게 항복한 뒤에 40여 년 동안의 대몽 항쟁을 끝내기 위해 1270년 5월 개경으로 돌아가기로 결정했다. 삼별초는 이에 반대해 반란을 일으켰으며, 진도와 제주도로 근거지를 옮기고 대몽 항쟁에 나섰다. 하지만 1273년 4월 고려와 몽골 연합군의 기습 작전으로 최후를 맞았다. 삼별초의 대몽 항쟁은 백성의 안전이 아니라 자기네의 생존을 위한 목적이 있었다는 점에서 부정적으로 평가할 수 있다. 대몽 항쟁의 주역은 삼별초가 아니라 일반 백성이었다. 김윤후와 백성은 처인성에서 몽골군을 물리쳤고, 충주성을 지킨 것은 관노들이었다. 삼별초는 본래 권력자들을 위해 강화도를 지키는 일에 주력했다. 그들이 개경 환도에 따르지 않은 것은 무신 정권이 몰락해 자신들이 숙청을 당할지 모른다는 불안감 때문이었다.

06 사대 정책은 굴욕 외교인가

51쪽 생각 로그인

1. 예시 답안

	신라와 당나라	고려와 원나라
공통점	중국(당나라와 원나라)을 큰 나라로 섬겼다.	
차이점	국익을 위해 당나라를 큰 나라로 섬겼고, 국익을 위해 당나라와 맞서 싸우기도 했다. / 당나라의 내정 간섭을 받지 않았다.	고려 왕실은 원나라 황실과 혼인 관계를 맺고, 원나라에 철저하게 종속되어 있었다. / 원나라의 내정 간섭을 받았다.

2. 예시 답안

(찬성) 고려가 명나라를 공격하면 국가 안보와 국익에 심각한 타격을 받을 수 있었기 때문이다. 명나라는 원나라를 몰아내고 중국을 통일할 정도로 군사력이 막강했다. 따라서 고려가 명나라와 전쟁을 벌여서는 이길 확률이 거의 없었다.

(반대) 철령 이북의 땅을 내놓으라는 명나라의 요구에 굴복하면 고려의 주권이 훼손될 수 있기 때문이다. 철령 이북의 땅은 원래 고려의 영토였는데 원나라에 강점을 당했다. 따라서 이를 지키려고 명나라를 공격한 것은 주권 보호를 위한 정당한 방어 조치였다.

3. 예시 답안

명나라는 풍부한 경제력을 바탕으로 베푸는 외교를 펴서 패권 유지와 국가 안보에 도움을 받았기 때문이다. 조공을 받는 대가로 경제적 도움을 주변 조선이 명나라에 복종하기 때문에 주변 국가에 대한 명나라의 패권 유지에 기여할 수 있었다. 또 이는 조선이 명나라에 맞서는 세력과 손을 잡지 못하게 막는 효과가 있었기 때문에 명나라의 국가 안보에도 유리한 환경을 조성했다.

52쪽 생각 로그인

4. 예시 답안

굴욕 외교	실리 외교
조선의 왕이 명나라 황제의 제후가 되었기 때문에 독립국의 지위를 잃었다. / 중국의 문화를 떠받들고 우리 문화는 스스로 얕잡아 보았기 때문에 민족적 자존감을 잃었다.	명나라의 침략을 방지해 국가 안보를 보장 받을 수 있었다. / 조공을 통해 경제적 이익을 얻었고, 명나라의 문물과 제도를 빠르게 받아들여 국가 체제를 정비할 수 있었다.

5. 예시 답안

'만국 공법'의 국제 질서를 지지하는 입장에서 볼 때, 사대 정책의 문제점은 강대국의 패권을 받아들인 점이다. 사대 정책은 조선이 스스로 약소국임을 인정하고 강대국인 명나라의 패권을 받아들인 외교 정책이다. 이는 조선과 명나라가 불평등한 관계에 있음을 인정하고, 조선이 주권 국가임을 부인하는 결과를 불렀다.

53쪽 한국사 논술

(굴욕 외교다) 고려 전기에는 사대 정책이 국익을 기준으로 삼아 선택적으로 실시되었다. 조공 대상국을 송나라에서 요나라, 금나라로 바꾼 이유는 고려의 국익에 이롭다고 판단했기 때문이다. 이는 고려가 중국을 큰 나라로 섬겼지만, 독립국의 위상을 지켰음을 뜻한다. 그런데 고려가 원나라에 항복한 뒤 원나라 황실과 혼인 관계를 맺으면서 독립성을 잃었다. 조선은 명나라를 큰 나라로 섬기는 것을 외교 정책의 기본 원칙으로 삼았다. 이에 따라 조선의 왕은 명나라 황제가 임명한 제후가 됐고, 새로운 왕이 즉위하면 명나라의 승인을 받았다. 또 1년에 세 차례씩 말과 베 등 조공을 바쳐야 했다. 그래도 내정에 대해서는 명나라의 간섭을 받지 않고 독자적으로 처리했다. 하지만 사대 정책은 굴욕 외교의 성격을 띤다. 이 정책 때문에 조선은 독립국의 지위를 잃었다. 독립국이 되려면 왕의 권위가 독자적으로 확보되어야 한다. 그런데 조선의 왕은 명나라 황제의 임명에 의해 권위를 확보했다. 또 사대 정책은 민족적 자존감을 잃게 만들었다. 조선 왕조는 명나라의 문물과 제도를 받아들여 국가 체제를 정비했다. 이 과정에서 명나라의 문화가 우리 문화보다 우월하다고 여기는 사고방식이 자리를 잡게 된 것이다.

(실리 외교다) 고려 전기에는 사대 정책이 국익을 기준으로 삼아 선택적으로 실시되었다. 조공 대상국을 송나라에서 요나라, 금나라로 바꾼 이유는 고려의 국익에 이롭다고 판단했기 때문이다. 이는 고려가 중국을 큰 나라로 섬겼지만, 독립국의 위상을 지켰음을 뜻한다. 그런데 고려가 원나라에 항복한 뒤 원나라 황실과 혼인 관계를 맺으면서 독립성을 잃었다. 조선은 명나라를 큰 나라로 섬기는 것을 외교 정책의 기본 원칙으로 삼았다. 이에 따라 조선의 왕은 명나라 황제가 임명한 제후가 됐고, 새로운 왕이 즉위하면 명나라의 승인을 받았다. 또 1년에 세 차례씩 말과 베 등 조공을 바쳐야 했다. 그래도 내정에 대해서는 명나라의 간섭을 받지 않고 독자적으로 처리했다. 따라서 사대 정책은 실리 외교의 성격을 띤다. 조선은 명나라를 큰 나라로 섬기는 대가로 여러 이득도 챙겼다. 명나라의 침략을 방지해 국가 안보를 보장 받을 수 있었다. 조공의 대가로 더 많은 답례품을 받아 경제적 이익도 챙겼다. 무엇보다 명나라의 문물과 제도를 빠르게 받아들여 국가 체제를 정비할 수 있었다. 이 과정에서 민족의 자존감을 바탕으로 명나라의 문화를 받아들여 우리 문화를 더 수준 높게 발전시킬 수 있었다.

07 조선 왕조 건국은 혁명이었나

59쪽 생각 로그인

1. 예시 답안

권문세족	구분	신진 사대부
원나라와 연결된 중앙 귀족의 후손	출신 신분	지방 향리의 자손
음서 제도	관직 진출	과거 합격
넓은 농장을 소유한 대지주	경제 기반	중소 지주

2. 예시 답안

국왕 중심 체제	장단점	재상 중심 체제
왕의 능력이 뛰어나면 빠른 의사 결정을 통해 과감하게 개혁할 수 있다.	장점	안정된 정치가 가능하다.
왕의 자질이 좋지 않으면 나쁜 정치를 할 수 있다.	단점	기득권 세력의 횡포가 심할 때 과감하게 견제하기 어렵다.

3. 예시 답안

(급진파) 유학은 백성을 정치의 근본으로 삼는데, 백성을 위한 정치를 하려면 낡은 왕조를 무너뜨리고 새로운 왕조를 세워야 한다. 또 백성의 경제생활을 안정시키려면 권문세족이 가진 넓은 농장을 몰수해서 백성에게 나눠 줘야 한다.

(온건파) 유학은 임금에 대한 충성을 가장 중요한 윤리로 여기는데, 조상 대대로 섬긴 고려를 멸망시키고 새로운 왕조를 세운다면 윤리에 어긋난다. 또 토지 제도 개혁을 급하게 서둘러서는 안 된다. 토지는 경제의 바탕인데, 이를 잘못 바꾸면 국가를 운영하기 어려워진다.

60쪽 생각 로그인

4. 예시 답안

권문세족은 자기네 기득권을 지키기에 급급했기 때문에 이렇다 할 정치 이념이 없었다. 신진 사대부는 중국에서 들여온 성리학을 정치 이념으로 삼았다. 성리학은 민본 사상을 바탕으로 왕을 도와 어진 정치 펴기를 중시했다.

5. 예시 답안

식민 사학자들은 조선의 건국이 지배층 내부의 권력 다툼에 지나지 않았다고 보기 때문이다. 또 사회적으로도 중요한 변화가 없었다고 본다. 하지만 식민 사학자들은 한국사를 정체와 분열의 역사로 보는 편견 때문에 조선의 건국을 단순한 궁중 반란으로 보았다. 조선의 건국은 토지 제도와 신분제를 개혁해 백성의 생활을 안정시켰기 때문에 궁중 반란으로 보면 안 된다.

61쪽 한국사 논술

(혁명이다) 14세기에 고려의 지배층인 권문세족의 횡포 때문에 백성의 경제생활이 불안해지고 국가의 재정 형편이 좋지 않았다. 정도전 등의 신진 사대부는 이성계의 위화도 회군을 기회로 삼아 정권을 잡았다. 그다음 권문세족의 토지를 몰수한 뒤에 토지 개혁을 실시했다. 그리고 개혁 반대 세력을 무력화시킨 뒤 1392년 이성계를 왕으로 추대해 조선 왕조를 세웠다. 정도전은 재상 중심의 정치 체제를 지향했지만, 이방원(태종)은 정도전을 제거하고 국왕 중심의 정치 체제를 확립했다. 따라서 조선의 건국은 궁중 반란이 아니라 혁명으로 평가된다. 민본 사상을 국가 운영의 기본 이념으로 삼아 백성을 중심에 두는 새로운 정치 체제를 추구했기 때문이다. 신진 사대부가 권문세족을 몰아내고 토지 개혁을 단행한 행위는 백성의 생활 안정을 목표로 한 것이었다. 또 기존의 지배층이 교체되고 새로운 왕조가 들어서면서 역사가 발전하는 계기도 되었다. 특히 권문세족이 누리던 특권을 철폐하고 토지 재분배를 통해 백성의 삶을 직접적으로 개선하려는 노력은 사회 전반에 큰 변화를 불러일으켰다. 이러한 점에서 조선의 건국은 단순한 권력 교체를 넘어선 혁명적 변화라고 할 수 있다.

(궁중 반란이다) 14세기에 고려의 지배층인 권문세족의 횡포 때문에 백성의 경제생활이 불안해지고 국가의 재정 형편이 좋지 않았다. 정도전 등의 신진 사대부는 이성계의 위화도 회군을 기회로 삼아 정권을 잡았다. 그다음 권문세족의 토지를 몰수한 뒤에 토지 개혁을 실시했다. 그리고 개혁 반

대 세력을 무력화시킨 뒤에 1392년 이성계를 왕으로 추대해 조선 왕조를 세웠다. 정도전은 재상 중심의 정치 체제를 지향했지만, 이방원(태종)은 정도전을 제거하고 국왕 중심의 정치 체제를 확립했다. 그러나 조선의 건국은 혁명이 아니라 궁중 반란으로 평가된다. 신진 사대부가 내세운 민본 사상은 명분에 불과했고, 실제로는 권력 다툼을 통해 자기네 이익을 강화하려는 목적이 더 컸다. 신진 사대부가 권문세족을 몰아내고 토지 개혁을 단행했지만, 이는 백성보다는 자신의 권력 기반을 다지기 위한 조치였다. 새로운 왕조가 들어섰어도, 지배층의 교체만 있었을 뿐 백성의 삶에는 큰 변화가 없었다. 특히 토지 재분배도 소수의 지배층에게 유리하게 진행되었다. 사회 구조의 근본적인 개선도 이루어지지 않았다. 이러한 점에서 조선의 건국은 혁명적 변화가 아닌 권력의 교체에 불과하다고 할 수 있다.

08 계유정난 어떻게 평가해야 할까

67쪽 생각 로그인

1. 예시 답안

육조 직계제	육조의 장관이 직접 왕에게 보고한 뒤 승인을 받아 정책을 집행하는 제도.
의정부 서사제	육조의 장관이 정승들에게 보고하면 정승들이 합의해 정책을 결정하는 제도.

2. 예시 답안
의정부 서사제를 없애고 육조 직계제를 부활했다. 집현전을 없애고 경연도 폐지했다. 호패법을 실시했다 등.

3. 예시 답안
정변에 성공한 세력이 자기네 행동을 정당화하기 위해 만들어 낸 용어라는 문제점이 있다. 정난은 나라가 어려움에 처한 상황을 극복해 편안하게 만들었음을 뜻한다. 그런데 수양대군은 나라가 어려움에 빠진 상황을 김종서의 반역 음모 때문이라고 몰아갔다. 하지만 이러한 음모를 뒷받침할 만한 증거가 없으므로, 수양대군이 자신의 정변을 정당화하기 위해 지어낸 이야기에 불과하다.

68쪽 생각 로그인

4. 예시 답안

긍정적 의견	부정적 의견
나라가 안정되려면 왕권이 강해야 한다.	계유정난은 왕권과 신권의 조화를 깨뜨렸다.
계유정난은 비대해진 신권을 약화시키고 유명무실하던 왕권을 회복시켰다.	정승들이 국정을 주도한 까닭은 어린 단종을 돕기 위해서였다.
세조가 호패법을 복원해 왕권을 강화하고, 국가 운영의 기반을 튼튼히 했다.	세조가 단종을 왕위에서 쫓아내고 목숨까지 빼앗은 것은 패륜 행위이다.

5. 예시 답안
민심을 모으기 어렵다는 점을 놓치는 문제가 있다. 정치 지도자에게 윤리적 결함이 있으면 좋은 뜻에서 정책을 추진해도 국민의 지지를 받기 어렵다. 특히 조선 시대에는 정치 지도자의 도덕성을 오늘날보다 더 무겁게 여겼다는 점을 놓치면 안 된다. 조선 왕조는 유교를 정치 이념으로 삼는데, 유교에서는 백성을 다스릴 때 도덕을 법보다 더 중요하게 여겼다. 따라서 왕의 능력이 뛰어나도 윤리적 결함이 있으면 민심을 모으기 어려웠다.

69쪽 한국사 논술

(**긍정적 입장**) 계유정난은 뒷날 세조가 되는 수양대군이 1453년에 정권을 잡기 위해 일으킨 정변을 말한다. 정변의 원인은 왕권과 신권의 갈등이다. 단종이 13세의 어린 나이로 즉위하면서 정승들에게 권력이 집중되었다. 이에 따라 황보인과 김종서 등이 중요한 정책과 인사를 결정했고, 단종은 이 결정을 승인하는 역할만 하게 되었다. 계유정난을 일으킨 뒤 왕위에 오른 수양대군은, 왕권을 강화하는 정책을 폈다. 이를 위해 의정부 서사제를 없애고 육조 직계제를 부활했다. 집현전도 없애고 경연도 폐지했다. 따라서 계유정난을 긍정적으로 평가할 필요가 있다. 나라가 안정되려면 왕권이 강해야 하기 때문이다. 왕권이 약하면 권세를 잡은 신하들이 국정을 자기 마음대로 하게 된다. 이렇게 되면 부정부패가 심해져 민심이 흔들리는 결과를 부를 수 있다. 계유정난은 비대해진 신권을 약화시키고 유명무실하던 왕권을 회복시키는 결과를 낳았다. 국정을 주도하던 김종서와 황보인 등 정승을 제거하고, 육조 직계제를 부활시켜서 왕권 강화에 크게 도움이 되었다. 세조가 호패법을 실시해 왕권을 강화하고 국가 운영의 기반을 튼튼히 한 점도 긍정적으로 평가되는 근거다.

(**부정적 입장**) 계유정난은 뒷날 세조가 되는 수양대군이 1453년에 정권을 잡기 위해 일으킨 정변을 말한다. 정변의 원인은 왕권과 신권의 갈등이다. 단종이 13세의 어린 나이로 즉위하면서 정승들에게 권력이 집중되었다. 이에 따라 황보인과 김종서 등이 중요한 정책과 인사를 결정했고, 단종은 이 결정을 승인하는 역할만 하게 되었다. 계유정난을 일으킨 뒤 왕위에 오른 수양대군은, 왕권을 강화하는 정책을 폈다. 이를 위해 의정부 서사제를 없애고 육조 직계제를 부활했다. 집현전도 없애고 경연도 폐지했다. 하지만 계유정난은 왕권과 신권의 조화를 깨뜨려 조선 사회를 혼란으로 몰아넣었다. 어린 왕의 능력에는 한계가 있었으므로 유능한 정승의 보좌를 받을 필요가 있었다. 따라서 나라가 안정되려면 왕권과 신권이 조화를 이뤄야 했다. 정승들이 국정을 주도한 까닭도 어린 단종을 돕기 위해서였다. 단종이 성인이 되면 정승들이 본래의 업무에 복귀해 왕권과 신권이 조화를 되찾았을 가능성이 컸다. 게다가 세조는 조카인 단종을 왕위에서 쫓아내고 목숨까지 빼앗는 패륜 행위를 저질렀다는 점에서 부정적으로 평가할 수밖에 없다.

09 조광조의 개혁 정책은 왜 실패했을까

75쪽 생각 로그인

1. 예시 답안

훈구파	구분	사림파
중앙 집권적 통치와 부국강병을 중요하게 여겼다.	정치 성향	향촌 자치와 왕도 정치를 추구했다.
대농장을 소유했다.	경제 기반	향촌에 기반을 둔 중소 지주였다.
문장과 문학을 중요하게 여겼다.	학문적 태도	인격 수양을 위해 경학을 중요하게 여겼다.

2. 예시 답안
훈구파는 통치 수단으로 문장과 문학을 중요하게 여겼기 때문에, 인격 수양을 위한 수단으로 학문을 공부하는 태도는 부족했다.

3. 예시 답안
(**찬성**) 세조의 왕위 찬탈은 조카 단종을 몰아내고 왕위에 오른 것이다. 이는 신하다움을 잃은 비도덕적인 행위여서 비판을 받을 수밖에 없다. 나라의 질서를 바로잡기 위해서는 지배층부터 도덕적이어야 하며, 임금은 임금답고 신하는 신하다워야 한다. 따라서 세조의 행위는 윤리적 기준에 어긋난 사건으로 평가된다. 세조의 행위는 이후 정치적 혼란을 초래했고, 백성의 신뢰를 잃는 결과를 낳았다.

(반대)세조는 왕위에 올라 국력을 강화하는 업적을 세웠다. 어떻게 왕위에 올랐느냐보다 어떤 정치를 폈느냐로 임금을 평가해야 한다. 훌륭한 임금이란 국력을 강화한 임금이다. 세조가 조카인 단종의 왕위를 빼앗은 행위는 도덕에 어긋나지만, 그것이 중요한 평가 기준이 되면 안 된다. 세조는 왕위에 올라 경제력과 군사력을 강화하는 업적을 남겼으므로, 훌륭한 임금으로 평가를 받아야 한다.

76쪽 생각 로그인

4. 예시 답안

지나친 급진성	중종의 배신
기득권 세력의 숙청을 서두르다 반발을 불렀다.	개혁 정치를 추진하기 위해선 기득권 세력을 숙청이 불가피했다.
현량과 실시로 도덕성을 잃는 결과를 초래했다.	믿어서는 안 되는 중종을 지나치게 신뢰했다.

5. 예시 답안
(현량과 실시)기득권 세력에 맞서려면 학문과 덕행이 뛰어난 인재를 등용해 개혁 정치를 지지하는 세력을 강화해야 한다. / (소격서 폐지)소격서는 도교 행사를 치르기 위해 설치한 관청이므로 유교의 이념에 맞지 않는다. / (향약 보급)향촌 사회에서 유교적 질서를 확립하고 미풍양속을 떨쳐 일으킬 수 있다. 재난을 당했을 때도 서로 도울 수 있다. / (토지 소유의 상한선 설정)극소수의 대지주가 넓은 토지를 독차지하는 현상을 막을 수 있다. 또 많은 농민이 자신의 토지를 잃지 않도록 보호할 수 있다.

6. 예시 답안
믿지 말아야 할 중종을 신뢰했다는 점에서 정치적 안목이 부족했다. 조광조는 중종에 대한 절대적 신뢰를 바탕으로 개혁 정치를 추진했다. 왕도 정치를 펴려면 임금이 성인이어야 하는데, 중종은 성인이 될 수 있다고 믿은 것이다. 하지만 중종은 왕권을 강화하기 위해 조광조와 사림파를 잠시 이용했을 뿐이다. 따라서 중종은 조광조와 뜻하는 바가 달랐기 때문에 왕권 강화에 도움이 되지 않는다면 조광조와 사림파를 언제든지 버릴 준비가 되어 있었다. 하지만 조광조는 이를 눈치채지 못했다.

77쪽 한국사 논술

(지나친 급진성 때문)중종은 연산군을 내쫓고 왕위에 올랐지만 허울만 좋은 임금이었다. 그래서 그를 추대한 훈구파 공신들이 강력한 권력을 행사했다. 중종은 훈구파의 횡포를 막기 위해 조광조 등 사림파를 등용했다. 조광조는 파격적인 승진을 거듭했고, 임금의 신임을 받으며 현량과 실시, 소격서 폐지, 향약 보급 등 개혁 정치를 지휘했다. 또 토지 소유의 상한선을 정해 토지의 집중을 막으려 했지만, 실행에 옮기지는 못했다. 사림파는 부당하게 공신 자격을 받은 훈구 대신의 공신 자격을 삭제하자고 주장했다. 이에 반발한 훈구파는 중종을 움직여 조광조와 사림파를 제거하는 데 성공했다. 따라서 조광조의 개혁 정치가 실패한 원인은 지나친 급진성 때문이다. 기득권 세력의 숙청을 서둘렀기 때문에 그들의 반발을 샀다. 게다가 조광조는 훈구파와의 대화를 시도하지 않았다. 기득권 세력의 뿌리가 깊고 개혁을 지지하는 세력은 소수였다. 따라서 개혁에 성공하려면 기득권 세력과 타협해야 했지만, 이를 거부했다. 도덕성을 잃은 점도 문제였다. 현량과로 관직에 오른 사람들 대다수가 사림파였다. 이들은 당파를 지어 기득권 세력과 대립했고, 반대파를 인격적으로 무시하는 독선적 행태를 보였다.

(중종의 배신 때문)중종은 연산군을 내쫓고 왕위에 올랐지만 허울만 좋은 임금이었다. 그래서 그를 추대한 훈구파 공신들이 강력한 권력을 행사했다. 중종은 훈구파의 횡포를 막기 위해 조광조 등 사림파를 등용했다. 조광조는 파격적인 승진을 거듭했고, 임금의 신임을 받으며 현량과 실시, 소격서 폐지, 향약 보급 등 개혁 정치를 지휘했다. 또 토지 소유의 상한선을 정해 토지의 집중을 막으려 했지만, 실행에 옮기지는 못했다. 사림파는 부당하게 공신 자격을 받은 훈구 대신의 공신 자격을 삭제하자고 주장했다. 이에 반발한 훈구파는 중종을 움직여 조광조와 사림파를 제거하는 데 성공했다. 그런데 조광조의 개혁 정치가 실패한 원인은 중종의 배신 때문이다. 지나친 급진성을 문제 삼는 사람들은 기득권 세력의 숙청을 너무 서둘렀다고 지적한다. 하지만 개혁 정치를 추진하려면 온갖 술수를 부리고 저항하는 기득권 세력을 숙청하지 않을 수 없었다. 조광조는 중종의 절대적 신뢰를 바탕으로 개혁 정치를 추진하려고 했다. 하지만 중종은 왕권을 강화하기 위해 조광조와 사림파를 잠시 이용했을 뿐이다. 조광조는 정치적 안목이 부족해 믿지 말아야 할 중종을 신뢰했기 때문에 개혁 정치에 실패했다.

10 임진왜란은 승리한 전쟁인가

83쪽 생각 로그인

1. 예시 답안

사건	연도	내용
쓰시마섬 정벌	1419	이종무가 이끄는 조선군이 왜구의 소굴인 쓰시마섬을 정벌한 뒤, 왜구의 근절을 약속 받고 군대를 되돌렸다.
삼포 개항	1426	부산포 등 항구 세 곳을 개방해 제한된 범위에서 무역을 허락하고, 이곳에 왜관을 두어 일본인 60명씩 거주하도록 했다.
을묘왜변	1555	일본인들이 70여 척의 배를 몰고 전라도 해안 지방을 습격했다.

2. 예시 답안

개인적 목적	일본을 통일한 뒤 대륙까지 지배하려는 야심을 채우기 위해서다.
정치적 목적	무장 세력을 바깥으로 보내 국내 정치의 안정을 꾀하기 위해서다.
경제적 목적	교토와 오사카 지역 상인들의 이익을 대변해 동아시아 무역의 주도권을 차지하기 위해서다.

3. 예시 답안
조선 수군이 해전에서 승리한 까닭은 이순신의 뛰어난 지도력 때문이기도 하지만, 승리의 원인은 여러 가지가 있다. 먼저 조선 수군의 전력이 일본 수군보다 뛰어난 점을 들 수 있다. 조선 수군의 주력 전투함인 판옥선은 일본 수군의 전투함인 안택선보다 훨씬 더 크고 튼튼했으며, 바닥이 평평해 빠르게 회전할 수 있었다. 판옥선에는 갑판 위에 수십 개의 화포를 설치해서 쏠 수 있었으므로, 조선 수군의 화력이 뛰어난 점도 해전 승리에 크게 기여한 것이다.

84쪽 생각 로그인

4. 예시 답안

승리한 전쟁	승리하지 못한 전쟁
일본이 전쟁 목표를 이루지 못한 반면에 조선은 목표를 이뤘다. / 조선군 피해자가 일본군보다 적었다.	조선이 인명과 경제 면에서 일본보다 훨씬 더 큰 손실을 입었다. / 같은 잘못을 되풀이하지 않으려면 과거를 미화하면 안 된다.

5. 예시 답안
외부 세력의 침략 전쟁으로 우리 국민이 다시 고통을 받지 않으려면 국민

의 마음을 한데 모을 수 있어야 한다. 우리는 임진왜란의 역사를 배우며 백성이 합심해 일본군과 싸웠을 것으로 여기지만, 실제로는 그렇지 않다. 조선의 지배층은 백성의 마음을 모으는 데 실패해 전쟁을 어렵게 끌고 갔다. 국가의 중요한 임무 가운데 하나는 외부 세력의 침략에서 국민을 지켜내는 일이다. 전쟁에서 이기려면 국민이 굳게 단결해야 하는데, 이를 위해서는 지배층이 모범을 보여 국민의 마음을 하나로 모으는 일이 중요하다.

85쪽 한국사 논술

(승리한 전쟁) 조선은 과거 왜구의 침략과 쓰시마섬 정벌, 을묘왜변 등 일본과 군사적인 충돌을 자주 겪었다. 하지만 삼포 개항에서 보듯 일본과 대체로 평화적인 관계를 유지했다. 그런데 16세기 말 일본을 통일한 도요토미 히데요시는 대륙까지 지배하려 했고, 국내 정치의 안정을 꾀하기 위해 무장 세력을 바깥으로 내보내려고 했다. 일본군은 1592년 4월 부산에 상륙한 뒤, 빠르게 진격해 서울과 평양까지 점령했다. 그러나 조선 수군과 의병의 활약으로 일본군의 기세가 꺾여 더 이상 전진하지 못했다. 조선군과 명나라 연합군은 평양성을 되찾았다. 여러 해 동안 노력한 휴전 협상이 깨진 뒤, 조명 연합군은 재침한 일본군을 물리쳤고, 1598년 도요토미가 죽자 일본군은 자기네 나라로 돌아갔다. 따라서 임진왜란은 승리한 전쟁이다. 조선이 일본의 전쟁 목표를 꺾고 영토를 지켰기 때문이다. 승패의 기준은 전쟁의 목표를 이뤘느냐에 달려 있다. 일본의 목표는 조선을 점령하는 일이었고, 조선은 영토를 지키는 것이었다. 임진왜란에서 일본은 조선을 점령하지 못했고, 조선은 영토를 지켰다. 또 조선군 피해자가 일본군보다 적은 점도 중요하다. 일본군 사상자는 12만 명에 가까웠지만, 조선군은 약 7만 명이었다.

(승리하지 못한 전쟁) 조선은 과거 왜구의 침략과 쓰시마섬 정벌, 을묘왜변 등 일본과 군사적인 충돌을 자주 겪었다. 하지만 삼포 개항에서 보듯 일본과 대체로 평화적인 관계를 유지했다. 그런데 16세기 말 일본을 통일한 도요토미 히데요시는 대륙까지 지배하려 했고, 국내 정치의 안정을 꾀하기 위해 무장 세력을 바깥으로 내보내려고 했다. 일본군은 1592년 4월 부산에 상륙한 뒤, 빠르게 진격해 서울과 평양까지 점령했다. 그러나 조선 수군과 의병의 활약으로 일본군의 기세가 꺾여 더 이상 전진하지 못했다. 조선군과 명나라 연합군은 평양성을 되찾았다. 여러 해 동안 노력한 휴전 협상이 깨진 뒤, 조명 연합군은 재침한 일본군을 물리쳤고, 1598년 도요토미가 죽자 일본군은 자기네 나라로 돌아갔다. 하지만 임진왜란은 승리하지 못한 전쟁이다. 조선이 일본보다 훨씬 더 큰 손실을 입었기 때문이다. 우리 편의 손실을 최소화하고 적국의 손실을 최대화한 상태로 전쟁을 끝내야 승리를 거뒀다고 할 수 있다. 조선은 수많은 백성이 죽거나 포로로 잡혀갔으며, 농토가 황폐해졌다. 같은 잘못을 반복하지 않으려면 과거를 미화하면 안 된다는 점도 중요하다. 임진왜란을 승리한 전쟁이라고 보면, 과거의 잘못을 반성하지 않게 된다.

11 청나라에 항복할 건가 싸울 건가

91쪽 생각 로그인

1. 예시 답안
선조의 부인인 인목대비를 폐위시켰다. / 이복동생인 영창대군을 살해했다. / 중립 외교를 펼쳐 명나라의 은혜를 저버렸다 등.

2. 예시 답안

광해군	인조
명나라와 후금 사이에서 중립 외교를 펼치며 실리를 얻으려고 했다.	배금 친명 정책을 펴다가 병자호란 이후 명나라와의 관계를 끊고 청나라를 큰 나라로 섬겼다.

3. 예시 답안
국제 정세를 제대로 살피지 못한 문제가 있었다. 조선의 대다수 고위 관리는 청나라의 힘이 점점 커지고 명나라의 힘은 약해지는데, 이러한 사정에 어두웠다. 그래서 청나라를 오랑캐라고 얕잡아 보며 명나라에 의리를 지키자고 주장했다. 청나라의 공격에 맞설 방어 태세를 제대로 갖추지 못한 점도 문제였다. 청나라의 공격을 방어하려면 군사력을 크게 향상시킬 필요가 있었지만 그러한 노력이 부족했다.

92쪽 생각 로그인

4. 예시 답안

주화론의 근거	척화론의 근거
조선의 군사력이 청나라보다 훨씬 약하다.	임진왜란 때 조선을 도와준 명나라에 의리를 지켜야 한다.
나라를 지키고 백성을 돌보려면 청나라에 항복할 수밖에 없다.	문화 수준이 낮은 청나라에 신하 노릇을 할 수는 없다.
조선은 독립된 나라이므로, 명나라를 위해 조선이 망하는 일을 받아들일 수 없다.	백성의 뜻을 모으면 청나라 군대를 물리칠 가능성이 있다.

5. 예시 답안
명나라는 임진왜란 때 조선을 도운 은인인데, 이를 저버린다면 도덕적으로 잘못이다. 청나라는 유교 문명도 이해하지 못한 오랑캐에 불과하다. 그런 나라에 신하 노릇을 한다면 조선의 자존심을 짓밟는 굴욕적인 일이 될 것이다. 또 청나라와 화친을 맺는다면 명나라를 중심으로 유지된 국제 질서가 무너지고 동아시아의 평화가 파괴될 것이다. 조선은 끝까지 의리를 지켜야 한다. 항복은 도리와 미래를 저버리는 선택이다.

93쪽 한국사 논술

(주화론 지지) 광해군은 명나라와 후금 사이에서 중립 외교를 펼치며 실리를 얻으려 했다. 서인 세력은 중립 외교의 부당성을 지적하며 광해군을 몰아냈다. 서인 세력은 후금을 멀리하고 명나라를 가까이하는 친명 배금 정책을 폈다. 이에 후금은 1627년 배후의 위협을 제거하기 위해 조선을 침략했고, 조선은 후금과 형제 관계를 맺어야 했다. 후금은 1636년에 국호를 청나라로 바꾸고, 조선에 군신 관계를 맺자고 요구했다. 조선이 이를 거부하자 청나라는 조선을 침략했다. 수세에 몰린 조선 정부 안에서는 항복하자는 주화론과 끝까지 싸우자는 척화론이 맞섰다. 이러한 상황에서는 주화론을 지지해야 바람직하다. 조선의 군사력은 청나라에 비해 훨씬 약했기 때문이다. 당시 청나라의 군사력은 명나라를 앞설 만큼 막강해서 조선의 군사력으로는 이기기 어려웠다. 나라를 지키고 백성을 돌보려면 청나라에 항복하는 방법밖에는 다른 길이 없었다. 정치의 가장 중요한 목적은 나라와 국민을 지키는 일이다. 정치의 목적을 달성하는 데 도움이 된다면 항복도 받아들여야 한다. 그리고 조선은 중국과는 분리된 독립된 나라였다. 따라서 명나라와 의리를 지키려다 조선이 망하는 길을 받아들일 수는 없다.

(척화론 지지) 광해군은 명나라와 후금 사이에서 중립 외교를 펼치며 실리를 얻으려 했다. 서인 세력은 중립 외교의 부당성을 지적하며 광해군을 몰아냈다. 서인 세력은 후금을 멀리하고 명나라를 가까이하는 친명 배금 정책을 폈다. 이에 후금은 1627년 배후의 위협을 제거하기 위해 조선을 침략했고, 조선은 후금과 형제 관계를 맺어야 했다. 후금은 1636년에 국호를 청나라로 바꾸고, 조선에 군신 관계를 맺자고 요구했다. 조선이 이를 거부하자 청나라는 조선을 침략했다. 수세에 몰린 조선 정부 안에서는 항복하자는 주화론과 끝까지 싸우자는 척화론이 맞섰다. 청군의 공세로 수세에 몰리긴 했지만 척화론을 지지하는 것이 바람직하다. 명나라에 의리

를 지켜야 하기 때문이다. 명나라는 임진왜란 때 지원군을 보내 조선을 도왔는데, 국제 관계에서는 의리를 저버리면 안 된다. 또 문화 수준이 낮은 청나라에 신하 노릇을 할 수는 없다. 조선은 전통적으로 여진족을 오랑캐로 취급했고, 오랑캐는 사람보다 짐승에 가까운 존재라고 여겼다. 백성의 뜻을 모으면 청나라 군대를 물리칠 가능성도 있었다. 청나라의 군사력이 강한 것은 맞지만, 백성의 뜻을 모아 의병을 일으키면 전세를 역전시킬 수 있었다.

12 붕당 정치는 당파 싸움인가 선진 정치인가

99쪽 생각 로그인

1. 예시 답안
왕의 외척이 정치에 참여하는 것에 반대하는 입장과 온건한 입장이 대립해서다. / 젊은 사림과 나이 든 사림이 맞서서이다. / 이황과 조식, 이이 등을 스승으로 삼는 학파의 차이 때문이다 등.

2. 예시 답안

영조의 탕평책	정조의 탕평책
바른 정치는 공평해야 하므로 왕이 특정한 붕당을 편들어서는 안 된다는 이론.	정치는 왕이 오로지하는 것이라는 이론.

3. 예시 답안
상대편도 자신이 속한 붕당과 마찬가지로 공익을 추구하는 붕당으로 인정했기 때문이다. 16세기 후반에 붕당 정치를 옹호한 사람들의 경우 붕당에는 공익을 추구하는 붕당과 사익을 꾀하는 붕당이 있다고 보았다. 그런데 저마다 자기네는 공익을 추구하는 붕당이고, 상대편은 사익을 우선하는 붕당이라고 보았다는 점에서 한계가 있었다. 하지만 17세기에는 상대편도 공익을 추구하는 붕당으로 보는 시각의 변화가 나타났다. 이에 따라 정책의 차이를 놓고 옳고 그름을 가리기 위해 서로 싸우기는 해도 상대편의 존재를 부정하지는 않았다.

100쪽 생각 로그인

4. 예시 답안

당파 싸움	선진 정치
파당성이 강해 국론 분열을 가져왔다.	공존과 상호 견제의 정치를 했다.
이념이나 정책의 차이와 관계가 없었다.	붕당은 여론을 널리 수렴해 중앙 정치와 정책 결정에 반영했다.
붕당은 당파와 구성원의 사익을 꾀하는 정치 집단이었다.	붕당들의 다툼도 이념과 정책의 차이에서 비롯한 것이다.

5. 예시 답안
붕당 정치가 정책의 차이와 관계없이 이뤄졌다고 보는 사람들은 예송이 정책 차이가 아니라 예의에 관한 의견 차이 때문에 일어났다고 본다. 하지만 붕당 정치가 선진 정치였다는 입장에서 보면, 예송은 정책 차이와 관계가 밀접하다. 예송은 상복을 입는 기간에 관한 논쟁이지만, 그 배경에는 왕과 신하 중에서 누구를 중심으로 정치를 운영할지를 놓고 의견 차이가 있었기 때문이다.

101쪽 한국사 논술

(당파 싸움이었다) 붕당 정치는 16세기 후반에 왕의 외척이 정치에 참여하는 문제를 놓고, 사림 세력 내부에서 동인과 서인이 형성되어 의견이 대립하면서 시작되었다. 17세기에 전반기에는 서인의 주도 아래 남인도 정치에 참여해 국정을 바람직한 방향으로 이끄는 데 협력했다. 이들은 서로 공존하며 비판과 견제를 통해 정치를 이끌었다. 그러다가 17세기 후반부터 예송이 일어나 붕당 간의 대립이 심해졌다. 18세기가 되자 영조와 정조는 이러한 대립을 약화시키기 위해 탕평책을 폈다. 따라서 붕당 정치는 당파 싸움으로 봐야 한다. 붕당 정치는 파당성이 강해 국론 분열을 가져왔다. 상대편을 공격하기에만 힘썼으므로, 같은 편이면 잘못된 주장도 옹호하고 반대편이면 옳은 주장도 깎아내렸다. 붕당 정치가 이념이나 정책의 차이와 관계가 없었다는 점도 중요하다. 예송은 붕당 간의 대립을 뜨겁게 만들었다. 그런데 예송은 이념이나 정책이 아니라 예의에 관한 의견 차이 때문에 일어났다. 이는 붕당이 당파와 구성원의 사익을 꾀하는 정치 집단이던 점에서 비롯했다. 실학자 이익은 붕당 정치가 제한된 관직을 놓고 밥그릇 싸움을 한 것이라고 봤다. 따라서 붕당 정치는 정책보다는 권력 싸움에 치우친 면이 강했다.

(선진 정치였다) 붕당 정치는 16세기 후반에 왕의 외척이 정치에 참여하는 문제를 놓고, 사림 세력 내부에서 동인과 서인이 형성되어 의견이 대립하면서 시작되었다. 17세기에 전반기에는 서인의 주도 아래 남인도 정치에 참여해 국정을 바람직한 방향으로 이끄는 데 협력했다. 이들은 서로 공존하며 비판과 견제를 통해 정치를 이끌었다. 그러다가 17세기 후반부터 예송이 일어나 붕당 간의 대립이 심해졌다. 18세기가 되자 영조와 정조는 이러한 대립을 약화시키기 위해 탕평책을 폈다. 하지만 붕당 정치는 선진 정치로 봐야 한다. 붕당 정치는 공존과 상호 견제의 정치를 했기 때문이다. 상대편에 대해 공익을 추구하는 붕당으로 인정했던 점은 전통 사회에서 매우 선진화한 정치 형태였다고 평가된다. 붕당 정치가 여론을 수렴한 점도 주목해야 한다. 붕당을 이끌던 재야 학자들은 자기네 붕당의 여론을 널리 수렴해 중앙 정치와 정책 결정에 반영했다. 붕당들의 다툼이 이념과 정책의 차이에서 비롯했다는 점도 중요하다. 예송도 정책과 무관한 논쟁으로 봐서는 안 된다. 이 논쟁이 벌어진 배경에는 신하 중심의 정치 운영을 지지하는 정책과 왕 중심의 정치 운영을 지지하는 정책의 차이가 있었기 때문이다.

13 대원군의 쇄국 정책은 근대화의 걸림돌이었나

107쪽 생각 로그인

1. 예시 답안
부패한 관리들을 내쫓고, 당파와 상관없이 능력 있는 관리들을 고루 뽑았다. / 호포제를 실시해 양반에게도 군포를 내게 했다. / 세금을 내지 않고 백성을 괴롭히던 서원의 대다수를 폐지했다 등.

2. 예시 답안
(목적) 왕권 강화를 중심으로 한 전통 사회의 질서를 유지하는 데 있다. 흥선 대원군이 실시한 개혁 정책이 결과적으로 민생을 안정시켰지만, 이는 왕권을 강화하려다 부수적으로 얻은 것이다.
(한계점) 신분제와 지주제 등 당시 백성을 괴롭히던 제도를 바꾸는 데 무관심했던 점이다. 신분제와 지주제를 바꾸지 않았으므로 민생을 근본적으로 안정시킬 방법을 내놓지는 못했다.

3. 예시 답안

긍정적인 평가	부정적인 평가
나라를 안정시켜 경제력과 군사력을 강화한 결과, 조선의 국권을 지킬 수 있도록 했다. 당시 조선과 비슷한 처지의 베트남은 프랑스의 압력에 굴복해 쇄국 정책을 포기했고, 결국 프랑스에 국권을 빼앗겼다.	서양의 선진 기술을 받아들이지 못하게 막아 국가 발전을 어렵게 했다. 그리고 일본에 국권을 빼앗기는 결과를 낳았다. 선진 기술을 받아들여 강대국으로 성장하던 일본에 나라를 빼앗기지 않으려면 시급히 나라의 문을 열었어야 했다.

108쪽 생각 로그인

4. 예시 답안
쇄국 정책에는 서양의 선진 기술을 받아들이지 못하게 막는 문제점이 있었다. 청나라는 서양에서 대포와 증기선을 받아들여 국력을 성장시켰다. 조선도 국력을 성장시키고 국권을 지키려면 청나라처럼 서양에서 대포와 증기선 등 선진 기술을 받아들일 필요가 있었다. 쇄국 정책은 서양의 선진 기술을 받아들이지 못하게 막아서 조선을 멸망의 길로 이끌었다.

5. 예시 답안
조선의 정신은 사람이 지켜야 할 바른 도리인 유교 윤리다. 따라서 유교 윤리를 지킬 때 비로소 나라를 지킬 수 있고, 유교 윤리를 지키지 못하면 나라를 잃게 된다. 서양 오랑캐는 유교 윤리를 우습게 여기므로 그들과 화친하면 조선의 윤리를 굳게 지킬 수 없다. 따라서 서양 오랑캐와 화친을 주장함은 나라를 팔아먹는 일과 다를 바 없다.

109쪽 한국사 논술

(나라 안정에 필요)흥선 대원군은 왕권 강화를 중심으로 전통 질서를 지키기 위해 개혁 정치를 폈다. 그 중요 내용으로는 능력 있는 관리를 등용한 정책이다. 또 국가 재정을 튼튼히 하기 위해 호포제를 실시해 양반에게도 군포를 내게 했고, 백성을 괴롭히던 서원의 대다수를 폐지하기도 했다. 흥선 대원군은 프랑스와 미국의 침략을 물리친 뒤에 쇄국 정책을 폈다. 청나라가 서양에 나라의 문을 열었다가 위기에 빠졌다고 여겨, 조선을 지키려면 나라의 문을 굳게 닫아야 한다고 생각한 것이다. 따라서 흥선 대원군의 쇄국 정책은 조선의 국권을 지키기 위한 방어적 조치여서 긍정적으로 평가할 수 있다. 이 정책이 조선의 국권을 지킬 수 있도록 했기 때문이다. 국권을 지키려면 나라를 안정시켜 경제력과 군사력을 강화해야 했는데, 흥선 대원군은 쇄국 정책과 함께 개혁 정치를 실시해 나라를 안정시키는 데 많은 힘을 쏟았다. 쇄국 정책을 부정적으로 평가하는 사람들은 쇄국 정책이 선진 기술의 도입을 막았다고 비판한다. 하지만 쇄국 정책을 포기하면 선진 기술을 배워도 결국 나라를 빼앗기게 된다. 조선과 비슷한 처지였던 베트남은 프랑스의 압력에 굴복해 쇄국 정책을 포기했고, 그 결과 프랑스에 국권을 빼앗겼다.

(나라 발전에 걸림돌)흥선 대원군은 왕권 강화를 중심으로 전통 질서를 지키기 위해 개혁 정치를 폈다. 그 중요 내용으로는 능력 있는 관리를 등용한 정책이다. 또 국가 재정을 튼튼히 하기 위해 호포제를 실시해 양반에게도 군포를 내게 했고, 백성을 괴롭히던 서원의 대다수를 폐지하기도 했다. 흥선 대원군은 프랑스와 미국의 침략을 물리친 뒤에 쇄국 정책을 폈다. 청나라가 서양에 나라의 문을 열었다가 위기에 빠졌다고 여겨, 조선을 지키려면 나라의 문을 굳게 닫아야 한다고 생각한 것이다. 하지만 쇄국 정책은 부정적으로 봐야 한다. 이 정책이 국가 발전을 가로막아 조선의 국권을 잃게 했기 때문이다. 당시 서양은 선진 기술을 바탕으로 경제력과 군사력을 키웠다. 조선도 국가를 발전시키려면 서양의 선진 기술을 받아들여야 했는데, 쇄국 정책이 가로막았다. 일본의 개방 정책과 조선의 쇄국 정책이 두 나라의 앞날을 다르게 만든 것이다. 조선이 쇄국을 고집하는 동안 일본은 개방을 통해 서양과 교류하며 군사력과 경제를 크게 강화했고, 이는 조선과의 격차를 벌리게 했다. 쇄국 정책의 결과 조선은 근대화의 흐름을 놓치는 바람에 외세의 침략에 취약해져서 일본의 강대함 앞에 무너질 수밖에 없었다.

14 갑신정변은 근대화 추구였나 정변이었나

115쪽 생각 로그인

1. 예시 답안
1868년 일어난 메이지 유신은 일본이 봉건 체제를 끝내고 중앙 집권적 근대 국가로 발전하는 계기를 마련했다. 서양의 기술과 제도를 받아들여 산업화, 군사력 강화, 경제와 교육 개혁을 이루었으며, 이를 통해 일본은 자주적 근대화를 달성하고 아시아의 강국으로 부상했다.

2. 예시 답안

	서양 문물의 수용	청나라와의 관계
온건파	서양 문물 가운데 기술은 받아들였지만, 근대적 제도와 사상은 받아들이지 않았다.	청나라를 종주국으로 인정하고, 사대 정책을 펴야 한다고 주장했다.
급진파	서양의 기술뿐만 아니라 사상과 제도까지 적극 도입해야 한다는 입장을 취했다.	청나라와 사대 관계를 끝내고 독립된 나라가 되어야 한다고 주장했다.

3. 예시 답안
온건파는 서양의 사상과 제도 수용을 반대했다는 점에서 문제가 있다. 기술은 사상이나 제도와 분리된 게 아니라 사상과 제도의 기반 위에서만 발전할 수 있다. 증기 기관으로 상징되는 서양의 근대 기술도 과학 기술의 발전을 뒷받침하는 합리주의 정신 덕에 가능했다. 따라서 서양의 사상과 제도를 받아들이지 않고서는 나라를 부강하게 만들기 어렵다.

116쪽 생각 로그인

4. 예시 답안

긍정적 평가	부정적 평가
청나라에 대한 사대 관계를 끝내고, 자주 독립을 추구했다.	일본이라는 외세에 지나치게 의존했다.
신분제의 개혁에 나타나듯 근대화 개혁을 추진했다.	급진파의 세력이 약한 상황에서 성급하게 정변을 일으켰다.
조세 제도를 개혁하고 부패한 관리를 처벌해 민생을 안정시키려고 했다.	토지 제도의 개혁을 생각하지 못해, 백성의 폭넓은 지지를 얻지 못했다.

5. 예시 답안
조세 제도의 개혁만으로는 농민의 생활을 개선하기 어려웠다는 문제점이 있다. 조세 제도의 개혁도 민생 안정에 도움이 되었다. 하지만 세금은 주로 토지를 소유한 지주와 자작농이 부담했으므로, 토지가 적거나 없는 농민은 혜택을 보지 못했다. 당시에는 대다수 국민이 농업에 종사하였지만, 많은 농민이 토지를 소유하지 못했다. 따라서 민생 안정을 위한 근본 대책을 마련하려면 토지 제도의 개혁부터 시행해야 했다.

117쪽 한국사 논술

(자주적 근대화 추구)19세기 중반에 서양의 여러 나라는 무력으로 중국을 꺾은 뒤 동아시아로 세력을 뻗쳤다. 1876년 일본이 무력을 앞세워 조선을 압박하자 조선 정부는 박규수의 건의를 받아들여 강화도 조약을 맺고 개항 정책을 펴기 시작했다. 1882년 임오군란으로 청나라가 조선의 정치에 간섭하는 바람에 개혁과 자주적 근대화가 어려워졌다. 이에 개화파 중에서 김옥균 등 급진파는 1884년 갑신정변을 일으켜 혁신적인 개혁 정책을 추진하려 했다. 하지만 청나라 군대의 반격을 받아 실패로 끝났다. 그럼에도 갑신정변은 긍정적으로 평가해야 한다. 급진파는 청나라에서 벗어나 자주 독립을 추구했다는 점에 주목할 필요가 있다. 조선은 청나라와 사대 관계를 맺고 있었는데, 급진파는 조선을 독립국으로 만들려 했다. 신분제의 개혁에서 나타나듯, 근대화 개혁을 추진한 점도 긍정적으로 볼 수 있

다. 조선 사회에서 지위가 높은 양반은 온갖 특혜를 누렸지만, 신분이 낮은 백성은 차별 대우를 받아야 했다. 급진파는 신분제를 폐지하고 국민의 평등권을 확립하려고 했다. 조세 제도를 개혁하고 부패한 관리를 처벌하는 정책을 실시해 민생을 안정시키려던 점도 긍정적 평가의 근거로 볼 수 있다.

(외세에 의존한 정변) 19세기 중반에 서양의 여러 나라는 무력으로 중국을 꺾은 뒤 동아시아로 세력을 뻗었다. 1876년 일본이 무력을 앞세워 조선을 압박하자 조선 정부는 박규수의 건의를 받아들여 강화도 조약을 맺고 개항 정책을 펴기 시작했다. 1882년 임오군란으로 청나라가 조선의 정치에 간섭하는 바람에 개혁과 자주적 근대화가 어려워졌다. 이에 개화파 중에서 김옥균 등 급진파는 1884년 갑신정변을 일으켜 혁신적인 개혁 정책을 추진하려 했다. 하지만 청나라 군대의 반격을 받아 실패로 끝났다. 따라서 갑신정변은 부정적으로 평가할 수밖에 없다. 급진파가 일본이라는 외세에 지나치게 의존했다는 점에 주목할 필요가 있다. 도움을 주기로 했던 일본이 약속을 지키지 않자 청나라의 군대를 당해 내지 못하고 실패로 끝난 것이다. 그때 대다수의 백성은 서양의 사상과 종교에 거부감을 가지고 있었다. 이러한 까닭에 급진파의 세력이 약한 상황에서 성급하게 정변을 밀어붙인 점도 문제다. 토지 제도의 개혁을 생각하지 못해 지지 기반이 약했던 점도 비판을 받을 수 있다. 민생을 안정시키려면 농민에게 토지를 나눠 줄 필요가 있었지만 급진파는 토지 개혁에 관심이 없었다.

15 을사조약은 유효인가 무효인가

123쪽 생각 로그인

1. 예시 답안
을사조약의 주요 내용은 일본이 우리나라의 외교 업무를 관리한다는 것이다. 이 조약에 따라 우리나라는 일본에 외교권을 빼앗겨 외국에 파견한 외교관들을 철수하고, 서울 주재 외국의 외교관들도 돌려보냈다. 또 일본의 승인 없이는 외국과 어떠한 조약도 맺을 수 없게 되었다.

2. 예시 답안
"우리나라는 강제로 을사조약을 맺어 일본에 외교권을 빼앗겼습니다. 하지만 이 조약은 부당하게 맺어졌기 때문에 무효입니다. 일본이 무력으로 우리 정부의 대신들을 협박하는 상황이었고, 우리나라의 최고 통치권자인 고종께서도 조약 체결을 허락하지 않으셨습니다. 강대국이 힘으로 위협해 약소국의 외교권을 빼앗는 일은 세계 평화를 해치는 폭력이자 범죄입니다. 만국 평화 회의에 참석한 세계 여러 나라의 대표자들께 호소합니다. 세계 평화를 지키기 위해 일본의 횡포를 막는 일에 힘을 보태 주십시오."

3. 예시 답안
영국과 미국의 외교 정책은 일본이 우리나라의 주권을 침해하는 행위를 지지했다는 점에서 문제가 있다. 양국은 중국에서 자국의 이익을 지키기 위해 일본을 지원하는 외교 정책을 폈다. 하지만 자국의 이익을 지킨다는 목적을 내세워 다른 나라의 주권을 침해하는 일을 돕는 것까지 허용될 수는 없다. 모든 나라는 주권을 갖고 자국의 운명을 스스로 결정할 권리가 있기 때문이다. 두 나라도 일본과 마찬가지로 다른 나라를 침략해 식민지로 삼았다. 이러한 행위는 일본이 우리나라를 침략하는 빌미를 주었다는 점에서 비난을 받아 마땅하다.

124쪽 생각 로그인

4. 예시 답안

유효의 근거	무효의 근거
국제법에 따라 조인 절차를 밟았다.	우리나라의 최고 통치권자가 조약이 무효임을 선언했다.
국제 사회의 인정을 받았다.	일본이 우리 정부의 대신들을 협박해 강제로 조약을 맺었다.
당시 힘의 지배를 받은 국제 관계에 비추어 볼 때, 강대국이 약소국과 억지로 맺은 조약도 효력을 인정받았다.	일본이 우리나라에 약속한 독립 보장 의무를 어겼다.

5. 예시 답안
을사조약은 조인 절차를 거쳤다고 해도, 위임과 비준의 절차를 밟지 않았으므로 유효하다고 볼 수 없다. 조약이 효력을 가지려면 위임과 조인, 비준 등의 절차를 밟아야 한다. 을사조약이 유효하다는 사람들은 조인 절차를 밟았다는 점에 근거를 둔다. 그런데 최고 통치권자인 고종은 조약 체결을 협의할 대표자를 지명하지 않아 위임 절차가 없었고, 조약 체결을 최종적으로 확인하지 않아 비준 절차도 거치지 않았다.

125쪽 한국사 논술

(유효다) 일본은 1895년 청일 전쟁에서 이긴 뒤 러시아와 우리나라를 차지하기 위한 경쟁에 나섰다. 그래서 1904년 러일 전쟁을 일으켜 승리를 거뒀다. 일본은 영국과 동맹을 맺고 미국과 비밀 협약을 맺어 우리나라에 대한 지배권을 인정받았다. 1905년에는 강제로 을사조약을 맺고, 우리나라의 외교권을 빼앗았다. 관리와 유생, 학생, 상인 등 우리 국민은 을사조약 체결에 항의했고, 고종은 조약을 무효화하기 위해 외교 활동을 폈다. 1907년에는 네덜란드의 헤이그에서 열린 만국 평화 회의에 특사를 보내 을사조약이 무효임을 알리려고 했다. 하지만 을사조약은 국제법에 따라 조인 절차를 밟았기 때문에 유효하다고 봐야 한다. 두 나라 대표가 협의 과정을 거쳤고, 조약을 맺은 문서에 우리나라 대표가 도장을 찍었기 때문이다. 국제 사회의 인정을 받은 점도 유효론의 근거가 된다. 영국과 미국, 프랑스 등은 을사조약의 효력을 인정했기 때문에 우리나라에 파견한 자국의 외교관들을 철수했다. 당시에는 국제 관계가 힘의 지배를 받은 관례가 있기 때문에, 강대국이 약소국과 억지로 맺은 조약도 효력을 인정받았다는 점에서 유효론을 뒷받침할 수 있다.

(무효다) 일본은 1895년 청일 전쟁에서 이긴 뒤 러시아와 우리나라를 차지하기 위한 경쟁에 나섰다. 그래서 1904년 러일 전쟁을 일으켜 승리를 거뒀다. 일본은 영국과 동맹을 맺고 미국과 비밀 협약을 맺어 우리나라에 대한 지배권을 인정받았다. 1905년에는 강제로 을사조약을 맺고, 우리나라의 외교권을 빼앗았다. 관리와 유생, 학생, 상인 등 우리 국민은 을사조약 체결에 항의했고, 고종은 조약을 무효화하기 위해 외교 활동을 폈다. 1907년에는 네덜란드의 헤이그에서 열린 만국 평화 회의에 특사를 보내 을사조약이 무효임을 알리려고 했다. 따라서 우리나라의 최고 통치권자가 을사조약 체결을 인정하지 않았으므로 무효라고 봐야 한다. 고종은 조약을 맺은 직후부터 자신은 체결에 동의하지 않았다고 선언했고, 조약을 무효화하기 위해 외교 활동을 폈다. 일본이 무력을 써서 우리 정부의 대신들을 협박해 강제로 조약을 맺었다는 사실도 무효론의 근거가 된다. 일본이 약속한 독립 보장 의무를 어긴 점도 을사조약이 무효라는 의견을 뒷받침한다. 1904년에 맺은 한일 의정서에는 일본이 우리나라의 독립과 영토 보전을 보증한다는 내용이 포함되어 있다.

16 간도는 우리 땅인가

131쪽 생각 로그인

1. 예시 답안

조약	체결 연도	체결 국가	내용
을사조약	1905	대한 제국과 일본	대한 제국의 외교권을 빼앗음.
간도 협약	1909	일본과 청나라	두만강이 대한 제국과 청나라의 국경임을 인정함.
만주 협약	1909	일본과 청나라	만주의 철도 부설권과 탄광 채굴권 등의 이권을 일본에게 넘겨줌.

2. 예시 답안

청나라의 주장처럼 토문강을 두만강으로 해석하면 간도가 중국 땅이 되고, 조선의 주장대로 토문강을 쑹화강의 지류로 해석하면 간도가 우리 땅이 된다.

3. 예시 답안

이중하는 청나라의 압력에 굴복하지 않고 우리 땅을 지키기 위해 최선을 다했다. 청나라와 국경 회담을 열었을 때, 조선에는 청나라 군대가 주둔해서 그들의 요구를 거부하기 어려웠다. 이러한 상황에서 청나라는 두만강을 경계로 삼자고 요구했다. 하지만 조선의 회담 대표인 이중하는 "내 머리는 자를 수 있지만, 나라의 영토는 줄일 수 없다"라며 거부했다.

132쪽 생각 로그인

4. 예시 답안

긍정적인 면	부정적인 면
간도 협약에서는 천지가 우리 영토에서 제외되었지만, 중국과 분할해 절반 이상을 우리 영토에 포함시켰다.	간도 협약을 이어받아 두만강을 두 나라의 국경으로 확정했다.

5. 예시 답안

1909년 맺은 간도 협약은 대한 제국이 외교권을 상실한 상황에서 일본과 청나라가 체결한 불법적인 협약이어서 무효다. 대한 제국은 협상에 참여하지 않았고, 일본이 외교권을 강제로 장악한 상태에서 이루어진 협정은 주권을 침해한 것이다. 또 간도는 역사적으로 조선의 영토였으며, 이를 청나라에 넘겨주는 협약은 영토 주권 침해에 해당한다. 현대 국제법에 따르면 강제성을 띤 조약은 무효화될 수 있으므로, 간도 협약도 무효다.

6. 예시 답안

간도를 되찾자는 주장에 실익이 없다는 입장에서, 백두산이 중국 땅이 아니라는 주장은 현실적인 문제를 안고 있다. 백두산은 국제적으로 중국과 북한의 국경으로 인정되기 때문에 이를 번복하려는 주장은 국제 사회에서 받아들여지기 어렵다. 또 백두산과 간도 지역은 이미 100년 넘게 중국의 실효적 지배 아래에 있으며, 이를 되돌리려는 시도는 한중 관계에 심각한 외교적 갈등을 초래할 수 있다. 그리고 간도가 우리 땅이라고 주장하면 중국을 자극해 국익을 해치는 결과를 초래할 위험이 크다. 영토 분쟁을 부각하는 정책은 한반도의 평화와 번영을 해치고, 현실적으로 얻을 이익보다 손해가 클 것이다.

133쪽 한국사 논술

(간도는 우리 땅이다) 청나라는 간도와 백두산 일대를 자기네 땅으로 만들기 위해 1712년 백두산정계비를 세웠다. 19세기 후반에 간도로 이주하는 조선인이 늘어나자 조선과 청나라 사이에 국경 분쟁이 발생했다. 1885년과 1887년에 열린 국경 회담에서 청나라는 토문강을 두만강으로 해석하며 간도가 자기네 땅이라고 주장했다. 이에 맞서 조선은 토문강을 쑹화강의 지류로 해석해 간도가 우리 땅이라고 맞섰다. 그런데 1909년 일본은 청나라와 맺은 간도 협약에서 간도가 청나라 땅이라고 인정했다. 1962년 북한이 중국과 맺은 국경 조약에서도 두만강이 두 나라의 국경임을 인정해 간도는 중국 땅으로 넘어갔다. 하지만 토문강은 쑹화강의 지류이기 때문에 간도는 여전히 우리 땅이다. 일본이 청나라와 맺은 간도 협약은 무효다. 국제법 이론에 따르면, 강요에 의해 맺은 조약은 효력이 없다. 을사조약은 일본의 강요에 의해 맺어졌고, 간도 협약은 을사조약에 따라 일본이 대한 제국의 외교권을 대신 행사한 것이다. 또 북한이 중국과 맺은 국경 조약도 무효다. 북한은 우리 국토의 일부를 불법적으로 점유한 반국가 단체다. 따라서 남북한이 통일된 뒤 중국과 협상을 통해 간도를 되찾아야 한다.

(우리 땅 주장 실익 없어) 청나라는 간도와 백두산 일대를 자기네 땅으로 만들기 위해 1712년 백두산정계비를 세웠다. 19세기 후반에 간도로 이주하는 조선인이 늘어나자 조선과 청나라 사이에 국경 분쟁이 발생했다. 1885년과 1887년에 열린 국경 회담에서 청나라는 토문강을 두만강으로 해석하며 간도가 자기네 땅이라고 주장했다. 이에 맞서 조선은 토문강을 쑹화강의 지류로 해석해 간도가 우리 땅이라고 맞섰다. 그런데 1909년 일본은 청나라와 맺은 간도 협약에서 간도가 청나라 땅이라고 인정했다. 1962년 북한이 중국과 맺은 국경 조약에서도 두만강이 두 나라의 국경임을 인정해 간도는 중국 땅으로 넘어갔다. 여기서 토문강이 쑹화강 지류이며, 간도 협약을 무효로 볼 수는 있다. 하지만 그렇다고 간도가 우리 땅이라는 주장에는 실익이 없다. 중국이 간도를 차지한 지 100년이 넘었다. 중국의 실효 지배가 확고한 현실에서 간도가 우리 땅이라고 주장해도 국제 사회를 설득하기 어렵다. 오히려 중국을 자극해 국익을 해치는 결과를 초래할 수도 있다. 또 한반도가 통일된 뒤에 국제 사회에서 신뢰를 잃지 않으려면 북한이 중국과 맺은 국경 조약을 이어받는 것이 바람직하다.

17 대한민국 임시 정부 어떻게 평가할까

139쪽 생각 로그인

1. 예시 답안

중국 상하이가 외교 활동을 펼치기에 유리했기 때문이다. 독립운동의 방향을 놓고 무장 투쟁을 주장하는 세력과 외교 활동을 강조하는 세력이 대립했는데, 후자가 더 우세했다. 상하이에는 열강의 외교 기관이 많고 교통이 편리했으므로, 외교 활동을 강조하는 세력은 임시 정부를 상하이에 세워야 한다고 봤다.

2. 예시 답안

외교 활동에 힘을 쏟았지만 열강이 우리의 독립에는 무관심해 효과가 없었다. / 이승만이 미국 대통령에게 우리나라를 국제 연맹의 위임 통치에 맡겨 달라고 청원한 사건이 알려지며 임시 정부에 대한 불만이 커졌다. / 1923년 독립운동가들이 임시 정부의 방향을 논의하기 위해 국민 대표 회의를 열었지만 의견 차이를 좁히지 못해 실패로 끝났다 등.

3. 예시 답안

윤봉길의 의거는 임시 정부가 오랫동안의 무기력에서 벗어나 활기를 되찾는 계기를 만들어 줬다. 임시 정부는 1920년대 중반 이후 인재 부족과 자금난 때문에 명맥만 유지한 채 거의 활동을 하지 못했다. 그런데 1932년 윤봉길이 폭탄을 던져 일본의 장성과 고위 관리들을 살상하는 의거를 일으킨 뒤, 일제의 침략으로 반일 감정이 높았던 중국인들에게 용기 있는 행동을 했다고 칭찬을 받았다. 임시 정부는 중국인들의 우호적인 감정을 바탕으로 중국 정부의 적극적인 지원을 얻어낼 수 있었다. 특히 중국의 군관 학교에 한국인 청년들을 대상으로 한 특별반을 만들었고, 이 청년들이 나중에 한국광복군의 핵심을 이루었다.

140쪽 생각 로그인

4. 예시 답안

긍정적 평가의 근거	부정적 평가의 근거
독립운동을 대표하는 기관이었다.	독립운동가들의 폭넓은 동의와 지지를 받지 못해 대표성과 정통성이 약했다.
임시 정부의 정통성은 해외 독립운동가들의 동의와 지지에 근거한다.	국제 사회의 승인을 얻지 못했다.
임시 정부의 정통성이, 해방 이후 대한민국 정부 수립으로 이어졌다.	외교 활동 위주의 독립운동이어서 뚜렷한 성과를 거두지 못했다.

5. 예시 답안

임시 정부의 정통성을 부정하는 사람들은 국내 거주 국민의 실질적 동의와 지지를 받지 못했음을 근거로 내세운다. 하지만 일제의 탄압으로 국내에 거주하는 국민과 연락하기 어려운 현실을 고려할 때 이러한 주장은 옳지 않다. 임시 정부의 정통성은 독립운동가들의 동의와 지지를 받았다는 점에 근거를 둬야 한다. 임시 의정원은 독립운동가들을 대표하는 국회 역할을 했는데, 여기서 헌법을 제정하고 대통령과 국무총리 등을 선출했다.

141쪽 한국사 논술

(독립운동 대표성 지녀) 1919년 3·1 운동이 일어난 뒤 연해주와 상하이, 서울 등에서 독립운동을 이끌기 위한 임시 정부가 세워졌다. 그러다 상하이에 통합된 대한민국 임시 정부를 수립했는데, 외교 활동이 효과를 보지 못했다. 1923년 독립운동의 방향을 논의하기 위해 열린 국민 대표 회의가 실패로 끝나자 임시 정부의 힘이 약해졌다. 1930년대 이후 김구의 지도를 받은 의열 투쟁으로 임시 정부는 활기를 되찾았다. 그러나 국제 사회의 승인을 받지 못해 임시 정부의 요인들은 해방 이후 개인 자격으로 귀국해야 했다. 하지만 임시 정부는 긍정적으로 평가해야 한다. 독립운동을 대표하는 기관이기 때문이다. 임시 정부는 많은 독립운동가의 뜻을 모아 세웠고, 해외 독립운동을 상징하는 역할을 했다. 또 임시 정부가 해외 독립운동가들의 동의와 지지에 근거해 정통성을 가지고 있었다는 점도 중요하다. 이를 부정하는 사람들은 국내에 거주하는 국민의 실질적인 동의와 지지를 받지 못했다고 지적한다. 그러나 일제의 혹독한 통치를 받은 현실을 무시해서는 안 된다. 우리 헌법은 임시 정부의 법통 계승을 선언하고 있어, 임시 정부의 정통성이 해방 이후 대한민국 정부 수립으로 이어졌다는 점도 중요하다.

(뚜렷한 성과 내지 못해) 1919년 3·1 운동이 일어난 뒤 연해주와 상하이, 서울 등에서 독립운동을 이끌기 위한 임시 정부가 세워졌다. 그러다 상하이에 통합된 대한민국 임시 정부를 수립했는데, 외교 활동이 효과를 보지 못했다. 1923년 독립운동의 방향을 논의하기 위해 열린 국민 대표 회의가 실패로 끝나자 임시 정부의 힘이 약해졌다. 1930년대 이후 김구의 지도를 받은 의열 투쟁으로 임시 정부는 활기를 되찾았다. 그러나 국제 사회의 승인을 받지 못해 임시 정부의 요인들은 해방 이후 개인 자격으로 귀국해야 했다. 따라서 임시 정부는 부정적으로 볼 수밖에 없다. 무장 투쟁을 주장한 세력이나 사회주의를 지지한 세력 등 독립운동가들의 폭넓은 동의와 지지를 받지 못해 대표성과 정통성이 약했기 때문이다. 또 국제 사회의 승인을 받지 못한 점도 부정적 평가를 뒷받침한다. 임시 정부는 제2차 세계 대전 때 연합국의 공동 선언에 참여 자격을 인정받지 못했다. 외교 활동 위주의 독립운동이 별다른 성과를 거두지 못한 점도 부정적 평가를 뒷받침한다. 독립운동이 성과를 거두려면 해외의 무장 투쟁과 국내의 대중 운동을 결합시켜야 하는데, 임시 정부는 그러한 조건과 능력을 갖추지 못했다.

18 신탁 통치 반대는 올바른 결정이었나

147쪽 생각 로그인

1. 예시 답안

우리나라의 독립 방안으로, 남북을 아우르는 임시 민주 정부 수립을 우선 과제로 삼기로 했으며, 임시 민주 정부 수립을 지원할 미소 공동 위원회를 설치하기로 했다. 또 임시 민주 정부 수립까지 미국과 영국, 중국, 소련이 최고 5년 동안 신탁 통치를 실시하기로 했다.

2. 예시 답안

미국과 소련이 임시 정부 수립을 협의할 단체의 자격을 놓고 대립했으며, 미국 편에 선 우익과 소련 편에 선 좌익이 폭력을 동원하면서 극단적인 대결을 벌인 것이 문제를 악화시켰다. 정치 지도자들의 권력욕이 강해 저마다 최고 권력자가 되기 위해 단독 정부 수립을 주장한 점도 분단을 가속화시켰다.

3. 예시 답안

	좌익	우익
신탁 통치	찬성	반대
친일파 청산	먼저 친일파를 숙청한 뒤 민족이 통합해 정부를 세우자고 했다.	먼저 민족이 통합해 정부를 세운 뒤 천천히 친일파를 숙청하자고 했다.
토지 개혁	정부가 대지주에게 토지를 사들여 토지가 없는 농민에게 돈을 받고 팔자고 했다.	대지주의 토지를 무상으로 몰수해 토지가 없는 농민에게 무상으로 나눠 주자고 했다.

148쪽 생각 로그인

4. 예시 답안

찬성론의 근거	반대론의 근거
남북한의 분단을 막을 수 있었다.	우리 민족의 독립 열망에 어긋났다.
6·25 전쟁을 막을 수 있었다.	좌익의 힘이 약해지고, 우익이 정국의 주도권을 잡았다.
반탁 운동은 사실에 어긋난 언론 보도에서 비롯했다.	남한에서나마 자유 민주주의를 지향하는 대한민국 정부를 수립할 수 있었다.

5. 예시 답안

동아일보의 "소련은 신탁 통치 주장, 미국은 즉시 독립 주장"이라는 제목의 기사는 왜곡된 보도였다. 실제로 모스크바 3국 외상 회의에서 신탁 통치를 주장한 나라는 미국이고, 20~30년간의 신탁 통치를 제안했다. 반면 소련은 우리나라의 즉각 독립을 주장했으며, 미국이 신탁 통치를 고집하자 그 기간을 5년으로 줄이자는 절충안을 제시했다. 이런 왜곡된 보도는 한국 대중에게 혼란을 주었고, 미국과 소련의 입장이 잘못 전달되면서 신탁 통치를 둘러싼 정치적 긴장과 분열이 더 심화되었다.

149쪽 한국사 논술

(신탁 통치 찬성) 1945년 8월 15일 일본이 연합국에 항복하면서 미군과 소련군이 남북한을 분할 점령했다. 같은 해 12월 미국과 소련, 영국 등 3국의 외상이 모스크바에서 회의를 열어 우리나라의 독립 방안을 논의했다. 그리고 남북을 아우르는 임시 민주 정부 수립을 우선 과제로 정하고, 정부 수립까지 신탁 통치를 실시하기로 결정했다. 우익은 이 결정에 반대하는 운동을 펼쳤고, 좌익은 지지하는 운동을 전개했다. 이에 따라 국내 정

치 세력은 좌우익으로 양분되어 극단적인 대결을 벌였고, 남북 분단으로 이어지게 만들었다. 따라서 신탁 통치 수용에 찬성했을 경우 남북한의 분단과 6·25 전쟁을 막을 수 있었을 것이다. 신탁 통치를 받아들이면 중도파의 입지가 강화되어 좌우익이 극한 대결에서 벗어날 수 있었기 때문이다. 이렇게 될 경우 자연스럽게 통일 정부 수립을 위해 협력하고, 전쟁도 피할 수 있었다. 애당초 반탁 운동이 사실에 어긋난 언론 보도에서 비롯했다는 점도 문제다. 3국 외상 회의에서 신탁 통치를 제안한 주체는 미국이었다. 그런데 우익 언론은 소련이 신탁 통치를 제안했다고 보도해 반탁 운동을, 소련과 공산당에 반대하는 운동으로 연결시켰다. 이로 인해 좌우 대립은 극한 대결로 치달았다.

(신탁 통치 반대)1945년 8월 15일 일본이 연합국에 항복하면서 미군과 소련군이 남북한을 분할 점령했다. 같은 해 12월 미국과 소련, 영국 등 3국의 외상이 모스크바에서 회의를 열어 우리나라의 독립 방안을 논의했다. 그리고 남북을 아우르는 임시 민주 정부 수립을 우선 과제로 정하고, 정부 수립까지 신탁 통치를 실시하기로 결정했다. 우익은 이 결정에 반대하는 운동을 펼쳤고, 좌익은 지지하는 운동을 전개했다. 이에 따라 국내 정치 세력은 좌우익으로 양분되어 극단적인 대결을 벌였고, 남북 분단으로 이어지게 만들었다. 하지만 신탁 통치는 우리 민족의 독립 열망에 어긋났기 때문에 반대해야 옳았다. 당시 대다수 국민은 신탁 통치를 일제 식민지 시대로 되돌아가는 것으로 여겼다. 그리고 반탁 운동 덕에 우익의 힘이 강해져 한반도의 공산화를 막을 수 있었다. 신탁 통치 문제가 나오기 전까지는 좌익이 우익보다 세력이 더 강했는데, 반탁 운동 뒤 우익이 정국 주도권을 잡을 수 있었다. 신탁 통치 반대 운동은 민족의 자주 독립을 위한 국민적 저항인 셈이었다. 이에 따라 미국과 소련이 대립하는 상황에서 반탁 운동 덕에 남한에서나마 자유 민주주의를 지향하는 대한민국 정부를 수립할 수 있었다.

19 1948년 8월 15일은 건국일인가 정부 수립일인가

155쪽 생각 로그인

1. 예시 답안

만주·연해주	중국과 러시아 정부의 통제가 약해 무장 독립 투쟁에 유리하다.
상하이	일본의 영향을 덜 받고, 외교 활동에도 유리하다.

2. 예시 답안

(대한민국 임시 정부 수립)조선 말 이후 추구한 근대 국가 수립의 열망을 실현했다.

(대한민국 수립)우리 국토에 우리 민족의 손으로 세운 최초의 민주 공화국이다.

3. 예시 답안

(찬성)미국과 소련의 대립이 격화되면서, 남북한의 분단은 불가피한 현실이 되었다. 이러한 상황에서 남한만이라도 단독 정부를 수립해야 정치적 혼란을 줄이고 주권을 확보할 수 있다. 특히 우익 세력이 주도하는 정부를 통해 남한 내에서 안정적인 통치가 이루어져야 했으며, 이는 남북 간 협상이 가능하지 않다는 판단에서 나온 결정이었다.

(반대)남한만의 총선거로 단독 정부가 수립되면, 남북한 분단은 고착화될 수밖에 없다. 민족 분단과 전쟁을 피하기 위해서는 남북한이 협상하여 통일 정부를 수립하는 것이 최우선이었다. 김구와 김규식 등 통일 정부 수립을 위한 남북 협상 시도가 있었음에도, 남한만의 정부 수립은 협상의 가능성을 막고 분단을 영구화했다는 비판이 제기된다.

156쪽 생각 로그인

4. 예시 답안

대한민국 정부 수립	대한민국 건국
대한민국 건국은 1919년 임시 정부 수립에 의해 이뤄졌다.	자유 민주주의와 시장 경제에 바탕을 둔 근대 국가가 우리 국토에서 처음 출발했다.
헌법에서 밝혔듯 대한민국 정부는 임시 정부의 법통을 계승했다.	1919년의 임시 정부 수립은, 우리 국토에 근대 국가를 세우지 못했으므로 건국으로 볼 수 없다.
1948년 건국설은 독립운동의 역사적 의미를 축소하고 친일파에 면죄부를 준다.	1919년 건국설은 대한민국의 정통성을 부정하는 문제가 있다.

5. 예시 답안

1919년 건국설은 1948년에 수립된 대한민국 정부가 1919년 임시 정부의 법통을 계승한다는 주장에 근거한다. 이 주장은 대한민국의 정통성을 부정하는 것이 아니라, 오히려 강화한다. 대한민국의 정통성은 독립운동의 역사와 민주주의라는 두 가지 핵심 가치에 기반을 두고 있기 때문에, 1919년 건국설은 대한민국 정부가 일제에 저항한 독립운동의 역사적 성과 위에 세워졌다는 평가로 이어질 수 있다. 따라서 1919년 임시 정부는 대한민국의 정체성과 연결되어 있으며, 이는 대한민국의 역사적 정당성을 더욱 확고히 다지는 역할을 한다.

157쪽 한국사 논술

(대한민국 정부 수립이다)1919년 3·1 운동이 일어난 뒤, 독립운동을 조직적으로 추진하기 위해 정부를 수립하려는 움직임이 일어났다. 같은 해 9월 중국 상하이에 대한민국 임시 정부를 수립해 헌법을 제정하고, 공화정과 삼권 분립을 기본으로 한 국가 체제를 갖추었다. 1945년 8월 15일 일제가 항복했지만, 우리 민족은 곧바로 독립하지 못하고 미국과 소련의 지배를 받았다. 미국과 소련은 남한과 북한에 각자 자기네에게 유리한 정부를 세우려 했다. 이에 따라 1948년 남한에서는 단독 총선거를 실시해 같은 해 8월 15일 대한민국의 수립을 선포했다. 따라서 이는 정부 수립으로 보아야 한다. 대한민국의 건국은 1919년 임시 정부 수립에 의해 이뤄졌으므로, 1948년에 다시 건국되었다는 주장은 이치에 맞지 않는다. 헌법에도 명시되어 있듯, 1948년 수립된 대한민국 정부는 임시 정부의 법통을 계승했다. 1948년 건국설은 독립운동의 역사적 의미를 축소하고, 친일파에 면죄부를 준다는 점도 문제다. 1948년 건국설은 독립운동이 대한민국 수립에 기여하지 못했다고 본다. 오히려 해방 이후에 우익 세력으로 변신한 친일파들을 대한민국 수립에 기여한 공로자로 간주하는 꼴이 된다.

(대한민국 건국이다)1919년 3·1 운동이 일어난 뒤, 독립운동을 조직적으로 추진하기 위해 정부를 수립하려는 움직임이 일어났다. 같은 해 9월 중국 상하이에 대한민국 임시 정부를 수립해 헌법을 제정하고, 공화정과 삼권 분립을 기본으로 한 국가 체제를 갖추었다. 1945년 8월 15일 일제가 항복했지만, 우리 민족은 곧바로 독립하지 못하고 미국과 소련의 지배를 받았다. 미국과 소련은 남한과 북한에 각자 자기네에게 유리한 정부를 세우려 했다. 이에 따라 1948년 남한에서는 단독 총선거를 실시해 같은 해 8월 15일 대한민국의 수립을 선포했다. 따라서 이는 건국으로 보아야 한다. 대한민국은 자유 민주주의와 시장 경제에 바탕을 둔 근대 국가이며, 1948년 대한민국 수립은 이러한 근대 국가가 우리 국토에서 처음 출발했음을 알린 것이다. 이에 따르면 1919년의 임시 정부 수립은 우리 국토에 근대 국가를 세우지 못했으므로 건국으로 볼 수 없다. 또 1919년 건국설은 대한민국의 정통성을 부정하는 문제가 있다. 북한은 1948년에 이른바 '조선 민주주의 인민 공화국'을 수립한다고 명시했다. 그런데 우리가 대한민국 정부를 수립했다고 하면 스스로 격을 낮추고 정통성을 부정하게 된다.

20 이승만을 '건국의 아버지'로 봐야 하나

163쪽 생각 로그인

1. 예시 답안
독립운동가들은 민족 자결주의를 제창한 윌슨 대통령의 도움을 받아 독립을 이루려 했고, 이승만은 윌슨과 친분이 있었기 때문이다. 이승만은 프린스턴 대학에서 윌슨 교수의 지도를 받아 정치학 박사 학위를 받았다. 윌슨은 나중에 대통령이 된 뒤에 민족 자결주의를 제창했다.

2. 예시 답안
실력 양성과 외교 활동이다. 그는 우리나라의 독립이 미국의 뜻에 달려 있다고 여겼다. 그래서 미국이 우리나라 편을 들 때까지 기다리며 교육을 통해 실력 양성에 힘썼다. 그러다 1941년 태평양 전쟁이 일어나자 다시 미국 정부를 대상으로 외교 활동을 폈다.

3. 예시 답안
"이승만이 독재 체제를 강화한 까닭은 우리 국민의 시민 의식이 약한 현실에서 북한의 침략을 방어해야 했기 때문입니다. 북한의 침략을 물리치고 자유 민주주의를 수호하려면 강력한 지도력과 국민의 단결이 필요했습니다. 국민의 시민 의식 수준이 높을 경우 민주적 절차를 지키면서 나라의 어려움을 해결할 수 있었을 것입니다. 하지만 당시 우리 국민은 아직 민주주의를 제대로 익히지 못해 시민 의식이 약했습니다. 이러한 현실을 무시하고 민주적 절차에 얽매이면, 나라가 혼란에 빠지고 북한에게 먹힐 위험성이 있었습니다."

164쪽 생각 로그인

4. 예시 답안

긍정적 평가의 근거	부정적 평가의 근거
독립운동의 최고 지도자로 인정을 받았다.	민주주의를 파괴한 독재자였다.
대한민국 정부 수립을 주도했다.	미국 정부를 대상으로 한 독립 외교 활동이 성과를 거두지 못했다.
북한의 남침을 물리치고 자유 민주주의를 수호한 공을 세웠다.	이념 대립을 격화시켜 민족 분단을 부른 책임이 있다.

5. 예시 답안
이승만이 야당과 언론을 탄압한 행위는 민주 정치의 기반을 파괴한 행위다. 야당과 언론은 권력 비판을 통해 독재를 방지하는 역할을 하기 때문에 민주 정치의 중요한 기반이다. 하지만 이승만은 야당과 언론의 존재 가치를 인정하지 않았다. 자신만이 우리나라를 바른 길로 이끌 정치 지도자로 여겼으므로, 자신에게 가해지는 어떠한 비판도 용납할 수 없었다. 그는 비판을 억누르기 위해 반대 세력을 탄압하고, 언론을 통제하며 자유로운 정치 토론을 막았다.

165쪽 한국사 논술

(건국의 아버지다) 이승만은 1919년 대한민국 임시 정부의 대통령으로 선출되었다. 민족 자결주의를 제창한 윌슨 대통령과 친분이 있었기 때문이다. 이승만은 미국이 우리나라 편을 들 때까지 기다리며 교육을 통해 실력 양성에 힘썼다. 그러다 1941년 태평양 전쟁이 일어나자 미국 정부를 대상으로 외교 활동을 폈다. 해방 뒤에는 우익 세력의 지도자로 좌익 세력과 맞서며 대한민국 정부 수립을 주도했다. 하지만 6·25 전쟁과 남북한의 대결을 이용해 독재 체제를 강화하다가 4·19 혁명으로 대통령 자리에서 물러났다. 하지만 이승만의 독립운동과 정치 활동은 긍정적으로 평가해야 한다. 이승만은 독립운동의 최고 지도자로 인정을 받았기 때문이다. 그는 대한민국 임시 정부의 초대 대통령으로 선출되었고, 외교 활동을 통해 독립운동에 기여했다. 대한민국 정부 수립을 주도한 점에도 주목해야 한다. 그는 미국과 소련의 대립이 심해지는 국제 정세를 정확하게 읽어서 단독 정부 수립을 주장했다. 이것이 좌익 세력을 몰아내고 대한민국 정부를 수립하는 결과로 이어졌다. 북한의 남침을 물리치고 자유 민주주의를 지킨 공로도 높이 평가해야 한다. 그리고 그의 리더십은 당시 국제 정세에서 중요한 역할을 했다.

(독재와 분단의 책임자다) 이승만은 1919년 대한민국 임시 정부의 대통령으로 선출되었다. 민족 자결주의를 제창한 윌슨 대통령과 친분이 있었기 때문이다. 이승만은 미국이 우리나라 편을 들 때까지 기다리며 교육을 통해 실력 양성에 힘썼다. 그러다 1941년 태평양 전쟁이 일어나자 미국 정부를 대상으로 외교 활동을 폈다. 해방 뒤에는 우익 세력의 지도자로 좌익 세력과 맞서며 대한민국 정부 수립을 주도했다. 하지만 6·25 전쟁과 남북한의 대결을 이용해 독재 체제를 강화하다가 4·19 혁명으로 대통령 자리에서 물러났다. 따라서 이승만의 독립운동과 정치 활동은 부정적으로 평가할 수밖에 없다. 이승만은 민주주의를 파괴한 독재자였다. 장기 집권을 위해 억지로 개헌안을 통과시켰고, 야당과 언론을 탄압했으며, 부정 선거를 저질렀다. 그리고 비판을 억누르기 위해 자유로운 정치 토론을 막았다. 독립 외교 활동이 성과를 거두지 못한 점도 문제다. 이승만은 미국 정부에게서 우리나라의 독립운동에 대한 지지와 임시 정부에 대한 승인을 얻지 못했다. 민족 분단에도 책임이 있다. 이승만은 좌익에 대한 증오심 때문 이념 대립을 격화시켰으므로, 정치 지도자들의 협력에 의해 민족 분단을 막기 어렵게 만들었다.

21 베트남 전쟁 참전 긍정적으로 봐야 할까

171쪽 생각 로그인

1. 예시 답안
공산주의의 확산을 막기 위해서였다. 제2차 세계 대전이 끝난 뒤 세계에서 자유 민주주의 진영과 공산주의 진영의 대립이 심해졌다. 이러한 상황에서 미국은 남베트남이 공산화될 경우 도미노처럼 동남아시아의 다른 나라들도 차례로 공산화될 것이라고 우려했다.

2. 예시 답안
베트콩이 베트남인들의 지원을 받으며 게릴라전을 벌였기 때문이다. 베트남 전쟁은 영토를 놓고 공방전을 벌이는 전쟁이 아니었다. 베트콩은 낮에는 숲속에 숨어 있거나 농사를 짓다가 밤에는 마을과 도시를 습격했다. 한국군의 입장에서 보면 베트콩과 민간인을 구별하기 어려웠고, 베트콩을 섬멸한다는 목표를 이루지 못한 채 힘든 전쟁을 치를 수밖에 없었다.

3. 예시 답안
남베트남 정부가 패망한 원인이 국론 분열 때문이라는 주장은, 베트남 전쟁을 6·25 전쟁과 마찬가지로 자유 민주주의 진영과 공산주의 진영이 대결한 이념 전쟁으로 보기 때문이다. 그러나 베트남 전쟁은 미국이 베트남과 대결한 외세 개입 전쟁의 성격이 더 강하다는 점에서 이러한 주장은 비판을 받을 수 있다. 북베트남이 이끄는 호찌민은 민족 독립 영웅으로 존경을 받았다. 이에 비해 남베트남 정부의 지도자들은 독재와 부정부패를 일삼았기 때문에 베트남인들에게 미움을 받았다. 베트남인들은 미국의 지원을 받아 권력을 유지하기에 바쁜 남베트남 정부를 외세의 협력자로 여겼다.

172쪽 생각 로그인

4. 예시 답안

긍정적 평가의 근거	부정적 평가의 근거
미국을 도와 공산주의의 확산을 막으려 했다.	다수의 전사자와 부상자 등 애꿎은 젊은 이들이 희생되었다.
실전 경험을 쌓고 무기와 장비의 현대화를 이루어 우리나라의 국방력을 강화할 수 있었다.	베트남의 민간인 학살을 저질렀다.
많은 경제적 이익을 얻어 우리나라의 경제 성장에 큰 역할을 했다.	베트남 전쟁에는 외세의 부당한 개입이 있었다.

5. 예시 답안

한국군의 베트남 민간인 학살을 솔직하게 인정하고 사과하는 태도를 가져야 바람직하다. 지금 많은 한국인은 베트남 전쟁 때 우리 군대가 저지른 민간인 학살을 부정한다. 이러한 태도는 과거의 잘못을 숨긴다는 점에서 옳지 않다. 우리는 일본 정부에게 식민 지배 때 저지른 잘못을 사과할 것을 요구하고 있다. 일본 정부에게 떳떳하게 사과를 요구하려면, 우리나라가 다른 나라에게 저지른 잘못도 솔직하게 인정할 줄 알아야 한다.

173쪽 한국사 논술

(공산주의 확산 저지) 북베트남은 프랑스군을 물리치고 독립을 얻었다. 하지만 남베트남 정부가 총선거를 거부한 뒤 베트콩의 반정부 투쟁이 일어나 내전으로 확대되었다. 이러한 상황에서 미국은 베트남의 공산화가 동남아시아의 공산화를 부를 것을 우려해 베트남 전쟁을 일으켰다. 미국은 전쟁에서 고전하자 우리나라에 전투 부대 파병을 요청했다. 이에 따라 1965년부터 1973년까지 연인원 32만여 명의 한국군이 베트남전에 참가해 수많은 희생자를 냈다. 한국군이 철수한 직후인 1975년에 남베트남 정부는 북베트남군의 공격을 받아 항복하고 말았다. 하지만 국군의 참전은 긍정적으로 볼 수 있다. 미국을 도와 공산주의의 확산을 막으려 했기 때문이다. 우리나라가 자유 민주주의를 지키려면 베트남의 공산화를 막는 데 협력해야 할 의무가 있었다. 또 우리나라의 국방력을 강화할 수 있었던 점도 긍정적인 평가를 뒷받침한다. 베트남전에 참전한 덕에 군인들이 실전 경험을 쌓고 무기와 장비의 현대화를 이룰 수 있었다. 많은 경제적 이익을 얻은 점도 중요하다. 미국은 참전 군인들의 전투 수당과 군수 물자 납품의 대가로 달러를 제공했다. 이 돈은 우리나라의 경제 성장에 밑거름이 되었다.

(통일 방해한 부당 개입) 북베트남은 프랑스군을 물리치고 독립을 얻었다. 하지만 남베트남 정부가 총선거를 거부한 뒤 베트콩의 반정부 투쟁이 일어나 내전으로 확대되었다. 이러한 상황에서 미국은 베트남의 공산화가 동남아시아의 공산화를 부를 것을 우려해 베트남 전쟁을 일으켰다. 미국은 전쟁에서 고전하자 우리나라에 전투 부대 파병을 요청했다. 이에 따라 1965년부터 1973년까지 연인원 32만여 명의 한국군이 베트남전에 참가해 수많은 희생자를 냈다. 한국군이 철수한 직후인 1975년에 남베트남 정부는 북베트남군의 공격을 받아 항복하고 말았다. 따라서 국군의 참전은 부정적으로 보아야 한다. 참전 결과 다수의 전사자와 부상자 등 수많은 젊은이가 희생되었기 때문이다. 이들은 남의 나라 전쟁에 나갔다가 억울하게 죽거나 고통을 당했다. 베트남의 민간인 학살을 저지른 점도 부정적 평가를 뒷받침한다. 국군은 동료를 죽인 베트콩에게 복수하는 과정에서 아이와 노인, 여자들까지 학살했다. 특히 베트남전에는 외세의 부당한 개입이 있었다는 점도 중요하다. 베트남인들은 민족 독립을 이끈 호찌민과 북베트남 정부를 지지했으며, 미국을 베트남의 통일을 방해하는 침략자로 여긴 점에 주목해야 한다.

22 한일 협정 체결 서둘러야 했나

179쪽 생각 로그인

1. 예시 답안

불법적으로 잡은 권력을 유지하려면 일본과 손을 잡으라는 미국의 요구를 받아들여야 했기 때문이다. / 국민의 지지를 얻어내는 수단으로 경제 성장을 이뤄야 했는데, 여기에 필요한 돈을 일본에서 얻을 필요가 있었기 때문이다 등.

2. 예시 답안

샌프란시스코 강화 조약은 제2차 세계 대전에서 일본과 전쟁을 벌인 승전국들이, 영토의 할양과 배상금 지불 등 조건을 정해 전쟁을 끝내고 일본의 주권을 회복시킨 조약이다. 우리나라가 이 조약에 참가하지 못한 이유는 승전국의 지위를 얻지 못했기 때문이다. 대한민국 임시 정부는 1941년 일본에 선전 포고를 했고, 임시 정부 산하의 광복군이 일본군과 싸웠다. 하지만 임시 정부는 국제 사회의 인정을 받지 못해 승전국의 지위를 얻지 못했다.

3. 예시 답안

일본은 대한 제국 정부의 동의를 얻어 국제법상 합법적으로 한반도를 식민지로 삼았다고 주장한다. 하지만 역사적 맥락을 무시한 주장이다. 일본이 1910년 한일 병합 조약을 체결할 당시 일제는 군대와 경찰을 대규모로 배치해 공포 분위기를 조성했다. 대한 제국 정부가 체결한 조약은 자발적인 동의나 합법적인 절차에 따른 것이 아니라, 일본의 군사적 압박과 공포 속에서 강제로 이루어진 것이다. 또 많은 한국인이 한일 병합에 반대했는데, 일제는 이러한 반대 여론을 무력으로 억눌렀다. 따라서 대한 제국 정부의 동의는 국민의 자발적 의사를 반영한 것이 아니어서, 한일 병합 조약의 합법성을 인정하기 어렵다.

180쪽 생각 로그인

4. 예시 답안

긍정적으로 보는 의견	부정적으로 보는 의견
일본에서 들여온 경제 협력 자금이 우리나라 경제 성장의 밑거름이 되었다.	식민 지배에 대한 일본의 사과를 받아 내지 못했다.
북한과 벌인 체제 경쟁에서 이길 수 있는 바탕이 되었다.	강제 징용된 노동자들과 종군 위안부에 대한 보상 문제를 충분히 해결하지 못했다.
일본이 남한을 한반도의 유일한 합법 정부로 인정하게 만들었다.	일제 강점기에 일본으로 반출된 문화재 반환 문제에서 과도한 양보를 했다.

5. 예시 답안

징용 피해자 입장에서 볼 때, 한일 협정을 긍정적으로 보는 입장은 피해자들의 정당한 권리를 외면하고 있다. 일제 강점기에 우리 노동자들은 강제 노역에 동원되었고, 일본 기업들은 임금을 제대로 지급하지 않았다. 그 임금의 대부분은 강제로 우체국에 저금되었지만, 정작 피해자들은 이를 돌려받지 못했다. 그런데도 한일 협정은 이 문제를 제대로 다루지 않았다. 우리 정부는 경제 협력 자금을 얻는 데 집중하여 민간인 피해자들의 배상을 포기했다. 이 때문에 피해자들이 일본 정부나 기업을 상대로 임금을 돌려받으려 해도, 재판에서 이기기 어렵게 된 것이다.

181쪽 한국사 논술

(경제 성장 밑거름 되었다) 제2차 세계 대전이 끝나고 일제가 물러간 뒤 우리나라와 일본은 국교가 끊긴 상태였다. 양국이 국교를 맺으려면 식민 지배에 대한 법적 책임을 묻고 배상을 받을 필요가 있었다. 그런데 미국은 동아시아에서 반공 기지를 강화하기 위해 우리나라에 일본과 국교를 맺으

라고 요구했다. 하지만 일본이 법적 책임과 배상을 받아들이지 않았으므로, 두 나라의 회담은 순조롭게 진행되지 않았다. 그런데 정통성이 약한 박정희 정부가 들어선 뒤 미국의 지지를 얻고, 경제 성장에 필요한 돈을 마련하기 위해 1965년 한일 협정을 서둘러 맺으면서 일본과 국교를 수립했다. 그럼에도 한일 협정은 긍정적으로 보아야 한다. 일본이 제공한 경제 협력 자금이 우리나라 경제 성장의 밑거름 역할을 했기 때문이다. 이 자금은 포항제철 등의 큰 공장과 도로나 항만을 건설하는 데 쓰였다. 이는 남한이 북한과 벌인 체제 경쟁에서 이길 수 있는 기반이 되었다. 1960년대까지 남한은 북한보다 경제 발전이 뒤졌다. 하지만 일본에서 들어온 자금을 바탕으로 1970년대에 경제를 빠르게 발전시켜 북한을 앞설 수 있었다. 또 일본이 남한을 한반도의 유일한 합법 정부로 인정하게 만들었다.

(제대로 된 배상 아니었다)제2차 세계 대전이 끝나고 일제가 물러간 뒤 우리나라와 일본은 국교가 끊긴 상태였다. 양국이 국교를 맺으려면 식민 지배에 대한 법적 책임을 묻고 배상을 받아 낼 필요가 있었다. 그런데 미국은 동아시아에서 반공 기지를 강화하기 위해 우리나라에 일본과 국교를 맺으라고 요구했다. 하지만 일본이 법적 책임과 배상을 받아들이지 않았으므로, 두 나라의 회담은 순조롭게 진행되지 않았다. 그런데 정통성이 약한 박정희 정부가 들어선 뒤 미국의 지지를 얻고, 경제 성장에 필요한 돈을 마련하기 위해 1965년 한일 협정을 서둘러 맺으면서 일본과 국교를 수립했다. 따라서 한일 협정은 부정적으로 보아야 한다. 식민 지배에 대한 일본의 사죄와 반성을 받아 내지 못한 점이 가장 큰 문제다. 일본은 강요된 식민지화를 인정하지 않았으며, 오히려 식민 지배가 우리나라의 근대화에 기여했다고 억지 주장을 했다. 일본의 배상을 제대로 받아 내지 못한 점도 문제다. 정부 차원에서 경제 협력 자금을 얻어내기에 바빠 민간인 피해자의 배상까지 포기한 것이다. 일제 강점기에 일본으로 반출된 문화재 반환 문제도 지나치게 많이 양보했다. 4479점을 반환해 달라고 요구했지만 32%만 돌려받는 데 그쳤다.

23 유신 체제 도입은 올바른 선택이었나

187쪽 생각 로그인

1. 예시 답안

유신 체제의 도입 이유는 북한과 체제 경쟁에서 이기고, 권력 기반을 강화하기 위해서였다. 추진 방법은 수출 산업을 육성했다. 여기에 드는 자금을 마련하기 위해 일본과 국교를 정상화하고, 베트남에 국군을 파병했다.

2. 예시 답안

4·19 혁명	학생과 시민 등 국민이 주체가 되어 정치권력과 제도를 변화시켰다는 점을 높이 평가하기 때문이다.
5·16 정변	지배층 내부에서 권력자만 바뀌었을 뿐, 사회 제도와 경제 제도의 변화 없이 정치권력과 정치 제도만 바뀌었다고 보기 때문이다.

3. 예시 답안

유신 체제는 민주주의의 기본 원칙인 국민 주권과 삼권 분립에 어긋나는 문제점이 있다. 국민 주권의 원칙은 나라의 의사를 최종 결정하는 권력이 국민에게 있다. 그런데 유신 체제는 대통령 선출 등 국가의 중요한 의사 결정에 참여하는 국민의 권리를 빼앗았다는 점에서 이 원칙에 어긋난다. 삼권 분립의 원칙은 국가 권력을 입법부와 사법부, 행정부로 나누어 국가 권력의 남용을 견제하는 일을 말한다. 그런데 유신 체제는 권력을 대통령에게 집중시켜 입법부와 사법부의 독립성을 해쳤다.

188쪽 생각 로그인

4. 예시 답안

올바른 선택이었다	올바르지 않은 선택이었다
북한의 위협에서 국가 안보를 지키기 위한 불가피한 조치였다.	국민 주권과 삼권 분립의 원칙을 짓밟고, 독재 체제를 뒷받침했다.
국정을 효율적으로 운영해 지속적인 경제 성장에 기여했다.	경제 성장 과정에서 노동자와 농민의 권익을 희생시켰다.
당시 민주주의를 운영하는 우리 국민의 능력이 떨어졌다.	민주주의 아래서도 경제 성장을 이루고 국가 안보를 지킬 수 있다.

5. 예시 답안

유신 체제를 옹호하는 입장에서는, 노동자들이 자신의 권리를 보호해 달라고 요구하는 행위가 경제 성장을 저해할 수 있다는 점에서 신중한 대응이 필요하다. 〈보기〉에서처럼 전태일의 사례는 노동자의 열악한 환경을 개선할 필요성을 보여 준다. 하지만 유신 체제의 목표는 국정을 효율적으로 운영하고 국가 경제를 빠르게 성장시키는 데 중점을 둔다. 따라서 노동자들의 권익 보호 요구는 국가 발전을 저해하지 않는 방식으로 조정되어야 한다. 노동자들이 지나치게 자신의 권익을 강조하면 경제 성장에 장애가 될 수 있다. 이들을 위한 개선책이 필요해도 국가 전체의 경제적 여건을 고려한 현실적인 대책이 마련되어야 한다. 이와 같은 상황에서는 노동자들에게 권익 보호를 요구하는 대신, 국가 안보와 경제 성장을 위한 공헌을 강조한다. 그리고 이를 통해 더 나은 장기적 경제 환경이 조성되었을 때 권리 보호도 자연스럽게 강화될 수 있다는 점을 설명한다.

189쪽 한국사 논술

(나라 발전에 필요)유신 체제는 박정희 정부 때인 1972년부터 79년까지 유지되었다. 이 체제가 도입된 배경에는 국제 정세의 변화가 있다. 1970년대 초에 미국은 중국과 관계를 정상화한 뒤 박정희 정부에 북한과 대화하라고 권했다. 이에 따라 남북한은 1972년에 7·4 남북 공동 성명을 발표했다. 박정희 정부는 한편으로 남북 화해 분위기를 띄우면서 다른 편으로는 장기 집권을 꾀했다. 유신 체제는 대통령에게 권력을 집중시킨 정치 체제였다. 대통령을 간접 선거로 뽑았는데, 이는 국가의 중요한 의사 결정에 참여하는 국민의 권리를 빼앗는 행위였다. 대통령이 전체 국회의원의 3분의 1을 추천하고 대법원장을 임명해, 삼권 분립의 원칙도 무너뜨렸다. 또 긴급 조치권을 만들어 국민의 기본권을 제한하고 반대 세력을 탄압했다. 하지만 유신 체제는 나라 발전을 위해 올바른 선택이었다. 남북한의 대결 상황에서 국가 안보를 지키기 위해 불가피했기 때문이다. 또 이 체제는 경제 성장을 지속하기 위한 밑바탕이 되었다. 국론 분열을 막아 국정을 효율적으로 운영할 수 있게 했으며, 이를 통해 지속적인 경제 성장에 기여했다. 당시 우리 국민이 민주주의를 운영할 능력이 떨어졌다는 점도 놓쳐서는 안 된다.

(권력욕 채우는 수단)유신 체제는 박정희 정부 때인 1972년부터 79년까지 유지되었다. 이 체제가 도입된 배경에는 국제 정세의 변화가 있다. 1970년대 초에 미국은 중국과 관계를 정상화한 뒤 박정희 정부에 북한과 대화하라고 권했다. 이에 따라 남북한은 1972년에 7·4 남북 공동 성명을 발표했다. 박정희 정부는 한편으로 남북 화해 분위기를 띄우면서 다른 편으로는 장기 집권을 꾀했다. 유신 체제는 대통령에게 권력을 집중시킨 정치 체제였다. 대통령을 간접 선거로 뽑았는데, 이는 국가의 중요한 의사 결정에 참여하는 국민의 권리를 빼앗는 행위였다. 대통령이 전체 국회의원의 3분의 1을 추천하고 대법원장을 임명해, 삼권 분립의 원칙도 무너뜨렸다. 또 긴급 조치권을 만들어 국민의 기본권을 제한하고 반대 세력을 탄압했다. 따라서 유신 체제는 나라 발전을 위해 올바르지 않은 선택이었다. 유신 체

제는 박정희의 권력욕을 충족시키기 위해 도입했으며, 국민 주권과 삼권 분립의 원칙을 짓밟았다. 또 노동자와 농민들이 저임금 저곡가 정책 때문에 고통을 받은 점에서 나타나듯, 경제 성장 과정에서 민중의 권리를 희생시켰다. 민주주의 아래서도 얼마든지 경제 성장을 이루고 국가 안보를 지킬 수 있다.

24 박정희는 위대한 지도자인가 독재자인가

195쪽 생각 로그인

1. 예시 답안
자신의 집권에 정당성이 부족하다고 여겼기 때문이다. 박정희는 군사 정변을 일으켜 권력을 잡았는데, 헌법에서 정해 놓은 민주적 기본 질서를 파괴한 불법 행위였다. 나중에 선거를 통해 대통령이 되기는 했지만, 불법 행위를 저질렀다는 사실을 지울 수는 없었다. 그래서 자신의 집권 명분을 강화하려면 경제 성장을 통해 국민을 가난에서 구했다는 평가를 받을 필요가 있었다.

2. 예시 답안
유신 체제는 박정희가 마음만 먹으면 죽을 때까지 대통령 자리를 지킬 수 있도록 허용했다. 대통령을 간접 선거로 뽑고 임기 6년에 연임 제한도 없앴기 때문이다. 삼권 분립 원칙도 파괴했다. 대통령이 국회의원의 3분의 1을 임명했고, 자신의 지시에 따르지 않는 판사들을 재임용에서 탈락시키는 권한도 행사했다. 그리고 대통령이 긴급 조치를 발동해 표현의 자유와 시위·집회의 자유를 철저하게 억압할 수 있었다.

3. 예시 답안
수출 가격 경쟁력을 높이기 위해 노동자의 임금과 농산물 가격을 낮은 수준에 묶어 두는 저임금 저곡가 정책을 썼기 때문이다. 우리나라는 당시 자본과 자원이 부족한 탓에 노동력에 의존했고 제품 값을 낮추려면 노동자의 임금과 농산물 가격을 낮출 수밖에 없었다. 제품 단가를 낮추기 위해 생산비에서 큰 몫을 차지하는 임금을 낮추고, 대신 노동자들의 생계를 보장하기 위해 농산물 가격의 인상을 억제한 것이다.

196쪽 생각 로그인

4. 예시 답안

긍정적 평가의 근거	부정적 평가의 근거
경제를 성장시켜 빈곤을 극복했다.	독재 정치를 통해 절대 권력을 행사하면서 삼권 분립의 원칙을 파괴했다.
북한과 체제 경쟁에서 우위를 차지해 국가 안보를 튼튼히 했다.	국민의 자유와 권리, 인권을 억압했다.
민주주의는 빈곤에서 벗어나야 가능한데, 경제 성장을 통해 민주주의의 기초를 닦았다.	불균형 성장으로 빈부 격차를 심화시켰다.

5. 예시 답안
경제 성장과 민주주의를 선후의 문제로 보아서는 안 된다. 유럽과 미국 등 대다수 선진국은 민주주의와 경제 성장을 함께 이뤘다. 이러한 사례에서 알 수 있듯, 정치 지도자와 국민이 강한 의지를 지니고 함께 노력하면 경제 성장과 민주주의를 동시에 이룰 수 있다. 우리나라가 가난했기 때문에 독재 정치를 할 수밖에 없었다는 주장은, 박정희의 독재 정치를 옹호하려는 억지 논리다.

197쪽 한국사 논술

(경제 성장시킨 지도자) 1961년 박정희가 이끄는 군부 세력이 5·16 군사 정변을 일으켜 권력을 잡았고, 박정희는 대통령 선거에서 당선했다. 그는 정당성이 약했다고 생각해 경제 성장을 통해 이를 메우려고 했다. 그리고 의류와 신발 등 값싼 제품을 만들어 외국에 수출하는 방식으로 경제를 성장시켰다. 그는 헌법을 고쳐 대통령을 세 번까지 할 수 있도록 했으며, 대통령에게 절대 권력을 부여한 유신 체제를 만들었다. 게다가 언론과 사법부를 장악해 권력을 더욱 공고히 했다. 그리고 반대 세력을 탄압하면서 장기 집권을 꾀하다가 측근에게 피살되었다. 그럼에도 박정희는 긍정적으로 평가할 수 있다. 경제를 성장시켜 빈곤을 극복했기 때문이다. '한강의 기적'이라고 칭송을 받는 경제 성장을 통해 끼니를 굶을 정도로 가난한 대다수 국민을 가난에서 해방시킨 것이다. 그리고 북한과 체제 경쟁에서 우위를 차지해 국가의 안보를 튼튼히 한 점도 긍정적 평가를 뒷받침한다. 1974년을 기점으로 1인당 국민 소득이 북한을 앞지른 결과, 북한의 남침 야욕을 좌절시킬 수 있었다. 민주주의의 기초를 닦은 점도 박정희의 업적을 높게 평가하는 근거가 될 수 있다. 민주주의는 빈곤에서 벗어나야 실현이 가능하기 때문이다.

(민주주의 짓밟은 독재자) 1961년 박정희가 이끄는 군부 세력이 5·16 군사 정변을 일으켜 권력을 잡았고, 박정희는 대통령 선거에서 당선했다. 그는 정당성이 약했다고 생각해 경제 성장을 통해 이를 메우려고 했다. 그리고 의류와 신발 등 값싼 제품을 만들어 외국에 수출하는 방식으로 경제를 성장시켰다. 그는 헌법을 고쳐 대통령을 세 번까지 할 수 있도록 했으며, 대통령에게 절대 권력을 부여한 유신 체제를 만들었다. 게다가 언론과 사법부를 장악해 권력을 더욱 공고히 했다. 그리고 반대 세력을 탄압하면서 장기 집권을 꾀하다가 측근에게 피살되었다. 따라서 박정희는 민주주의를 파괴한 독재자로 봐야 한다. 군사 정변을 일으켜 헌정 질서를 어지럽혔고, 절대 권력을 행사하면서 삼권 분립의 원칙을 파괴했다. 또 국민의 자유와 권리, 인권을 억압한 점도 부정적 평가를 뒷받침한다. 반대 세력을 가혹하게 탄압했으며, 표현의 자유와 시위·집회의 자유를 짓밟았다. 불균형 성장으로 빈부 격차를 심화시킨 점도 부정적으로 평가하게 만든다. 또 재벌에게 특혜를 주는 방식으로 경제 정책을 폈다. 이 때문에 노동자와 농민은 경제가 성장해도 빈곤에서 벗어나지 못한 채 고통을 겪어야 했다.

25 햇볕 정책은 남북 적대 관계를 완화시켰나

203쪽 생각 로그인

1. 예시 답안
7·4 남북 공동 성명은 미국이 1969년 닉슨 독트린을 발표하면서 미국과 옛 소련 사이에 평화 공존 분위기가 조성되면서 나왔다. 공동 성명에서는 '자주, 평화, 민족 대단결'의 3대 통일 원칙을 제시했다. 역사적 의의는 남한이 무력 흡수 통일 정책에서 벗어나 평화 통일을 최초로 인정했다는 점이다.

2. 예시 답안
김대중 대통령이 제시한 대북 정책의 3원칙은 남북 기본 합의서의 방향과 일치한다. 무력 도발 불용은 무력을 사용하지 않겠다는 원칙과 일치하고, 흡수 통일 배제는 서로의 체제를 존중한다는 원칙과 같다. 화해·협력의 적극 추진은 경제 교류와 협력을 실시하겠다는 원칙과 맞닿아 있다.

3. 예시 답안
남북 정상 회담의 결과 발표한 6·15 남북 공동 선언의 핵심은 교류와 협력을 활성화해 신뢰를 다지자는 내용이다. 이 선언을 바탕으로 다양한 분야에서 남북한 민간 교류가 활발하게 이뤄졌다. 비정부 기구(NGO)를 통한 대북 지원도 확대되어 북한의 경제난 해결에 도움을 주었다. 경제 협력도 활발해져 교역 규모가 커졌다. 개성 공단을 만들어 남한의 자본과 북한의 노동력을 활용한 상품 생산이 이뤄졌다. 북한은 이러한 경험을 통해 화해와 협력이 경제적 이익을 가져다준다는 교훈을 얻었다. 따라서 남북한 정상 회담은 적대적인 남북 관계를 화해와 협력의 관계로 전환하는 발판을 마련하는 성과를 거뒀다.

204쪽 생각 로그인

4. 예시 답안

긍정적 평가의 근거	부정적 평가의 근거
적대 관계를 완화하고 평화 정착의 가능성을 보여 주었다.	평화 정착에 실패했고, 오히려 북한이 핵으로 무장할 수 있는 시간을 벌어 주었다.
남북이 서로를 이해하고 신뢰할 수 있는 기반을 마련했다.	북한의 개방과 개혁을 유도하지 못했다.
경제 협력을 강화해 북한이 개방과 개혁의 길로 나올 수 있는 기반을 마련했다.	국민적 합의가 부족한 상태에서 햇볕 정책을 밀어붙여 내부 갈등을 키웠다.

5. 예시 답안

(북한에 책임이 있다는 의견) 북한이 적화 통일의 야욕을 버리지 않았기 때문이다. 겉으로는 남한의 체제를 인정하지만, 실제로는 남한을 흡수해 통일하겠다는 목표를 포기하지 않았다. 북한이 햇볕 정책에 호응해 대화와 교류, 협력에 나선 까닭은 경제적 어려움을 모면하기 위함이었다. 따라서 북한이 적화 통일 정책을 포기하지 않는 한, 한반도에서 평화가 정착될 수 없다.

(미국에 책임이 있다는 의견) 한반도에서 평화를 정착시키려면 북한의 체제를 인정하고 국제 사회의 일원으로 복귀시켜야 한다. 그런데 미국은 북한 체제를 인정하지 않고 핵무기의 포기만 요구하고 있다. 이에 따라 북한은 체제를 유지하려고 핵무기 개발에 매달리고 있다. 이러한 상황에서 평화를 정착시키려면 미국이 북한 체제를 인정하도록 설득할 필요가 있다.

205쪽 한국사 논술

(적대 관계 완화에 도움) 남북한은 6·25 전쟁을 치른 뒤 무력 대결의 적대 관계를 유지했다. 그러다가 1972년 7·4 공동 성명을 발표하고 1991년에는 남북 기본 합의서를 채택했다. 이러한 과정을 거쳐 남북한은 오랜 적대 관계에서 벗어날 수 있는 길을 닦았다. 김대중 대통령은 화해와 협력을 통해 남북 관계를 개선하려는 햇볕 정책을 실시했다. 이 정책은 2000년 남북 정상 회담을 성사시키고, 6·15 남북 공동 선언을 발표하는 결과로 이어졌다. 이를 바탕으로 남북한 적대 관계를 화해와 협력의 관계로 전환하는 발판을 마련했다. 따라서 햇볕 정책은 적대 관계를 완화하고 평화 정착의 가능성을 보여 준 정책이다. 한반도의 적대 관계는 전쟁이 일어날 위험성을 내포하고 있다. 햇볕 정책은 군사 대결을 완화하고 전쟁을 하면 안 된다는 공감대를 넓혔다. 남북이 서로 이해하고 신뢰할 수 있는 기반을 마련했다는 점도 중요하다. 햇볕 정책은 스포츠와 예술, 대중문화, 학술 부문 등에서 민간의 교류를 활성화해 상대에 대한 이해의 폭을 넓혔다. 그리고 경제 협력을 강화해 북한이 개방과 개혁의 길로 나올 수 있는 기반을 마련한 점도 평가를 받아야 한다.

(평화 체제 구축에 실패) 남북한은 6·25 전쟁을 치른 뒤 무력 대결의 적대 관계를 유지했다. 그러다가 1972년 7·4 공동 성명을 발표하고 1991년에는 남북 기본 합의서를 채택했다. 이러한 과정을 거쳐 남북한은 오랜 적대 관계에서 벗어날 수 있는 길을 닦았다. 김대중 대통령은 화해와 협력을 통해 남북 관계를 개선하려는 햇볕 정책을 실시했다. 이 정책은 2000년 남북 정상 회담을 성사시키고, 6·15 남북 공동 선언을 발표하는 결과로 이어졌다. 이를 바탕으로 남북한 적대 관계를 화해와 협력의 관계로 전환하는 발판을 마련했다. 하지만 햇볕 정책은 평화를 정착시키지 못해 실패했다. 북한은 핵무기 개발에 총력을 기울였다. 하지만 햇볕 정책은 이를 중단시키지 못했고, 오히려 핵무기를 개발할 시간을 벌어 주었다. 북한의 개방과 개혁을 유도하지 못한 점도 문제다. 북한은 체제를 약화시키지 않는 범위에서만 경제 협력을 허용했고, 여기서 얻은 경제적 이익을 체제 유지에 사용했다. 그리고 국민적 합의가 부족한 상태에서 햇볕 정책을 밀어붙인 점도 문제다. 지지하지 않는 국민이 많은데도 햇볕 정책을 강행하는 바람에 내부 갈등을 키웠다.